멀티장르 호러TRPG

인세인

저 • 카와시마 토이치로/모험기획국
역 • 유범

한국어판 제작
•
TRPG CLUB

어서 오세요, 누구나 마음 속에 어둠을 품고 있는 공포의 극장으로.

저자 카와시마 토이치로입니다.

이 책은 테이블 토크 RPG『멀티장르 호러 TRPG 인세인』입니다.

이 책의 전반부에는 초자연적인 운명이나 저주받은 혈통, 혹은 어쩌다보니 항상 괴사건에 휘말리는 불행한 사람들…… 봉마인(逢魔人)의 리플레이가 수록되었습니다.

리플레이란 실제로 테이블 토크 RPG 플레이를 책으로 만든 것입니다.

이 리플레이는 소설가이자 모험기획국의 동료이기도 한 우오케리 씨가 집필했습니다. 우오케리 씨와 멋진 여성 플레이어 여러분이 직접 꺄아 꺄아 비명을 지르며 무서워하는 모습, 캐릭터에 몰입하면서 사건의 수수께끼에 다가가는 모습이 담겨 있습니다.

재미있긴 하지만…… 조금 무서울지도 모릅니다?

괴이에 농락당하고 공포에 떠는 봉마인들의 이야기를 재미있게 읽어주세요.

또, 이 책의 후반부에는 독자 여러분이 실제로 봉마인이 되어 괴사건에 도전 할 수 있는 게임 규칙이 수록되었습니다. 이 게임은 이 책과 마음이 맞는 친구들, 그리고 주사위와 필기도구가 있으면 플레이할 수 있습니다.

리플레이를 읽고 재미있을 것 같으면 꼭 직접 플레이해보세요. 또, 테이블 토크 RPG를 잘 아시는 분이라도 이 독특한 게임을 더 쉽게 이해할 수 있도록 우선 리플레이를 읽어주시기 바랍니다.

　이 테이블 토크 RPG는 기구한 운명을 가진 주인공 봉마인이
되어 주변에서 일어나는 괴사건에 맞서는 게임입니다.
　다음과 같은 다양한 공포물을 즐길 수 있습니다.

　절망적인 좀비 해저드에서 살아남는 서바이벌 호러.
　인간 내면의 어둠을 묘사하는 사이코 호러.
　흡혈귀나 늑대인간 같은 환상적인 괴물들이 도사린 고딕 호러.
　현대사회의 어둠이나 부조리에서 공포를 맛보는 모던 호러.
　인간이라는 존재의 가치나 희망을 쳐부수는 『크툴루 신화』
같은 코즈믹 호러.

　좀비, 원령, 크툴루, 살인마, 우주인……. 동서고금의 괴이가
등장하여 봉마인을 공포에 떨게 할 것입니다.
　또, 봉마인의 적은 괴이뿐만 아닙니다. 그들은 괴이에 관여하
게 되면서 모두 【비밀】이나 【광기】 같은 마음속 어둠을 안고
있습니다. 봉마인의 또 다른 적은 바로 그들 자신인 셈입니다.
　『인세인』은 공포와 광기의 사이에서 흔들리는 인간들을 그
리는 게임입니다. 게임 마스터가 준비한 비장의 【비밀】을 둘
러싼 사건의 막이 바로 지금 열리고 있습니다.

　어서 오세요. 공포의 극장에.
　무섭고도 감미로운 수수께끼가 여러분을 기다리고 있습니다!

목차

커버 일러스트 ● 아오키 쿠니오
본문 일러스트 ● coco
게임 말 일러스트 ● 오치아이 나고미(모험기획국)

리플레이 파트

「산의 공장」

Plant in Mt.

◆ 캐릭터 제작

1. 저택을 불태우자 ●●●●●●●●●

6월의 어느 오후. 나는 금방이라도 비가 내릴 것 같은 주택가에서 발걸음을 서두르고 있었다.

바둑판 같은 구조를 이룬 주택가란 어디를 봐도 다 똑같아 보인다. 까딱하면 어디가 어딘지 모르게 될 것만 같다.

모험기획국 **건물**은 그 주택가 한구석에 조용히 자리 잡고 있었다.

현관의 인터폰을 누르자 건물 안에서 요란한 초인종 소리가 들렸다.

마중 나오는 사람은 없었다.

문을 열자 후덥지근한 바깥 공기와는 다른 서늘한 공기가 피부를 훑고 지나간다.

어두운 계단을 딛고 2층으로 올라가자 판자를 댄 복도 너머에 작은 전통식 방이 있었다.

커다란 창 너머로 흐릿한 하늘이 보이는 객실에 네 명의 여자가 앉아 있었다.

네 사람이 고개를 돌려 방에 들어온 나를 봤다.

우오케리　　오래 기다리셨습니다. 그럼 시작할까요? 멀티장르 호러TRPG『인세인』세션입니다!

4명의 여자→플레이어 여러분　와! 둥둥둥. (북소리)

모험기획국의 플레이어 4명이 시끌벅적하게 맞이해준다.

잠깐……. 뭐야, 이 환경은? **플레이어가 여성뿐**인 광경은 또 처음 보는데요?

에누에누　　와~ 호러 TRPG는 오래간만이다~♪

건물
저택, 비밀기지, 사무소, 아틀리에, 빌딩, 차고, 창고, 전망대, 제2 관측기지(제1 관측기지가 어디에 있는지는 아무도 모른다), 고양이의 집회장, 상어 양식장, 몸에서 은은한 빛을 발하는 사람들이 갇힌 우리, 어디서든 삐걱거리는 소리가 뒤따르는 복도……. 모험기획국은 다양한 시설로 나뉘어 있으며, 그 모든 곳에서 국원이 활동하고 있다. 그들이 나누는 대화 곳곳에서 오직 국장만이 국원에 나오는 모든 기묘한 장소를 방문해 본 적이 있다.

플레이어가 여성뿐
해보면 알지만 제법 긴장된다.

그렇게 말하며 **이상한 춤**을 춘 사람은 에누에누.

얼핏 보기에는 느긋한 사람 같지만, 때때로 시키면 속내가 엿보이는 그래픽 디자이너다. 덧붙여서 맛있는 것에는 사족을 못 쓴다.

이상한 춤
맛있는 것을 먹으면 곧잘 춘다.

코비토	호러물만 하면 항상 생고생을 하는데. 이번에는 안 죽었으면 좋겠네. (먼산)

코비토 씨의 특기 분야는 입체조형. 한마디로 모델러다.

평소에는 호러물을 좋아한다고 했지만, 이번에는 **누가 봐도 불안해 보이는** 표정이다.

누가 봐도 불안해 보이는
코비토 씨는 TRPG 세션을 시작할 때면 항상 불안해 한다.

우오케리	생고생이라뇨?

코비토	이를테면…… 우오케리 군은 그때 없었나? 지난번에 이 멤버로 플레이했을 때 아무도 제대로 조사를 안 해서 결국 나만…….

에누에누	저택 때? 제대로 조사했잖아! 그냥 괴상한 사건의 근원을 뿌리 뽑자고 했을 뿐인데.

우오케리	근원? 뭔데요?

구게펜	에누에누가 태워버리자고 했지.

웃음을 참으며 끼어든 사람은 구게펜.

펭귄과 라이브에 이어 최근에는 보컬로이드에 빠진 누님이다.

펭귄과 라이브
펭귄과 함께 행동하지는 않는다.

파선생	나도 그때 없었던 것 같은데. 뭘 태우자고 했는데?

파선생이 고개를 갸웃거린다. 모험기획국 게임에 자주 참가하는, **큼직한 눈**이 특징인 일러스트레이터다. 이 책에서도 디폴트 캐릭터의 게임 말 일러스트를 그려주었다.

큼직한 눈
모르도르에서 타오르고 있는 그거 같은. 물론 농담이다.

강 상류에서 시체가 떠내려오는
할아버지는 산에 나무를 하러 가고, 할머니는 경찰을 불렀습니다.
게임 속 이야기지요?
불안해졌다.

에누에누	그게 말이지, **강 상류에서 시체가 떠내려오는** 사건이 있었는데…….
우오케리	**게임 속 이야기지요?**
구게펜	물론이지. (웃음)
에누에누	조사해봤더니 상류에 수상한 저택이 있고, 거기에서 시체가 나왔다는 걸 알았거든.
코비토	당연히 안에 들어가자고 하겠지?
파선생	뭐, **클리쉐 따른다면** 그러겠지.
코비토	그랬더니 에누에누가 **저택을 태우자**는 말을 꺼냈어.
우오케리	뭐야그거무서워.
에누에누	아니, 그게……. 현대가 무대였으면 나도 그런 짓은 안 하거든? 하지만 **1920년대의 미국**이 무대였으니까…….
코비토	1920년대 미국이면 수상한 저택에 불 질러도 되는 거냐!
구게펜	에누에누, 미국 유학 경험 있었지? (웃음)
우오케리	어, 으음. 미국에 살던 사람이 하는 말이니까 일리 있을지도 모르겠네요.
구게펜	그럴 리가?
우오케리	그래서 결국 어떻게 됐는데요?
에누에누	태웠어.
우오케리	(웃음)
구게펜	그랬더니 **그때의 GM**이 말이야. 「저택은 여러분의 눈앞에서 불탔습니다. 그 안에서 어떤 사악한 일이 벌어지고 있었는지는, 이제

클리셰를 따른다면
수사권도 없는데 수상한 장소에 들어가는 것이 클리셰라는 것도 잘 생각해보면 문제가 있다.

저택을 태우자
「불로 정화할 생각이었다」라고 본인은 말한다.

1920년대의 미국
코즈믹 호러 RPG의 걸작 『크툴루의 부름 TRPG』(저자: 샌디 피터슨, 린 윌리스 / 번역: 나카야마테이코 사카모토마사유키/ 발간: 엔터브레인 / 국내에서는 번역: 김성일/ 발: 초여명)에서 자주 무대가 된다. 미국버전 버블 시대라 할 만한 요란한 시대.

그때의 GM
『크툴루의 부름 TRPG』의 이야기일 테니 GM이 아니라 「키퍼」일 것이다.

8

는 아무도 알 수 없습니다……」라고 말하더니 두꺼운 캠페인 시나리오집을 턱 덮고「그럼 이 캠페인은 이걸로 끝. **수고하셨습니다.**」

수고하셨습니다
'저택이 불타서 그 이상 플레이할 의욕을 잃은 것이 아닐까'라고 당시의 참가자는 말한다.

우오케리	아아……. 그 저택을 중심으로 하는 연작 캠페인이었군요.
구게펜	그렇지. 그게 제1화 안에 저택이 불타서 끝나버렸어.
에누에누	하지만 악은 사라졌다. (당당하게)
코비토	난 그 뒤를 플레이하고 싶었다고!
에누에누	꺄아~

2. 죽거나 미치거나

그렇게 이야기를 하며 가져온 간식을 꺼내고 차를 우려내면서 게임을 시작했다.

파선생	그래서……『인세인』은 어떤 게임이야?
우오케리	호러입니다.
구게펜	아니, 호러라고 해도 이것저것 있잖아?
코비토	**죽거나 미쳐?**
우오케리	죽거나 미칩니다.
파선생	형언할 수 없는 괴물에게 습격당하거나, 인간이 알아서는 안 될 진실을 알아버리거나?
우오케리	그런 **크툴루 신화** 같은 것도 할 수 있고, 그 외에도 여러 가지 호러물을 플레이할 수 있어요. 사이코 스릴러, 스플래터…….
에누에누	심령물이나 좀비물도?

죽거나 미쳐
죽거나 미치면 호러. 대충 맞다.

크툴루 신화
H.P.러브크래프트가 상상한 가공의 신화체계. 멋진 디자인의 크리처가 잔뜩 등장한다. 하지만 보통 보면 이상해진다.

역자 주 : 동물 패닉물
죠스와 같이 동물을 재앙의
소재로 삼은 호러 컨텐츠.

구게펜 **동물 패닉물**이나 일본식 호러 같은 것도?

우오케리 됩니다, 돼요. (건성으로)「멀티장르 호러」
니까요! (잘난 척)

파선생 (흘려들으며) 그럼 이번에는 어떤 호러인데?

우오케리 아, 네. 이번에는 말이지요, 실화괴담 + 크툴
루 신화라는 느낌으로 가볼까 합니다.

에누에누 실화괴담?

우오케리 딱히 결말다운 결말도 없고 의미도 잘 알 수
없지만, 아무튼 다짜고짜 엄청나게 괴상하
고, 부조리하고, 무서운 체험을 했다는 종류
의 이야기지요.

구게펜 응? 평범한 괴담이랑 뭐가 다른데?

재앙
'야쿠자나 권력자 등 거식
한 사람의 노여움을 사면
후환이 두렵다'의 스피리
츄얼판.

지박령
특정한 환경에서만 작동하
는 프로그램 같은 것.

우오케리 평범하달까, 고전적인 괴담은 유령 이야기
가 많잖아요? 심령현상이 일어나고, 조사해
봤더니 거기에서 옛날에 사람이 죽었다! **재
앙**이네 **지박령**이네 하는 거.

구게펜 아하.

『**신 미미부쿠로(新耳袋)**』
저자: 키하라 히로카츠, 나
카야마 이치로. 발행: 미디
어 팩토리.(국내 미발간).
괴이 체험자에게서 직접
듣고 쓴 실화괴담집.

『**불안의 씨앗**』
저자: 나카야마 마사아키.
발간: 아키타 서점.(한국
어 번역: 문준식 / 발행: 대
원씨아이) 짧고 강렬한 괴
이묘사로 독자에게 강렬한
인상을 남기는 호러 만화.

우오케리 실화괴담에서는 괴기현상이 일어나더라도
유령이 원인이라고는 하지 않아요. 굳이 해
석하지 않고, 괴상한 체험담을 있는 그대로
적습니다

코비토 『**신 미미부쿠로(新耳袋)**』같은 건가.

우오케리 그렇죠. 만화라면『**불안의 씨앗**』같은 거. 최
근에는 인터넷 괴담에서도 그런 게 많아요.

에누에누 굉장히 현대적인 괴담인 것 같은데, 그거 무
서워?

우오케리	무섭습니다. **뭐가 뭔지 알 수 없다는 게 무섭지요.**
파선생	크툴루 신화는 어떻게 엮을 건데?
우오케리	크툴루 신화를 재미있게 하는 요소야 이것 저것 있겠지만, 결국은 「정체를 알 수 없는 공포」로 정리할 수 있다고 봅니다.
코비토	오호. (끄덕끄덕)
우오케리	인간이 인식할 수 없는, 인식하면 발광해버리는 이상한 세계에서 정체 모를 괴물이 찾아온다. 크툴루 신화의 괴물과 만난 사람이 자신의 체험담을 이야기하면 굉장히 부조리하고, 의미도 알 수 없고, 결말도 없는 이야기가 되지 않을까 합니다.
파선생	과연! 그렇게 생각하면…….
우오케리	어때요? 실화괴담과 상성이 좋아 보이지요?
구게펜	오케이, 대강 파악했어.
에누에누	음~ 아직 잘 모르겠지만…… 해보면 알겠지요.
우오케리	**압니다, 알수있어요.** (건성으로) 그럼 바로 캐릭터를 만듭시다.
일동	네에~

뭐가 뭔지 알 수 없다는 게 무섭지요
이야기에서 언급하는 현상이 이해가 안 되는 경우, 화자의 이야기가 애초에 뭐가 뭔지 알 수 없는 경우 등 다양한 방법이 있다.

압니다, 알수있어요
알아준다면 좋겠네!

3. 인간이 습격해온다 ● ● ● ● ● ● ● ● ●

우오케리→GM	캐릭터 시트랑 규칙 요약 돌릴게요.
구게펜	(캐릭터 시트를 보면서) 오호, 특기 이름 그럴싸한데!
파선생	캐릭터 제작할 때 추천하는 캐릭터 유형 같은 거 있어?
GM	그럼 설명하겠습니다. 설정은 현대 일본, 무대는 도호쿠(東北)에 있는 가공의 소도시 「**아기타시(市)**」입니다.
에누에누	아키타?
GM	아기타(齶田)요. 「악(顎)」의 옛 글자에, 밭 전(田)이라고 써서 「아기타」. 전기물답죠. (득의양양)
파선생	그러게. (별 흥미없음)
GM	(그 반응에 쇼크를 받은 얼굴)
코비토	어어……. 직업은 어떻게 할까?
GM	아, 네. 아기타시에는 현립 대학이 있는데, 그곳을 중심으로 이야기를 진행해볼까 합니다. 그러니까 **자유롭게 움직일 수 있는 직업**…… 대학생이나 프리터, 학자 등을 추천합니다.
에누에누	프리터는 직업표에 없는데?
GM	이 게임에서는 「전사」나 「마법사」 같은 명확한 클래스가 없어서, 직업은 거의 연출용 요소에 가까워요. 어떤 특기를 선택할지에 대한 지침 같은 거죠. 그 직업표도 참고 자료 정도로만 생각하시고, 마음대로 정하셔도

아기타시(齶田市)
산에 관한 무서운 이야기를 하고 싶었으므로 가공의 지방 도시를 무대로 삼았다. 모델은 저자의 고향, 아키타현 유리혼조시. 『Role&Roll』지 108호에 자세한 소개기사를 게재.

자유롭게 움직일 수 있는 직업
평일 대낮부터 어슬렁거리며 돌아다닐 수 있는 직업이라는 의미.

	괜찮습니다.
파선생	(규칙 요약을 읽으면서) 중요한 질문이 있는데.
GM	네?
파선생	으음, 이 게임 전투 있지?
GM	있는데요.
에누에누	어, **호러물인데 전투가 있어?** 호러 TRPG라기에 무서운 체험을 하며 도망다니는 게임이라고 생각했는데.
파선생	그건 아냐……. 에누에누.

파선생은 어두운 눈으로 중얼거렸다.

파선생	호러에는 전투가 없다……. 그렇게 생각했던 시기가 저에게도 있었습니다. 하지만 그건 착각이었습니다. 애초에 이길 수 없는 몬스터한테서는 도망치면 돼……. 하지만…… 인간이! **인간이 습격해온다고! 날붙이를 든 광신도 집단이!**
코비토	으, 음.
파선생	그때 내 캐릭터는 그냥 정보수집 담당이라서…… 전투용 기능 따윈 하나도 안 가지고 있어서…… 딱히 위험한 곳도 아닌 번화가였는데……. 손도끼를 든 녀석들이 일제히…… 회피도 못 하고……!
에누에누	그만해. 이제 괜찮아. 우리 불쌍한 파. (끌어안는다)
코비토	괴로웠겠네. 불쌍하게도. (눈물)

호러물인데 전투가 있어?
호러물의 등장인물이 꼭 괴이와 싸울 필요는 없으며, 오히려 싸웠다가 피눈물 흘리는 일이 많다.

인간이 습격해온다고
공식 시나리오라서 안심했더니 시작한 지 5분 만에 우락부락한 2인조 흑인에게 썰려서 죽었습니다.

날붙이를 든 광신도 집단
위협 레벨이 증가함에 따라 권총을 든 광신도 집단, 라이플을 든 광신도 집단, 전차에 탄 광신도 집단이나 공격기에 타고 하늘을 나는 광신도 집단이 등장한다.

GM	(뭐여, 이건)
구게펜	호오. 만드는 캐릭터를 보면 지금까지 어떤 호러물을 플레이했는지 알겠는걸. (웃음)
파선생	그러니까 싸울 줄 아는 사람이 한 명은 있는 게 낫겠지? 직업, 전직 군인도 될까?
GM	군인!? 상관없지만…… 어디까지나 현대 일본이니까 그 점은 고려해주세요. (웃음)
에누에누	총 못 가질 텐데?
파선생	훗. 총이 없으면 마샬아츠를 쓰면 되잖아.
코비토	뭐야? 그 **무투파 마리 앙투아네트** 같은 대사. (웃음)
GM	그럼 잠시만요……. 군인이라면 특기는《사격》과《그늘》, 그리고 임의의 특기 4개로 할까요. 아까 말한 것처럼 직업은 연출용 요소에 가까우니까 구체적인 희망 사항이 있다면 이야기해주세요.
파선생	아니, 그걸로 충분해.
에누에누	난 학생으로 할까.
코비토	나도 학생이면 되겠지? 전공은 뭐로 하지?
구게펜	전직 군인에 학생 두 명? 난 좀 다른 포지션으로 해볼까……. 일반인답게.
코비토	학생은 일반인이 아니란 거야?
구게펜	일을 안 하잖아.
일동	으, 으어~

무투파 마리 앙투아네트 무기가 없으면 주먹을 쓰면 되잖아! 주먹이 깨지면 물어뜯으면 되잖아!

그렇게 4명의 캐릭터가 완성됐다.

4. 봐서는 안 될 것을 보고 ●●●●●●●●

용감한 꼬마 핸디카메라
오사카 미노리(逢坂 実)

성별: 여성
연령: 20
직업: 대학교 2학년(심리학과)
생명력: 6
이성치: 6
호기심: 지각
공포심:《암흑》
특기
《웃음》《친애》《추적》
《전자기기》《카메라》《의학》
어빌리티
【기본공격】【전장이동】
【짐작】【정신분석】
아이템:「진통제」「부적」

에누에누→미노리   오사카 미노리에용! 미노루가 아니라 미노리. 여성이고, 스무 살. 현립 아기타 대학 심리학과 2학년.

GM   네. 미노리 양이로군요.

미노리   어린애처럼 작고, 곧잘 여기저기 쏘다니는 애야. 영화 연구회에 들어가서 항상 비디오카메라를 한 손에 들고 뛰어다니곤 하지.

파선생   비디오카메라? 영화 연구회인데 배우가 아니라?

미노리   키가 작아서 무대에 못 올라가. 그래서 찍는 쪽으로 갔어.

구게펜   아, 다 이유가 있네. (웃음)

『블레어 위치 프로젝트』
감독·각본·편집 : 에두아르
도 산체스, 다니엘 미릭.
마녀 전설의 다큐멘터리를
촬영하러 숲에 들어간 영
화학과 학생이 공포와 마
주친다.

『파라노말 액티비티』
감독 : 오렌 펠리. 자택에서
들리는 기묘한 소리의 정
체를 밝히기 위해 준비한
핸디 카메라에 괴이가 비
친다.

『클로버필드』
제작 : J.J.에이브럼스, 브
라이언 버크. 비디오카메
라로 기록된 영상으로 구
성된 괴수 영화.

떠들썩한 여자 기숙사
생각해 봐, 혼자 살다가 귀
신이라도 나오면 어떡해?
그래서 기숙사로 정했어.
하지만 왠지 들어간 여자
기숙사의 분위기가 이상하
더라고. 방의 배치도 이상
한 느낌이라, 왠지 묘하게
일그러진 느낌이었단 말이
야. 아니, 다들 사이는 좋
았다구? 밥도 맛있었고.
하지만 밤이 되면 다다미
의 틈새에서 까맣고 작고
도 작고도 작고도
작은……. 그건 쇠사슬이
었나? 아니면 소화관일지
도 몰라. 그게, 그래서. 그
게 내가 이렇게 붕 떠 있는
이유야. 이번에 오는 사람
은 무사히 넘어갔으면 좋
겠는데.

미노리	전부터 비디오카메라로 촬영하는 캐릭터가 하고 싶었거든. 고등학교라면 방송부가 좋았겠지만, 대학교는 좀 다르겠다 싶어서.
코비토	아아, 그런 호러 영화가 있지. 핸디 카메라로 촬영한 거. 『블레어 위치 프로젝트』나 『파라노말 액티비티』.
GM	『클로버필드』……는 호러물이 아니군요.
미노리	야외 촬영 장소나 동영상으로 쓸만한 소재가 있다면 카메라를 들고 어디든지 간다!
파선생	그래서 위험한 곳에 들어가서 이상한 것을 찍고——
구게펜	——그렇게 죽거나 미치겠지.
미노리	죽거나 미치지 않도록 분발할게.
GM	그러세요.
파선생	왠지 불길한 예감이 마구 드는데 괜찮을까? (웃음)
미노리	응. 괜찮아. 여차하면 불을 지를 테니까.
코비토	지르지 마!
GM	아, 확인하고 싶은게 있는데요…… 혼자 삽니까? 아니면 가족이랑 살아요?
미노리	**떠들썩한 여자 기숙사**에서 살아요. 방도 작아서, 한 평 반 정도의 좁아터진 방에서 살고 있어.
GM	네. 감사합니다.

상식적으로 생각해서 카페 점원
시노하라 마아야(篠原 麻綾)

성별: 여성
연령: 21
직업: 카페 점원
생명력: 6
이성치: 6
호기심: 기술
공포심:《종말》
특기
《인내》《소리》《정리》
《탈것》《교양》《역사》
어빌리티
【기본공격】【전장이동】
【저격】【위험감지】
아이템:「진통제」「무기」

구게펜→마아야	시노하라 마아야. 여성이고 21세. 대학 근처의 카페 점원이야.
미노리	카페! 좋네. 어떤 곳인데?
마아야	카페…… 라고 주장하지만 아무리 봐도 학생들만 드나드는 시골 찻집. (웃음)
코비토	아, 아까 표에 **키 커피의 푸른 간판**이라고 나왔지. (웃음)
마아야	그렇다니까. 하지만 카페라고 주장한다! **가게 웹사이트**를 만들기도 하고, 가게를 물려받으면 멋진 카페로 만들겠다고 계획하고 있어.
미노리	으~음. 전통적인 찻집도 그건 그것대로 좋은데. (웃음)
GM	아까 일반인다운 캐릭터라고 하셨습니다만…….

키 커피의 푸른 간판
열쇠 마크가 그려진 간판. 키 커피는 다이쇼 시대부터 대대로 이어지고 있는 커피 수입업자.
(역주: 가장 대중적인 커피 브랜드입니다)

가게 웹사이트
둥글둥글한 폰트를 사용한 세련된 디자인의 웹 2.0 타입.

17

마아야	맞아. 부모님 가게이긴 하지만, 일단 직장이 있는 사회인 캐릭터로 해볼까 해서. 학생 캐릭터가 많아 보여서 약간 다르게 해봤어.
GM	과연.
마아야	일단 진지하고 상식적인 사람……을 할 예정이야. (웃음)
파선생	나머지는 비상식적이라는 거냐~
다른 플레이어	우~ 우~ (항의)
마아야	시끄러워. (웃음) 대학은 안 다니지만, 나이대가 비슷해서 손님인 학생들과 자주 수다를 떨어.《소리》는 학생들의 재미있는 이야기를 듣다가 끼어들기 위한 거야.
GM	흠흠. 다른 특기도 수수한 것들을 선택했네요.《역사》는?
마아야	그건 취미. 역사를 좋아해서 지방사(地方史)에 이상하게 밝아. **할머니**가 지역의 역사를 계속 되풀이해서 들려준 바람에. (웃음)
미노리	가게 이름은?
마아야	「마린」이야. 찻집 마린. 엄마의 이름인 「마린(麻鈴)」에서 따왔다는 걸로.
파선생	어머니 이름이 하이컬러. (웃음) 어라, 그럼 가게는 어머니의?
마아야	응. **1층이 점포고, 2층이 집**. 독립 안 하고 집에서 살고 있어.
GM	집에서……. (메모)
코비토	아까 미노리 때도 묻던데, 어디서 사는지가 중요해?

할머니
고대 아기타의 영웅적인 전사, 내전 시절의 일본에서 활약했다는 영웅적인 전사의 이야기를 좋아했다고 한다.

1층이 점포고, 2층이 집
그러니깐, 밖으로 탁 트인 개방적인 공간과 폐쇄적인 개인 공간이 같은 비율로 한 건물 안에 존재하면 말이지요, 개인적인 공간 쪽에 높은 확률로 영이 깃듭니다. 아무도 없는 문이나 창문을 열고 '어서오세요'라고 말하는 소환법이 있죠? 개방된 공간이 그것과 같은 역할을 하는 거예요. 이때 우리 같은 업자가 필요합니다. 어이, 조수. 프로톤 팩을 준비해

18

GM	아뇨, 신경 쓰지 않아도 돼요.
파선생	*신경 쓰이는데.*

검색 비추천 화가
우시오 타마코(潮 たまこ)

성별: 여성
연령: 20
직업: 대학교 2학년(미술학과)
생명력: 6
이성치: 6
호기심: 지각
공포심:《죽음》
특기
《걱정》《풍경》《예술》
《분해》《함정》《인류학》
어빌리티
【기본공격】【전장이동】
【트릭】【연구】
아이템: 「무기」「부적」

코비토→타마코	우시오 타마코. 나이는 스무 살이고, 여성. 미노리랑 같은 아기타 대학의 학생으로, 미술학과 2학년이야. 그리고 **천재**. 미대에서 자주 볼 수 있는 살짝 이상한 사람.
마아야	미대에서 자주 볼 수 있는 살짝 이상한 사람? (웃음)
미노리	아아, 한 가지 특출난 점이 있는 대신에 두세 개 정도 부족한 사람이구나. 맞아. 그런 사람도 있지.
파선생	있지. (끄덕)
GM	있구나. (믿는다)
마아야	그럼 화가?

천재
전해지는 말에 따르면 남다른 천재는 어둠 속에서 희미하게 녹색 빛을 낸다고 한다. 방어력도 조금 높다나.

19

타마코	응. 전문은 일본화야. 오컬트 취미를 살려서 기분 나쁜 그림을 그리지. 무서운 이야기도 아주 좋아하고.
GM	기분 나쁜 그림이라니, 예를 들자면?
타마코	음~ 그림을 검색해보면 트라우마가 될 정도.
파선생	**정신적 브라우저 크래시**급!?
마아야	그건 꽤 센데……. (꿀꺽)
미노리	그럼 영화 연구회에서 호러 영화 특촬같은 걸 부탁하면…….
타마코	아, 분명 엄청 기뻐할걸. (웃음) 디자인부터 조형까지 뭐든지 할 수 있어, 천재니까.
GM	천재란 참 편리하네요. 참고로 사는 곳은?
타마코	본가는 이웃 현쯤으로 할까. 지금은 아기타 시의 중심가에서 좀 벗어난 곳을 빌려서 아 틀리에 겸 자취방으로 쓰고 있어.
미노리	넓은 집……. 좋겠다.
타마코	언제든지 놀러 와. 다만 누드모델이 되어줘 야겠지만!
마아야	왜 벗기는 건데!?
타마코	화가로서 인체의 아름다움을 추구하는 거 야. **근육, 뼈, 내장, 지방**. 남김없이 캔버스에 그려주겠어!
GM	내장까지 그릴 의욕이 넘쳐나는 겁니까? 혹 시 특기 리스트의《분해》는 그런……?
타마코	아니야. (웃음) 재주가 좋아서 뭐든지 할 수 있다는 걸 나타냈을 뿐이야. 그리는 그림은

정신적 브라우저 크래시
보기만 해도 강한 불쾌감이나 공포감을 느끼게 하는 환상. 인간의 허약한 부분을 찌르는 수단 중 하나.

근육, 뼈, 내장, 지방.
불고기가 먹고 싶어졌다.

20

무섭지만, 본인은 착해!

마아야	아하. 불쾌감을 연출해서 어필하는 부류의 **중2병 여자**……?
파선생	그, 그 이상 말하면 안 돼!
타마코	중2라고 하지 마! 내 작가성을 헐뜯지 마! (웃음)
미노리	음……. 교환조건으로 타마를 찍어도 된다면 모델을 못 해줄 것도 없지.
타마코	으으음. 동영상으로 찍히는 건 싫은데. 우선 술로 보내버리자.
미노리	후후후. 누가 먼저 뻗을까……?
마아야	영양가 없는 탈의 승부는 내버려 두고 다음으로 넘어가자. (웃음)

중2병 여자
아아, 여기 있었구나. 동창회도 세 번째쯤 모이면 멤버가 슬슬 고정된단 말이지. 좀 마셨어? 그러고 보면 네가 그때 자신만만하게 보여준 「보면 30세가 되기 전에 죽는 저주의 그림」이라는 거, 인터넷 찾아보니까 그냥 나오더라. 오리지널. 아아, 응. 샀어. 기분 나쁘지만, 꽤 좋아하는 그림이야. 아니, 정색할 필요는 없지만. 아직도 그런 식으로 어필하고 다녀? 영감이 있다느니, 마술을 쓸 수 있다느니. 인제 그만 좀……. 뭐야? 지금 다나카랑 이야기 중이잖아. 방해하지 마. 이 녀석은 안 죽었어. 여기에 왔다구. 왔다면 온 거야. 너한테도 보일 텐데. 봐. 안 보인다고? 이 눈이냐? 이 눈이 문제냐?

작열의 전장에서 돌아온 남자
사코미즈 류노스케(迫水 龍之介)

성별: 남성
연령: 29
직업: 고고학과 조수 / 전직 군인
생명력: 6
이성치: 5
호기심: 폭력
공포심: 《고문》
특기
《구타》《사격》《소리》
《그늘》《고고학》《죽음》
어빌리티
【기본공격】【전장이동】
【강타】【보복】
아이템: 「진통제」「무기」

파선생→류노스케	사코미즈 류노스케. 29세 남성.
마아야	아, 이제야 겨우 남성 캐릭터 등장.
류노스케	아기타 대학을 졸업하고, **청년 해외 협력대**에 가서……
미노리	흠흠.
류노스케	……전쟁에 휘말려서 **군사 훈련**을 받고 돌아 왔다.
일동	잠깐. (웃음)
마아야	혼자 장르가 다른 사람이 있어! (웃음)
GM	견문 좀 넓히려다가 퍽 파란만장해졌군요.
류노스케	총은 없으니까 주로 무술로 싸울 거야. 습 득한 무술은 외인부대 쪽 사람에게 배운 사 바테.
미노리	사바테?
GM	발차기 기술이 다양한 프랑스 무술인데…… 왜 그걸 선택했나요?
류노스케	어? 그야…… **멋있을 것 같아서**. (머뭇머뭇)
GM	아, 네. 안 해도 될 질문이었네요. (웃음)
류노스케	귀국 후에는 한동안 도쿄의 본가에서 빈둥 거리며 지냈지만, **눈치가 보여서** 아기타 대 학 고고학 연구실에 있는 은사 덕분에 조수 일을 하고 있어.
GM	그렇다면 지금은 혼자 사나요?
류노스케	그렇겠네. 학생용의 싸구려 연립 주택에서 혼자 살고 있어.
미노리	고고학이라. **인디아나 존스**…… 치고는 어두

(역자 주) 청년 해외 협력대
JICA(Japan International Cooperation Agency)

군사 훈련
이 뒤의 발언을 보건대 현 지무장세력에게 납치당한 게 아니라 스스로 지원한 것 같다.

멋있을 것 같아서
사바테는 발차기나 스틱을 쓰는 기술을 사용해서 멋 지다는 인상을 준다.

눈치가 보여서
성실하게 살아가는 사람은 모르겠지만, 집에서 아무것 도 하지 않고 빈둥대는 것 은 정신적으로 꽤 빡세다.

인디아나 존스
조지 루카스 제작, 스티븐 스필버그 감독의『인디아 나 존스』시리즈에서 주인 공을 맡은 가공의 고고학 자, 인디아나 존스 박사. 참 고로 벨기에군과 미국 육군 에서 복무했다.

	운 걸 짚어진 느낌인데. (웃음)
GM	이 멤버 중에서는 【이성치】가 낮은 편이네요.
류노스케	전쟁에 휘말려서 많은 것을 본 거지. (먼산)
타마코	봐서는 안 될 것을 보고 인상이 바뀌어서 돌아왔구나. (눈물)
GM	안타깝게도, 이제부터 더 많이 보게 되겠네요.
류노스케	그럴 수가.

❖   ❖   ❖

GM	다 끝났어요? 그럼 다들 무슨 사이인가요?
미노리	처음부터 아는 사이여도 돼?
GM	그래도 상관없어요. 아니, 그렇게 해주세요.
미노리	그럼 영화로 연결하는 건 어떨까? 아까 말한 것처럼 내가 타마코를 특수촬영에 끌어들이면서 서로 협력하는 관계 말이지.
타마코	내 아틀리에는 넓으니까 미노리의 짐을 맡아두곤 하겠네.
미노리	고마워~. 그런데, 영화 연구회가 주로 모이는 장소는 역시 찻집 마린이겠지?
마아야	매번 이용해주셔서 감사합니다, 고객님~ (웃음)
GM	이리하여 이름만 카페인 찻집은 커피 한 잔 주문하고 한참을 앉아있는 가난한 학생들이 모이는 장소로……
마아야	어라아? 왜 이렇게 된 거야! (웃음) 뭐, 상관없지. 난 학생이 아니지만 나이도 비슷하고, 이야기하는 모습이 재미있어 보일 테니 곧 잘 끼어들 거야.

【이성치】
그 캐릭터의 정신적인 여유. 이 수치까지는 【광기】가 공개되어도 이성을 유지할 수 있다. 단, 이 수치는 충격적인 사실을 알게 되면 감소한다. 【광기】도 적으니 아직은 괜찮겠지, 라는 생각이 들어도 안심해서는 안 된다.

23

GM	그럼 이 세 사람은 이을 수 있겠네요. ……문제는 류노스케 군인데.
류노스케	**교내를 서성거리다**가 얼굴을 익힌 거 아닐까?
마아야	너무 대충 정했잖아! (웃음)
미노리	괜찮아! 영화 연구회 멤버라면 그런 재미있는 경력을 가진 사람은 놓치지 않지!
타마코	아아, 과연. 억지로 끌어들이는 모습이 눈에 선하네.
미노리	이것저것 맡길 수 있겠어. 힘쓰는 일, 단역 출연, 난투 장면 지도 같은 거.
류노스케	그런데 **실전적인 액션 씬**을 찍게 될 텐데. (웃음)
미노리	(영화 연구회 부원이 되어서)「묘하게 리얼한데!」(웃음)
GM	(영화연구회 부원이 되어서)「류 형의 액션은 리얼하긴 하지만, 작품으로는 못 쓰겠어.」(웃음)
타마코	(영화연구회 부원이 되어서)「류 형. 여기 삽자루에 새긴 금은 뭐에요?」
미노리	키, 킬 마크?
마아야	몇 줄이나 새겨져 있을까. **D66**으로 정해볼래? (웃음)
류노스케	……뭐, 옛날 일은 상관없잖아. (웃음)
GM	OK. 그럼 이 네 명으로 가죠. 잘 부탁합니다!
일동	잘 부탁합니다!

교내를 서성거리다가
마을에 있는 자택에서 자고 있었을 텐데, 정신을 차려보니 이 커다란 건물 안에 있었다. 위에서는 엄청난 속도로 하늘이 깜빡이고 있다. 시도 때도 없이 눈의 풍경이 뒤바뀌면서 서서히 내가 있는 곳이 머나먼 이국의 대학이라는 것을 알게 되었다. 오가는 것은 낯선 사람들뿐이지만, 항상 시야 안에 같은 남자가 있다. 눈앞에 그 녀석만은 낯이 익다. 번뜩이는 칼날, 타오르는 불꽃…… 그런 이미지도 낯이 익다. 나는 도대체 어떻게 된 걸까? 뭘 하고 싶은 걸까? 천천히 생각해볼 필요가 있을 것 같다.

실전적인 액션 씬
최소한의 동작으로 손목이나 살, 겨드랑이, 목덜미를 노려댄다.

D66
주사위를 두 개 굴리고 수가 작은 쪽을 10의 자리, 큰 쪽을 1의 자리로 읽는다. 즉, 류노스케가 죽인 건 최저 11명, 최대 66명. 많아!

등장인물

오사카 미노리

시노하라 마야야

우시오 타마코

사코미즈 류노스케

■ 도입 페이즈

1. 지역 특산 맥주를 마시러 ● ● ● ● ● ● ● ● ● ●

GM   우선은 도입 페이즈부터. 각각의 캐릭터가 어떻게 그 사건에 관여하게 되었는지를 설명하는 페이즈입니다.

류노스케   **한 사람씩 하나?** 다른 **사이코로 픽션**처럼.

GM   『시노비가미』나 『블러드 크루세이드』라면 그런 식이지요. 이 게임도 그렇게 해도 됩니다만, 이번에는 다 함께 사건에 휘말리는 시나리오니까 여러분이 괜찮다면 전원이 등장하는 장면을 함께 처리하고 싶습니다.

미노리   상관없어.

마아야   아직 뭘 해야 할지도 잘 모르고.

GM   고맙습니다. 그럼…… 영화 연구회 활동을 통해 친해진 여러분은 6월 어느 날, 함께 놀러 가기로 했습니다.

류노스케   어디로?

GM   아기타시의 변두리에 히스미산(碑住山)이라는 산이 있습니다. 아기타시 근교에서는 가장 높은 산이지요. 그 위쪽에 **지역 특산 맥주를 빚는 양조장**이 있습니다.

미노리   아! 꼭 가야겠네! (기뻐한다)

일동   와~!

마아야   요즘 후덥지근한 게 **맥주가 맛있을 계절**이지!

GM   양조장까지는 차로 20~30분. 다들 술을 마실 테니 따로 운전할 사람이 필요하므로, 영화

한 사람씩 하나?
『인세인』에서도 원칙상 캐릭터마다 개별적으로 도입 장면을 묘사하는 형태를 취하고 있다. 단, 이 부분은 GM이 진행하기 편하게 마음대로 변경해도 된다.

사이코로 픽션
모험기획국에서 발매한 TRPG 대다수에 사용하는 기본 판정 규칙명.

지역 특산 맥주를 빚는 양조장
플레이어가 모두 술을 좋아해서 이것만으로도 분위기를 타준다.

맥주가 맛있을 계절
맥주가 마시고 싶어진다.

	연구회에서 술을 마시지 않는 친구를 끌어들였습니다. 이름은 가토 시게하루(加藤重治) 군이라고 합니다. 여러분과 같은 2학년.
미노리	가토 군…… 이라. (캐릭터 시트의 인물란에 적으며)
GM	양조장은 온천이나 목장과도 가까워서 당일치기로 놀기 좋은 오락시설 같은 곳이에요. 따라서 술을 마시지 않는 사람이라도 즐길 수 있으므로 함께 가기로 했습니다. 그런고로 일요일, 차로…….
미노리	「애, 가토 군! 차 좀 끌고 와주지 않을래?」
마아야	너무하네. (웃음)
GM	가토 군은 「뭐, **괜찮아요.**」라고 대답하며 승낙합니다.
미노리	「매번 고마워!」 (웃음)
류노스케	어쩜 이리 넉살이 좋을까…….
마아야	기름값은 낼게. (웃음)
GM	「아, 됐습니다. 저도 놀러 가는 거고. 대신 밥이나 사주세요.」
마아야	물론이지!
GM	그리하여 여러분은 다 함께 가토 군의 차를 타고 그대로 히스미산으로 향합니다. 6월쯤 되면 도호쿠라고 해도 더워질 시기입니다만, 산으로 가면 나무도 무성해서 아직 시원하네요.
미노리	이런 곳에 대학이 있다니. 정말 한가롭겠다.

괜찮아요
따로 할 일도 없고.

온천에라도 들어가서 점점 맥주가 마시고 싶어 진다.	**GM** 양조장 다음에는 **온천에라도 들어가서**······.

타마코　좋구나~ (황홀)

마아야　**산 위에서 마시는 맥주**가 또 각별한걸!

산 위에서 마시는 맥주
결국, 못 참고 맥주를 사 와
지금 마시고 있다.

미노리　마시면서 영화 토론이라도 하자. 「마아야 언니. 9월을 목표로 영화를 찍고 있는데, 또 촬영장소 좀 빌려주라!」

마아야　「가게 선전에 도움이 된다면 빌려줄게!」 (웃음)

미노리　가토 군이 와준 덕분에 류 오빠가 혼자 남탕에 안 들어가게 돼서 다행이야!

류노스케　뭐, 난 그래도 상관없지만······.

GM　남탕에서 류노스케의 단련된 몸과 전쟁의 흉터를 목격한 가토 군이 경외의 시선을······.

타마코　그거 경외가 아니라 겁먹은 거 아닐까. (웃음) 그리고 보면 가토 군은 어떤 사람이야?

GM　또래한테 존댓말을 쓸 정도로, 얌전하지만 마음씨가 고운 친구입니다. 영화 연구회 멤버 중에서도 진지하게 영화를 좋아하는 사람이고, 영화 평론 블로그를 운영한다 나봐요.

URL 가르쳐줘
가르쳐줄까 보냐! 그렇지
만 영화 평론 블로그라고
말을 꺼낸 시점에서 패배
다. 곧 들통난다.

타마코　뭣이. **URL 가르쳐줘!** (웃음)

GM　「싫어요. 부끄럽잖아요..」

타마코　「뭘 모르네! 남에게 보여주지 않으면 발전 못 해.」

마아야　얘, 타마. 주사 부리지 마. (웃음)

GM　산 위에서는 아기타시를 한눈에 볼 수 있는데, 꽤 근사한 경치네요.

미노리	사진 찍어두자, 기념사진.
마아야	그럼 난 **갸루**처럼 짠!
타마코	난 직립부동.
류노스케	평범하게 서 있을래. (웃음)
미노리	비디오카메라로라도 찍어. 언젠가 소재로 쓸 수 있을지도 모르고.
마아야	사진 받아서 가게 블로그에 올려야지. 「근처에 이런 멋진 산도 있습니다. **관광 시즌에는 꼭 들러주세요!**」

……사진에는 초여름의 햇살을 받으며 구김살 없이 웃는 그녀들의 모습이 찍혔다.

얄궂게도 이것이 멀쩡한 세계를 찍은 최후의 한 장이 되었다.

그 후, 그녀들은, 인간이 알아서는 안 될 이형의 세계에, 스스로 발을 들이게 된다.

2. 산길의 괴이　● ● ● ● ● ● ● ●

GM	그럼 마음껏 마시고, 해도 저물기 시작해서 슬슬 돌아가기로 했습니다.
미노리	야아~ 실컷 놀았다. **대낮부터 맥주를 다 마시고.** (웃음)
GM	집으로 돌아가는 차 안. 여러분은 다들 기분 좋은 피로감에 젖어서…….
마아야	가토 군한텐 미안하지만 졸려~ (웃음)
GM	……그런 말을 하고 있는데, 갑자기 운전하고 있던 가토 군이 앗! 하고 외칩니다.
미노리	어?

갸루처럼
왠지 반짝★하는 느낌의 포즈일 것 같다.

관광 시즌에는 꼭 들러주세요!
……라고 팸플릿에 적혀 있던 찻집은 폐허가 되어 있었다. 가게 안쪽에서 「놈들」이 꿈틀거리는 소리가 들려오지만, 아직 낮이라서 문제는 없었다. 무슨 이유인지 모르지만 놈들은 직사광선을 싫어한다. 그것은 바꿔 말하면 해가 지기 전에 쉘터를 발견하지 못하는 경우 나도 위험하다는 이야기이다. 이 가게에 있는 놈들의 수가 적고, 보존식이 어느 정도라도 남아있다면 며칠은 버틸 수 있을 것이다……. 그렇게 생각한 나는 샷건을 들고 가게에 들어갔다. 그 여자아이와 만난 것은 그 직후의 일이다.

대낮부터 맥주를 다 마시고
맥주 맛있어요.

29

「앗!」미노리가 가토의 외침에 놀라 고개를 든 순간, 차의 핸들이 급하게 꺾였다.

가로등도 없는 밤. 요란한 브레이크 소리가 산길에 울려 퍼진다.

몸이 옆으로 흔들리더니, 옆자리의 타마코 쪽으로 날아갔다.

차체 앞에서 쿵! 하고 뭔가가 부딪히는 소리가 났다. 차는 옆으로 미끄러져서 측면부터 갓길의 나무에 충돌했다.

일동	와아악! 사고다!
GM	전원,《고통》으로 판정하세요
류노스케	(주사위 굴림) 이런! 실패.
타마코	(주사위 굴림) 앗, 세상에! 절대 무리! (웃음)
GM	실패한 사람은 의식을 잃고 맙니다. 성공한 사람도 쇼크로 바로 움직이지는 못해요.
미노리	아파…….
GM	차 밖을 보니 기묘한 것이 다가오는 것이 보입니다.
마아야	……뭐?

사고의 쇼크로 몽롱해진 의식 속에서 미노리와 마아야는 숲속 나무 사이로 천천히 다가오는 희미하고 하얀 그림자를 봤다.

그것은 키가 컸다. 인간에 가까운 형태였지만 세로로 잡아당긴 것처럼 가늘고 길었으며, 머리가 있어야 할 곳에는 묘하게 부풀어 오른 덩어리가 있다.

「우엑」

마아야가 구역질을 하는 소리를 내며 눈을 돌렸다. 미노리도 뭐라 말하기 힘든 메슥거림을 느꼈다. 보고 있자니 시야가 뒤틀린다. 그것의 몸이 희미한 건지, 자신의 시야

가 흐트러지는 것인지……. 마치 눈이 그것에 초점을 맞추기를 거부하는 것 같다.

그것이 걸어 나온 숲의 위쪽으로 뭔가가 보였다. 우뚝 솟은 높은 굴뚝이 하나.

공장일까? 끝부분에서 밤하늘을 향해 연기를 뿜어 올리고 있다.

거기까지 봤을 때 부——웅…… 하고 머릿속에 울리는 진동음이 들리며 의식이 끊겼다.

3. 그거 봤어요?

차 밖은 이미 밤
조용한 밤이었다. 6월의 산속이라기에는 이상하게 조용한 밤이었다. 벌레가 우는 소리가 전혀 들리지 않는다. 하지만 그걸 눈치챈 사람은 없었다.

GM	미노리 양과 마아야 양이 퍼뜩 눈을 뜨자, **차 밖은 이미 밤**입니다.
마아야	엑. 시계 좀 볼게. 몇 시간 지났어?
GM	오후 9시쯤. 3시간 정도 지났습니다. 산속이라서 꽤 어둡네요.
미노리	앞자리의 두 사람은!?
GM	가토 군은 핸들에 머리를 박고 정신을 잃고 있습니다. 조수석의 류노스케도 마찬가지예요.
마아야	류 오빠!
미노리	선생님, 괜찮나요!
마아야	타마야!
류노스케	으음……. 아직도 **정글**인가……. (몽롱)
마아야	뭐야, 그 억지로 갖다 붙인 듯한 트라우마 묘사. (웃음)
타마코	머리가 엄청 아파! 분명 멍이 들었을 거야.
미노리	가토 군~ (흔들흔들)

정글
마술적으로 강화된 구르카 나이프를 써서, 마치 원숭이처럼 나무 사이를 뛰어서 이동하는 게릴라와 싸우고 있다. 꿈속에서.

타마코	잠깐, 머리를 부딪쳤을지도 모르니까 **흔들면 안 돼**.

흔들면 안 돼
머리를 부딪친 사람은 함부로 흔들면 안 된다.

GM	그럼 가토 군은 퍼뜩 핸들에서 몸을 일으키더니, 눈을 동그랗게 뜨고 주위를 두리번거립니다. 그리고 여러분 쪽을 보며 「그것은?」이라고 말합니다.
미노리	……「그것」?
GM	타마코 양과 류노스케 군은 정신을 잃기 전에 아무것도 못 봤어요.
류노스케	으음, 방심했다.
GM	미노리 양과 마아야 양은 뭔가 굉장히 이상하고 기분 나쁜 것을 본 것 같습니다. 그다지 떠올리고 싶지 않은 기분입니다.
미노리	음…….
GM	그러는 사이에 가토 군은 문을 열고 밖으로 나갑니다. 차는 갓길에 서 있습니다. 진행 방향 좌측에는 나무가 잔뜩 서 있는 경사면이 아래로 펼쳐져 있어요. 우측은 산인데, 미끄럼방지용 콘크리트 벽이 있습니다. 가토 군은 차 앞까지 가서 그곳을 가만히 보고 있습니다.
류노스케	나도 내려볼게.
타마코	나도.
마아야	나도 내려. 동물이라도 친 건가 싶어서.
미노리	……난 안 내릴래. (웃음)
GM	**안 내리나요**. (웃음)
타마코	웬일이야. 평소 같았으면 카메라를 들고 가

안 내리나요
무서운 이벤트를 피한다는 사실을 뻔히 알면서도, 별 수 없다는 듯이 웃고 있다.

33

	장 먼저 뛰쳐나왔을 텐데.
미노리	그, 그렇지만 왠지 기분이 나쁘단 말이야…. (움츠러들며)
류노스케	회중전등을 가지고 내려서 차 앞을 비추겠어.
마아야	평소에는 멍한 주제에 이럴 때는 믿음직스럽네.
미노리	으으, 혼자 남는 것도 무서워……. 주뼛거리면서 나도 내릴래. 「가토 군……. 차 움직일 것 같아?」
GM	「예…….」라고 건성으로 대답하고는, 말을 건넨 여러분 쪽을 보고 한 번 더 「……그거 봤어요?」
미노리	무슨 소리야? (어색한 어조로)
GM	그렇게 말하면 눈을 피하면서 「아니……. 아무것도 아니에요.」
류노스케	부딪힌 흔적은?
GM	가까이 가서 자세히 보면 범퍼가 약간 찌그러져 있습니다만, 그 외에는 아무런 흔적도 없습니다. 나무에 부딪힌 차체 측면은 움푹 패어 있어요.
마아야	뭔가에 부딪힌 충격을 느끼긴 했는데…… 작은 동물 같은 거였나?
타마코	인간 사이즈는 아니었다는 거네.
미노리	가토 군의 상태가 이상한데, 【정신분석】으로 뭔가 알아낼 수 없을까?
GM	오, **좋습니다.** 하세요.
미노리	(주사위 굴림) 응, 성공했어.

좋습니다
【정신분석】어빌리티의 본래 효과는 아니지만, 모처럼 플레이어 쪽에서 제안하기도 했거니와 시스템상 중요한 정보가 나오는 것도 아니므로 인정했다.

34

GM	가토 군은 불안한 눈으로 주변 나무들을 보고 있습니다. 미노리 양은 그가 매우 겁을 먹고 있다는 것을 알았습니다. 사고에 대한 반응치고는 조금 위화감이 느껴지네요.
미노리	가토 군, 괜찮아?
GM	「아무것도 아니에요. 괜찮아요.」
마아야	아니, 까놓고 말하자면 네가 운전사라 걱정이 되는데. (웃음)
GM	「괜찮다니까요!」라고 거칠게 내뱉고, 서둘러서 운전석으로 돌아가 시동을 겁니다.「타세요.」
타마코	어, 신고 안 하면 **보험금 안 나올 텐데.**
GM	(으, 냉정한 지적을……)「그런 건 됐어요. 빨리 가죠!」한시라도 빨리 돌아가고 싶은 것 같습니다.
마아야	으음, 그렇게까지 말한다면……. 하지만 하다못해 장소만은 기억해두는 게 좋을 것 같으니, 스마트폰으로 사고현장 주변의 사진을 찍어올게.
미노리	아, 맞다. 정신을 가다듬고 비디오카메라로라도 촬영해둘래. 혼자는 무서우니까…… 류 오빠, 같이 가 줘. (웃음)
GM	그럼 거기에서 묘한 위화감을 느낍니다. 여기는 사고가 난 장소와는 다른 곳이 아닌가? 하고…….

마아야&미노리 어?

「어라?」비디오카메라로 사고현장을 찍던 마아야가 목

보험금 안 나올 텐데
사고가 났을 때 보험금이 나오지 않으면 무슨 일이 벌어지는지는 운전면허 강습에서 질리도록 이야기해 주고, 동영상도 보여준다. 대개 가정이 붕괴하거나 인생이 말리곤 한다.

소리를 높였다. 「여기 말인데, 사고가 난 장소랑 다른 곳 같지 않아?」

「어?」미노리가 비디오카메라를 움직이자, 광량 보정이 된 화면 안에서 마아야가 산 쪽을 가리킨다.

「봐. 차 옆구리가 나무에 부딪혔는데, 나무 따윈 어디에도 없어.」

손가락이 가리킨 곳은 콘크리트 블록으로 된 미끄럼방지 벽이 가로막고 있었다.

「어떻게 된 거야……?」타마코가 중얼거린다. 「기억이 모호해……?」

「됐으니까 빨리 타요!」가토가 초조하게 외친다. 마아야와 미노리는 얼굴을 마주 보고, 뒷좌석에 탔다.

미노리	「……저기, 가토 군. 뭘 본 거야?」
GM	가토 군은 대답하지 않고, 앞만 본 채로 차를 출발시킵니다…….

4. 가토가 보낸 문자　● ● ● ● ● ● ● ● ●

GM	……자, 그로부터 2주 후.
미노리	2주일!?
류노스케	꽤 지났네.
타마코	**모든 것이 원래대로 돌아온 걸까?**
미노리	학교 강의에 들어가거나, 타마랑 작품 제작을 하거나?
류노스케	난 연구실 조수로 일하겠지.
마아야	나는 가게에서 일하고 있겠지마는. 사고가 났으니 병원 정도는 가볼까?
타마코	그러게. 나도 머리를 세게 부딪혀서 뇌진탕

모든 것이 원래대로
나를 구해준 인물은 그렇게 말했다. 항상 소금과 술을 몸에 뿌리고, 여행은 피하고, 가능한 한 혼자 있지 말라고. 그리고 그대로 1년이 지나면 괜찮을 것이라고. 실크햇 아래의 표정이 풍부한 얼굴은 그렇게 말하며 웃고 있었다. 망토를 휘날리며 떠난 그가 누구였는지는 마지막까지 알 수 없었고, 인제 와서는 알려고도 하지 않는다. 알고 싶지도 않다. 나는 아무튼 그 체험을 빨리 잊고 싶다.

	이 걱정이야.
류노스케	일단 다들 진찰을 받는 게 좋겠네.
마아야	머리의 CT 스캔이라도 찍고…… . 선생님, 어때요? (GM을 향해서)
GM	(주사위 굴림) 보기에는 이상 없어요. 걱정할 필요 없습니다.
마아야	…… 잠깐, **이 선생님 주사위 굴렸어**. 괜찮은 거야? (웃음)
미노리	나는 좀 진정이 되면 당일에 찍은 사진이나 동영상을 정리해둬야지. 뭔가 이상한 게 찍히진 않았어? (주뼛주뼛)
GM	알 수 있는 범위에서는 딱히 아무것도.
미노리	그건 다행…… 인가?
류노스케	글쎄.
마아야	가토 군은 괜찮아? 상태가 이상했는데…… .
GM	그게 말이죠…… . 가토 군은 그 날부터 연락이 안 됩니다.
미노리	어!?
타마코	학교 안 와?
GM	그러게요. 완전히 집에 틀어박힌 것 같아요.
마아야	우와…… 우리가 **운전을 시켜서 사고가 났기 때문**…… 이지, 이거?
타마코	전화는 안 받아?
GM	(테이블 아래에서 몰래 핸드폰을 조작하면서) 사고 후 2, 3일은 전화를 받았습니다만, **건성으로 대답**하기만 하고 대화에 적극적이

이 선생님 주사위 굴렸어
이 부분은 GM이 「뭔가 있을지도 몰라」라고 여기게 하려고 블러프를 겸해서 굴린 것이다. 주사위 눈 자체에 의미는 없다. 어쩌면 선생님이 주는 약을 랜덤으로 정하고 있는 것일 수도 있다.

운전을 시켜서 사고가 났기 때문
엄청나게 찜찜하다.

건성으로 대답
「아~」, 「으음」, 「그러게요~」 등등. 마음이 담겨있지 않은 적당한 맞장구.

지 않았습니다. 날이 지나자 그것도 부재중 수신 메시지로 바뀌어버렸어요. 무슨 일이 있나 싶은 와중에 2주일이 지나서…… 여러분의 핸드폰에 문자가 옵니다.

GM이 그렇게 말하자마자 플레이어 전원의 전화에서 일제히 벨소리나 진동이 울리기 시작했다.

미노리 어!? 잠깐만. (웃음)

마아야 진짜입니까요. (웃음)

진짜로 왔어!
정말로 문자가 왔어! 이제 문자의 지시에 따르면 악마가 나와 소원 들어주는 거지? 일단 확인하는 편이 나을 것 같아서 전화했는데…… 괜찮은 거 맞지? 그치면 여기 굉장히 시뻘건데? 학교에 이런 빨간 곳이 있었던가? 나도 꽤 빨개졌어. 빨가……. (부글거리는 소리) (귀를 찌르는 요란한 발소리) (통화 종료)

타마코 (핸드폰을 열며) **진짜로 왔어!** 끝내주게 절묘한 타이밍이다 싶었더니.

류노스케 가토 군이다.

수신 메일
보낸 사람: 가토
제목:
살려줘 위험해 산 위의 공장 막아야 해 이구리 코우를 조심해

GM 그리고 이 타이밍에 여러분에게 선물입니다.

타마코 선물?

GM	도입 페이즈가 끝날 때 각자에게 【사명】이 적힌 핸드아웃이 제시됩니다. 여기에 적혀 있는 것이 캐릭터의 목적입니다.
마아야	어디……. 「당신은 히스미산에서의 사고 이후 상태가 이상해진 친구 가토 시계하루를 걱정하고 있다. 당신의 【사명】은 실종된 가토의 행방을 쫓아 그의 안부를 확인하는 것이다.」
미노리	어라, 혹시 **전원 동일?**
타마코	그러네. 다 함께 가토 군을 찾아내면 되는 건가 봐.
류노스케	이거, 핸드아웃 뒤에 【비밀】도 있지? 봐도 돼?
GM	네, 보세요. 다른 사람에게는 보여주거나 가르쳐주지 마세요.

플레이어들은 【사명】이 적힌 핸드아웃을 뒤집어서, 뒷면에 적혀있는 【비밀】을 읽는다.

류노스케	……흠흠.
미노리	어…… 어어어? (주위를 둘러보며)
마아야	잠까…….
타마코	뭐…… 어? 이거 뭐야?
GM	만약 거기에 【사명】과 모순되는 목적이 적혀있다면, 그것이 【진정한 사명】입니다.
류노스케	………과연. OK.
GM	여러분, 문제없나요?
일동	으, 으응.
미노리	우, 우선 모두 문자로 부르죠. 「마린」에 집합!

【사명】
캐릭터에게 주어지는 그 세션의 목적. 플레이어나 PC는 여기에 적힌 목적을 달성하기 위해서 최대한 노력해야 한다. 성공하면 좋은 일도 생긴다.

전원 동일?
모두가 같은 【사명】을 가지고 협력하여 사건의 해결에 도전한다. 아름다운 모습이다. 하지만 『인세인』의 등장인물들은 모두 【비밀】을 가지고 있다. 정말로 다들 가토의 안부를 확인하는 것이 목적일까?

【비밀】
이 게임의 등장인물들은 모두 【비밀】을 가지고 있다. 거기에는 남에게 말할 수 없는 각자의 사정이 적혀 있다. 도대체 어떤 【비밀】이 있는 걸까? 그것은 게임이 진행되면 밝혀질 것이다.

39

■ 메인 페이즈 제1 사이클 ||||

1. 가토의 집   • • • • • • • •

가토가 도움을 청하고 있다. 찻집 「마린」에 모인 일행의 표정은 딱딱했다.

핸드폰으로 전화를 해봐도 「전파가 닿지 않거나 전원이 켜져 있지 않습니다」라고만 할 뿐 연결되지 않는다. 뭔가 곤란한 사태에 빠진 것이 틀림없어 보였다.

장면 플레이어
『인세인』에서 각 플레이어는 자기 차례의 장면을 제법 자유롭게 연출할 수 있다. 물론 GM은 시나리오의 진행에 적합하지 않은 연출을 다른 내용으로 변경할 권한을 가지고 있다.

사이클
게임의 진행 상황을 나타내는 단위. 플레이어 전원이 순서를 한 번씩 끝마치면 한 사이클이 끝난다.

드라마 장면
회복이나 조사, 캐릭터 간의 교류를 묘사하기 위한 장면.

전투 장면
누군가에게 싸움을 거는 장면. 단, 전투를 걸려면 상대의 【거처】라는 정보를 알고 있어야 한다. 전투 규칙에 따라 처리한다.

GM	이제부터 메인 페이즈, 즉 조사 파트에요. GM의 왼쪽부터 시계 방향으로 한 명씩 **장면 플레이어**가 되어 행동합니다. 행동하고 나면 **사이클** 하나 종료.
미노리	내가 처음이네? 뭘 하면 돼?
GM	장면 플레이어는 우선 자신의 장면을 **드라마 장면**으로 할지 **전투 장면**으로 할지를 선택합니다. 조사를 하거나 다른 캐릭터와 관계를 맺고 싶다면 드라마 장면, 캐릭터에게 전투를 걸고 싶으면 전투 장면이지요.
류노스케	음…… 전투를 하고 싶으면 상대의 【거처】를 알아야 하지?
GM	그렇습니다.
타마코	아마도 우린 함께 행동할 것 같은데, 그래도 【거처】는 모르는 거야?
GM	플레이어끼리 동의한다면 서로의 【거처】를 교환해도 돼요. 자기 장면에서 그 장면에 등장한 캐릭터와 교섭하세요.
미노리	(생각에 잠긴다) ……【거처】를 몰라도 서로

	연락은 할 수 있는 거지?
GM	그건 문제없어요.
마아야	예를 들어 우리끼리 이해의 대립이 생겼을 때는…….
류노스케	【거처】가 알려졌으면 전투를 신청받을 위험이 있지.
GM	그래서 어떻게 하시겠어요, 미노리 양?
미노리	……어쨌든 아직 다른 사람의 【거처】를 모르니까 드라마 장면이겠지?
GM	그러네요. 그럼 이어서 그 장면의 장소와 시간, 등장인물을 정합니다.
미노리	장소는 장면표로 정하는 거지? (주사위 굴림) ……8.
GM	「인적이 드문 주택가. 낯선 사람들이 사는 집 안에서는 불분명한 목소리나 소음이 새어 나온다…….」
미노리	아, 딱 좋다. 장소는 가토 군의 집으로 하자. 시간은…….
GM	밤인가요?
미노리	밤…… 어? 우째서! 뭐하러 일부러 밤에 가! (웃음)
타마코	호러답잖아. 분위기 살 거야. (웃음)
미노리	어, 모두와 함께 갈 생각인데. 그래도 좋다면…….
마아야	낮에 가자. (즉답)
GM	그럼 전원 등장하나요?

류노스케	미노리에게 개별행동을 할 이유가 없다면 문제없겠지?
GM	알겠습니다.

가토의 집은 대학에서 차로 5분 거리에 있다. 지극히 평범한 2층짜리 연립 주택이었다. 집은 1층. 초인종을 눌러서 가토를 불렀지만, 대답은 없다. 가토의 차도 주차장에는 없었다.

마아야가 관리인에게 사정을 이야기해서 열쇠로 문을 열어 안에 들어갈 수 있게 되었다.

GM	미노리 양은 모두를 데리고 가토 군의 집에 들어갔습니다.
미노리	「가토 구~운, 괜찮아……?」
류노스케	우선 욕실이나 화장실을 봐두자.
GM	어디에도 없어요. 실내엔 아무도 없습니다.
미노리	가방이나 지갑은 없어?
GM	없어요. 핸드폰도 없습니다.
미노리	뭘 어떻게 찾아야 할까?
GM	드라마 장면에서 할 수 있는 행동은 세 가지. 회복판정, 조사판정, 감정판정입니다.
미노리	그중 하나?
GM	그렇습니다. 회복판정은 같은 장면에 등장하고 있는 임의의 캐릭터 한 명을 목표로, 원하는 특기로 판정. 성공하면 【생명력】을 1점 회복할 수 있습니다. 자신을 대상으로 하는 것도 가능합니다.
마아야	지금은 의미 없네.

【생명력】
그 캐릭터의 건강상태를 나타내는 수치. 보통은 6점에서 시작. 0점이 되면 움직일 수 없게 된다.

GM	조사판정은 임의의 캐릭터 한 명에 대해서 원하는 특기로 판정. 성공하면 목표에 관한 【정보】를 하나 획득할 수 있습니다.
미노리	【정보】?
GM	【비밀】과 【거처】, 그리고 【정신상태】에요. 【정신상태】를 획득하면 상대가 가지고 있는 【광기】를 볼 수 있어요.
타마코	【광기】에 관한 설명을 아직 못 들은 것 같은데.
GM	이 게임의 【광기】는 카드 형태로 건넵니다. 건넨 시점에서는 특별한 효과가 없지만, 「트리거」라는 특정 조건을 만족했을 때 현재화합니다.
마아야	기폭조건을 모르는 시한폭탄 같은 건가…….
GM	넘겨받은 본인은 알 수 있어요.
류노스케	감정판정은?
GM	감정판정은 같은 장면에 등장한 임의의 캐릭터 한 명을 목표로, 원하는 특기로 판정. 성공하면 선택한 캐릭터와 자신의 캐릭터 사이에 【감정】을 맺을 수 있습니다.
류노스케	(규칙 요약을 읽으면서) 【감정】이 있으면 정보공유를 할 수 있고, 전투난입이 가능하고, 감정수정이 가능하고……. 역시 정보공유를 위해서 【감정】은 맺어두는 편이 나을까?
GM	그런데 【광기】의 트리거에는 여러 가지가 있거든요.
미노리	허어.
GM	예를 들자면, 「자신이 감정판정의 목표가 된

	다」가 트리거가 되어서 효과가 현재화하기도 합니다.
류노스케	오, 오옷!?
타마코	혹시【거처】가 알려지는 것이 트리거…… 될 수도 있어?
GM	(싱글벙글 웃는다)
마아야	과, 과연…… 방심할 수 없겠는데.
GM	뭐, 해보지 않으면 모르죠. **하하하.**
미노리	으~음. 고민되는데. 어떡할까.
GM	뭘 해야 할지 모르겠다면, 자신의【사명】을 달성하기 위해서 뭘 해야 좋을지를 생각하면 돼요.
미노리	……하긴. 우선 가토 군부터 찾아야지. 조사 판정인가.
타마코	조사판정은 같은 장면에 없는 캐릭터를 목표로 할 수도 있는 거지?
GM	네. 현시점에서 목표로 삼을 수 있는 것은 다른 플레이어 캐릭터와 가토 군입니다. 그리고 그 외에 조사할 수 있는 핸드아웃이 이만큼 있어요.

하하하
건조한 웃음. 뭔가를 얼버무리기 위해 억지로 웃고 있다.

GM은 테이블 위에 뒤집힌 핸드아웃을 죽 늘어놓았다.

타마코	아, 꽤 많아.
미노리	하나, 둘, 셋…… 가토 군의 비밀까지 합쳐서 10장.
마아야	메인 페이즈는 몇 사이클이야?

GM	시나리오에 따라 달라요. 이번에는 3사이클입니다.
마아야	네 명이니까 다 합쳐서 12회 행동할 수 있다는 뜻이네.
타마코	기회는 충분한데…….
미노리	아니, 부족해. 10장에다가 PC 각자의 【비밀】4장을 더해야지.
타마코	그렇구나. 즉, 전부 알아볼 필요는 없는거지?
GM	네. 이번의 이 핸드아웃들은 링크가 되도록 만들어졌습니다. 처음부터 모두 조사할 수 있는 게 아니라, 어떤 단서를 조사하면 다른 단서에 연결되어 점차 다른 핸드아웃을 조사할 수 있게 됩니다.
마아야	처음에는 대부분의 장소에 록이 걸려있지만, 링크를 이으면 록이 해제되어서 새로 그곳을 조사할 수 있게 된다는 이야기?
GM	그런 거지요. 아까 말한 대로 현시점에서 조사판정을 할 수 있는 건 PC들과 가토 군의 【비밀】뿐이에요. 참고로 모든 정보가 링크된 건 아니고, 다른 것과 연결되지 않는 정보나 꽝 정보가 있을 수도 있어요.
미노리	3사이클이 끝나고도 시나리오 클리어에 필요한 정보가 모두 손에 들어오지 않으면 어떻게 돼? 배드엔드?
GM	그때는 그 시점에서 가지고 있는 정보로 어떻게든 해주세요.

마아야	어떻게든이라니……. (웃음)
미노리	과연. 알았어. 그럼 맨 처음은 가토 군에 대해 조사판정!《카메라》로 굴려서 (주사위 굴림) 성공! 단서를 놓치지 않도록 비디오카메라로 촬영하면서 찾겠어!
GM	그럼 실내에 단서가 없는지 찾고 있던 미노리 양은 벽장의 장지문에 손을 댑니다.
미노리	드르륵. 안에는 무엇이 있나요?
GM	벽장 안에는 무수한 가토 군의 얼굴이 있어요.

미노리   …………하?

벽장의 어둠 속에서 무수한 가토의 얼굴이 미노리를 보고 있었다.

사진이다. 벽장의 내부에 빈틈없이 붙어있는 것은 수백 장이나 되는 가토의 사진이었다.

마아야	어, 얼굴!?
타마코	엑. 왜 그래, 마아야 언니!?
마아야	아, 미, 미안. 아무것도 아니야.
미노리	뭐, 뭐………… 뭐야, 이거? 가토 군의…… 사진? 셀카?
GM	사진은 벽장의 벽이 완전히 가려질 정도로 빽빽하게 붙어 있습니다. 대부분 자기 자신을 찍은 것으로 보이지만, 개중에는 떨어진 곳에서 찍은 구도의 사진도 섞여 있습니다.
미노리	떨어진 곳에서라니, 누군가 다른 사람이 있었다는 이야기?

셀카
카메라 렌즈를 자신 쪽으로 향하고 촬영하는 것. 보기 좋게 찍히는 앵글을 찾게 되는 건 인간의 본능이다.

GM	그런 사진은 크게 확대되어 있고, 사진 속의 가토 군에게 빨간 유성 매직으로 동그라미가 쳐져 있어서 다른 것에 비해 눈에 띕니다. 빨간 동그라미가 쳐진 가토 군은 묘하게 무표정하네요.
타마코	어떤 상황을 찍은 사진인데?
GM	담장 위에서 얼굴만 내밀고 무표정하게 카메라 쪽을 보고 있는 가토 군이나, 밤의 실내에서 창밖에 서 있는 가토 군을 찍은 사진이나, 길에서 멍하니 서 있는 가토 군을 차 안에서 찍은 초점이 어긋난 사진이나…….
류노스케	이, **이건………… 뭐지?**
미노리	어…… 어떡해, 진짜로 무서워. (울상)
마아야	그래도 비디오카메라는 놓지 않는 미노리는 **카메라맨의 귀감**.
미노리	다, 당연하잖아. 빠짐없이 찍어둘 거야! (떨리는 목소리)
타마코	실제로 이 장면 꽤 무서울 것 같은데. (웃음)
GM	네. 그럼 여기에서 전원 공포판정을 해주실까요? 《카메라》로 굴려주세요.
류노스케	내가 가장 머네. (주사위 굴림) ……후우, 성공.
GM	그럼 사진에서 전해져오는 가토 군의 【마음의 어둠】에 내심 동요했지만, 여러분은 그 공포를 견뎌냈습니다.
류노스케	괜찮아, 괜찮아. 이런 건 전장에서 자주 봤어. 별것 아니야.
마아야	**무슨 그런 전장이 다 있어!**

이건………… 뭐지?
실화괴담 명물, 정체를 알 수 없는 것.

카메라맨의 귀감
죽든 미치든 카메라는 놓지 않았습니다.

무슨 그런 전장이 다 있어!
류노스케의 적 중에는 불사대(不死隊)가 있었다. 똑같은 가면을 쓴 병사가 대량으로 습격해 옴으로써 마치 상대가 죽지 않는 것 같다는 착각에 빠진다. 페르시아 전통의 전술이다.

47

미노리	이거 실패하면 어떻게 돼?
GM	【광기】를 한 장 획득할 수 있어요.
타마코	와아~ 하나도 안 기뻐. (웃음)
GM	무수한 가토 군의 사진 한복판에 딱 한 장 다른 사진이 섞여 있습니다. 산을 찍은 사진……. 다 함께 갔던 히스미산이군요. 미노리 양은 그 뒤에 갈겨 쓴 메모가 있는 것을 발견합니다.

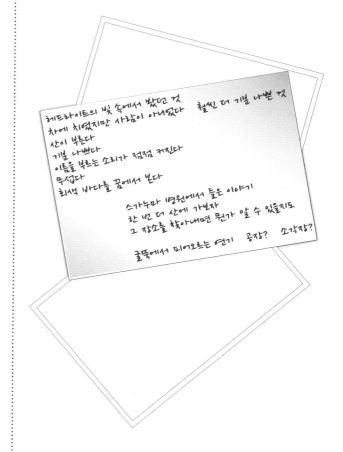

헤드라이트의 빛 속에서 봤던 것   훨씬 더 기분 나쁜 것
차에 치였지만 사람이 아니었다
산이 부른다
기분 나쁘다
이름을 부르는 소리가 점점 커진다
무섭다
회색 바다를 꿈에서 본다

스가누마 병원에서 들은 이야기
한 번 더 산에 가보자
그 장소를 찾아내면 뭔가 알 수 있을지도

굴뚝에서 피어오르는 연기   공장?   소각장?

타마코	회색 바다……!?
미노리	우왓, 이번에는 타마야? 무슨 일이야?
타마코	아, 아무것도 아~냐~ (딱딱한 어조로 노래하듯이)
마아야	으엑……. 뭔가 차로 치어버렸느니 하는 이야기가 적혀있어.
류노스케	산이 부른다…… 라는데.
타마코	지, 진짜 정신적으로 힘들었나 봐
GM	그리하여 미노리 양은 가토 군의 【비밀】을 알 수 있습니다. 확산정보이므로 다 함께 봐도 됩니다.
미노리	아, 그런 것도 있구나. 음~ 어디어디.

미노리가 받은 핸드아웃에는 이렇게 적혀 있었다.
「【비밀】: 확산정보. 가토는 히스미산에서의 사고 이후, 산에 관련된 망상으로 정신이 불안정해져서 스가누마 병원에서 진찰을 받은 것 같다. 조사판정의 목표에 『스가누마 병원』, 『히스미산』, 『산의 공장』이 추가된다.」

마아야	오, 록 3개 해제.
GM	스가누마 병원은 이 지역 사람이라면 누구나 알고 있습니다. 아기타시에서 가장 큰 정신병원이에요. 정확히는 내과, 신경과, 심료내과(心療内科). 심리학과 학생도 물론 알고 있습니다.
류노스케	이걸로 병원은 알아냈네. 가보자. 입원했다면 다행이고…… 다행이라고 하긴 좀 그런가? (웃음)

| 타마코 | ……아. 바깥에 비 엄청 쏟아진다. |

이때, 실제로 플레이 장소 밖에서 폭우가 내리고 있었다.

비가 내리는군
가토가 산에서 조난을 했다면 폭우는 상황을 악화시킨다. 류노스케는 그런 현실적인 걱정을 하고 있다.

류노스케	「……**비가 내리는군**.」
마아야	잠깐…. 안 좋은 예감이 드는데. (웃음)
GM	그럼 게임 속에서도 비가 내리기 시작했다고 하죠. 가토의 집을 나와서 차에 타자, 차 지붕에 요란하게 빗방울이 부딪치는 소리가 들립니다.

2. 사토리 · · · · · · · ·

GM	다음은 마아야 양의 장면인데요.
마아야	드라마 장면으로 할래. 장면표 굴릴게.
GM	얼마든지. 2D6입니다.
마아야	(주사위 굴림) ……3.
GM	「이것은…… 꿈인가? 이미 지나갔을 과거가 기억 속에서 되살아난다.」
마아야	꿈…… 기억? 으음?
류노스케	회상 장면 같은 거라도 괜찮지 않을까?
마아야	흠흠. 그럼……. 그렇지. 「히스미산」을 목표로 조사판정. 할머니한테 히스미산에 얽힌 전설을 들었던 것이 떠올랐다고 할까.
GM	아, 할머니가 지역 전승에 밝았었지요. 장면에는 마아야 양과 할머니만 나오나요?
마아야	(생각하며) ……회상 속까지 무서운 게 따라오지는 않을 테니까, 혼자라도 괜찮겠지.

타마코	야아~ 그건 모르지. (웃음)
미노리	규칙상으로는 아무런 보증도 없으니까. (웃음)
류노스케	무슨 사정이 있어서 혼자가 되고 싶은 걸지도 몰라. (소곤소곤)
미노리	과연. 사정이라……. (소곤소곤)
마아야	거기, 다 들려. (웃음)
GM	그럼 원하는 특기로 판정하세요.
마아야	《역사》로 (주사위 굴림) 성공!
GM	그럼 히스미산의 핸드아웃을 하나 드리죠.

마아야가 받은 핸드아웃에는 이렇게 적혀 있었다.
「【비밀】: 확산정보. 히스미산에 얽힌 전승, 『사토리 이야기』 (별지 참조). 조사판정의 목표에 『요괴 사토리』가 추가된다.」

마아야	별지 참조?
GM	네. 이겁니다. (건네며)
타마코	와, 자작 자료!?
미노리	진짜로 책을 오려낸 것처럼 만들었어! 일부러 만든 거야?
GM	**신경 좀 써봤어요.** 문헌을 상정해서 만든 거라서 표준어로 적혀있지만, 할머니에게서 들은 이야기니까 실제로는 방언으로 전해졌다고 생각해주세요.
미노리	한번 말해봐, 듣고 싶어~ (억지)
GM	네? ……**갑자기 그래 말해도 곤란한데예.**
마아야	사투리 잘만 쓰네. (웃음)

신경 좀 써봤어요
딱히 이렇게 신경 쓸 필요는 없지만, 가공의 자료를 만드는 건 재미있다.

갑자기 그래 말해도 곤란한데예.
갑자기 그런 말을 해도 곤란합니다, 라는 의미.

사토리 이야기

　아기타의 히스미산에는 요괴 사토리가 있어 모두가
두려워한다. 이 요괴는 산속의 풍혈(風穴)에 산다.
　지금도 불려가서 사라지는 (실종되는) 자가 있다.
실종된 자와 산속에서 만났는데, 얼굴 이외에는 분간
이 가지 않는 모습이었다. 이것은 「무지나」가 변한 것
이라고 한다.
　무지나는 불에 약해서 산을 타는 사람들은 담배의
불씨를 끄지 않았다.

마아야	…………오우.
류노스케	왜 그래? 얼굴이 창백한데.
마아야	얼굴이……. 아니, 아니야. (중얼중얼)
미노리	흠흠……. 어, 무지나가 없어진 사람으로 둔갑한다는 이야기? 실종자라는 건 가토 군이 연상되는데, 왜 사토리가 튀어나온 걸까?
타마코	사토리라는 건 사람의 마음을 읽는 요괴지? 뭔가 다른 민화랑 섞인 것 같은데.
미노리	불에 약하다는 건 중요한 정보 같아!
타마코	아, 맞다. 옛날이야기에 나오는 사토리 요괴는 분명 모닥불에서 **튄 나무 열매를 맞고 도망**쳤지. 거기에서 연상한 건가?
마아야	……그러면 가토 군의 집을 떠나 이동하는 차 안에서 모두에게 이야기할게. 「그러고 보면 히스미산에 얽힌 이런 이야기를 들은 적이 있는데…….」
타마코	마아야. 뭐 아는 거 있어!?

마야야	응……. 이건 할머니에게 들은 이야기야. **뭉게뭉게뭉게** (회상음)
타마코	과연. 사토리? 무지나? 그 녀석에겐 불이 유효하단 말이지.
미노리	그럼, 역시…….
타마코	태워버리면 돼. (즉석에서)
류노스케	그런데 히스미산은 캐릭터로 취급하는 거야?
미노리	(규칙 요약을 읽으며) **조사판정의 목표는 「캐릭터」**라고 적혀있는데.
타마코	즉…… 히스미산에 대해 【감정】을 맺을 수도 있다?
GM	**규칙상으로는…… 그러네요. 가능합니다.**
타마코	그렇구나. (웃음) 그럼 히스미산에 대해 「애정」이나 「광신」이나……. (점점 진지한 표정이 되면서 입을 다문다)
미노리	왜 그래, 타마?
타마코	아니…… 농담으로 말한 건데 의외로 무서워서…….
류노스케	확실히 물건이나 장소에 심하게 집착하는 캐릭터는 호러물에 나오기 딱 좋지.

3. 인터넷의 무서운 소문　••••••••

GM	그럼 다음은 타마코 양.
타마코	드라마 장면으로 조사판정. 목표는 「산의 공장」으로 하자. 사고가 났을 때 뭔가 보였지. 굴뚝이었나?

뭉게뭉게뭉게
구름 모양의 말풍선이 떠올랐다.

조사판정의 목표는 「캐릭터」
GM은 시나리오의 상황에 맞춰서 장소나 사건을 핸드아웃으로 설정할 수 있다. 자세한 것은 규칙 파트의 시나리오 제작 항목을 참조.

규칙상으로는…… 그러네요. 가능합니다
단언하고 있지만, 사실은 불가능하다. 물론 GM이 허가한다면 예외지만. 그 시나리오는 확실히 무서운 전개가 될 것 같다.

53

미노리	타마는 정신을 잃어서 못 봤잖아?
타마코	아, 그렇구나. 하지만 이야기는 들었겠지?
미노리	분명, 엄청 이야기 했을 거야.
류노스케	직접 보지 못한 나랑 타마는 반신반의할 텐데.
미노리	그때 이런 걸 봤어! 믿어줘! (그림을 보여주며)
타마코	……이게 뭐야? (웃음)

사고 직후에 본 것을 그린 미노리의 그림을 보고 일동은 훈훈하게 웃었다.

절묘하게 못 그린 그림이었다. 미노리의 플레이어는 그래픽 디자이너이므로 제대로 그릴 수도 있을 테지만, **이런 부류의 목격자**는 그림이 서툰 것이 왕도이다.

이런 부류의 목격자
UFO나 UMA 등을 본 사람.

류노스케	어, 막대기? (웃음)
마아야	홍보용 캐릭터의 인형 옷? (웃음)
타마코	**팽이버섯**이랑 비슷해. 이거 무슨 심리 테스트야?
미노리	으으……. (웃음) 산속에서 이런 걸 본…… 것 같아.
류노스케	이게 가토 군과 무슨 관계가?
미노리	그게 말이야, 더 중요한 게 있어서……. 이것의 등 뒤로 공장이 보였어. 나무 끄트머리 너머로 굴뚝이 보였고, 연기가 나왔는데…… 가토 군의 문자에 공장이라고 적혀 있는 걸 보고 떠올렸어.
타마코	(진지한 얼굴로) 얘, 미노리. 가토 군은 진짜 답 없는 상황에 빠졌을 수도 있단 말이야
미노리	응.

팽이버섯
슈퍼마켓에서 파는 하얀 버섯. 전골에 넣는다.

타마코	그러니까 이런 장난은 나중에 하란 말이야. 알았지? (타이르듯이)
미노리	장난이 아니라구~ (울음)
마아야	그렇지만 설령 착각이라도 미노리가 봤다면 가토 군도 같은 걸 봤을 가능성이 있겠지?
미노리	옳소, 옳소. (끄덕끄덕)
류노스케	뭐, 이 **불가사의맨**은 치워놓고.
미노리	치웠어! (충격)
타마코	내 장면으로 돌아가자. 「아기타, 산, 공장」이라는 키워드로 인터넷을 검색해보겠어. **2ch의 오컬트판** 같은 곳에서. (웃음)
GM	등장 캐릭터는?
타마코	혼자가 되긴 싫으니까 다들 나와줘. (웃음)
류노스케	그래.
미노리	곁에 있어! 장소는 어디?
GM	장면표를 사용하지 않고 지금까지 등장한 장소를 선택하는 것도 가능해요.
타마코	그럼 마아야의 장면에서 이어서 차 안에서 **모바일 PC**로 인터넷에 액세스!
GM	사이버펑크!
마아야	뭔가 좀 아닌데.
GM	하지만 보는 건 2ch.
미노리	역시 뭔가 좀 아닌데. (웃음)
GM	그럼 조사판정을.
타마코	(주사위 굴림) ……6 더블!

불가사의맨
대부호 키마구레 와사비는 불가사의 슈트를 입고 불가사의맨으로 변신한다. 아기타시경 옥상의 불가사의 시그널이 밤하늘을 비출 때, 비밀기지 불가사의 케이브에서 불가사의 모빌을 타고 발진하는 것이다. 생긴 건 팽이버섯과 비슷하다.

2ch의 오컬트판
거대 게시판 사이트 「2채널」의 오컬트 초상현상 게시판.

역주 : 모바일 PC
UMPC.. 휴대성을 고려한 PC 형태. 지금은 거의 쓰이지 않습니다. 아래 그림의 타마코 캐릭터가 든 전자기기 같이 생겼습니다.

55

마아야	스페셜이다! 와~!
미노리	역시 타마코! 전문분야!
타마코	2ch 검색이 전문분야라니 듣기에 안 좋잖아! (웃음)
류노스케	타마는 오히려 무서운 그림을 그리는 사람으로 게시글의 화제가 되는 쪽일 것 같은데. (웃음)
마아야	「【열람 주의】우시오 타마코의 그림을 보면 죽는다 【트라우마】」
타마코	어머, **벡신스키**랑 어깨를 나란히 하다니 좀 영광이네.
마아야	글렀다. 흥분하고 있어.
타마코	그래서 스페셜이면 뭐가 일어나는데?
류노스케	이 주사위 눈이라면 대충 아무렇게나 연출해도 성공하겠는데. 기왕 소령님 흉내를 내서 **「넷은 광대해」**라고 말해보면 어때?
마아야	아무렇게나 말하지 마. (웃음)
GM	규칙에 따르면 【생명력】1점이나 【이성치】1점을 회복할 수 있습니다만…….
타마코	양쪽 다 멀쩡해.
GM	그렇죠. 유감스럽게도 효과는 없지만…… 훌륭하게 검색을 해냈으니 「산의 공장」의 【비밀】을 드리죠. 확산정보에요.
타마코	와~ 허무해~ (눈물)
GM	하지만 타마코 양의 행동에 딱 맞는 내용이에요, 이게.

벡신스키
즈지스와프 벡신스키. 퇴폐적이고 환상적인 작품이 매력인 폴란드의 화가.

넷은 광대해
시로 마사무네의 만화 『공각기동대』의 주인공, 쿠사나기 모토코 소령의 대사. 줄여서 넷광.

타마코   헤?

타마코가 받은 핸드아웃에는 이렇게 적혀 있었다.
「【비밀】: 확산정보. 산의 공장에 관한 『인터넷 게시물』(별지 참조)」

GM   그리고 이게 별지에요.

```
○○○                    insane.net
◀▶ [                                    ]
```

326 이름: **형언할 수 없는 무명** [sage] 투고일: 2012/09/09(일)
21:00:14 ID:aEK6coCl0

   1개월 전의 실제 체험.
   여름방학에 바이크로 도호쿠 투어링을 했는데, 산속에서 길을 잃고 버려진 공장에 들어갔어.
   버려진 자재 같은 게 잔뜩 쌓여 있었고, 벽에 빨간 페인트로 잘 알 수 없는 문자가 엉망진창으로 휘갈겨져 있었지. 좀 찝찝하기도 했고, 혹시 불량배들이 모이는 곳이라면 골치 아프니까 후딱 떠나려고 했는데, 공장 안에서 작업복을 입은 아저씨가 나와서 이쪽을 향해 막 화를 내기 시작했어.
   처음에는 아차, 아직 문을 닫은 게 아니었구나…… 하고 생각했는데, 뭔가 이상하더라고.
   그 녀석이 떠드는 말이 이해 불능. 분명 일본어였지만 무슨 말을 하는지 전혀 알 수 없었어.
   잠시 멍하니 보고 있었더니 그 녀석이 큼직한 날붙이를 들고 다가오더라고.
   당연히 겁이 나서 도망쳤지.
   냉정하게 생각해보면 머리가 이상한 녀석이 공장 터에 살고 있을 뿐이었을지도 모르지만, 뭔가 분위기가 이상했어.

335 이름: **형언할 수 없는 무명** [sage] 투고일: 2012/09/10(월)
10:58:22 ID:Gyrh44lk0
   >>>326
   나도 다음 주에 도호쿠 투어링 간다. 어디의 무슨 산?

339 이름: **326** [sage] 투고일: 2012/09/10(월)
22:35:06 ID:jff9krhy0
   >>>335
   할 생각이야? 그다지 추천하고 싶지 않은데…….
   아기타 근처의 히스미산이라는 곳.

凸
돌격, 이라는 의미의 은어.(한국에선 의미가 다르지만 일본에선 그렇다.)

타마코	오~ 이건. 확실히 딱 좋은 걸 뽑은 것 같은데.
미노리	버려진 공장! 내가 본 거! 이거야, 이거!
마야	우와아, 날붙이를 든 아저씨래.
류노스케	그런 위험한 장소가 그 산에?
타마코	게시일은 1년 전인가……. 지금 글을 올려도 답글은 안 달리겠지.
류노스케	이 이야기가 사실이라면 뭔지 알 수 없는 옛날이야기 따위가 아니라 엄연히 실체를 지닌 시설이 있고, 수상한 인간이 있다는 건데. 인터넷을 쓸 수 있다면 공장 같은 뭔가가 없는지 **구글 맵**으로 조사해볼 수 없을까?
GM	으음, 지방의 구글맵은 정밀도가 그리 좋지 않거든요. 산속이면 더욱 그렇고요.
류노스케	과연.
마야	그런데 이 장면에 함께 나온 우리는 뭔가 할 수 있는 거 없어?
GM	【비밀】이나 【감정】에 관련된 판정은 할 수 없지만, 조킹(joking)이라는 걸 할 수 있어요.
마야	조킹? 처음 듣는 단어인데.
GM	주위의 상황을 확인하거나, NPC에게 이것저것 물어보거나 하는 겁니다.
미노리	**??? 그건 보통 그러잖아?**
GM	이 게임에는 조사판정이라는 개념이 엄연히 정의되어 있습니다만, 규칙으로 규정된 조사밖에 할 수 없는 건 아니에요. 조사판정과는 별개로 내키는 대로 이것저것 조사해도 돼요. 단, 【비밀】이나 【마음의 어둠】 같은 중요

구글 맵
검색엔진 Google이 인터넷으로 제공하는 지도 서비스.

그거 보통 그러잖아?
보통이라는 것은 어려운 개념이다. 자신이 보통이라고 생각하고 있는 것이 의외로 그렇지 않은 경우도 많다. 방심은 금물이다.

한 정보 자체는 조킹으로 손에 넣을 수 없습니다. 조킹으로 얻을 수 있는 건 이야기의 힌트가 될 수 있는 정보뿐이에요. 조킹으로 질문을 받은 NPC가 거짓말을 할 수도 있고, GM이 즉흥적으로 대답할 것이므로 모순이 생길 수도 있어요. 그런 애매한 정보수집을 이 게임에서는 조킹이라고 부르는 거예요.

마아야	아아……. 조킹이라는 거, 혹시 『**조크**』에서 따온 거야?
GM	맞아요. 옛날 텍스트 어드벤처죠.
타마코	요약하면…… 조사판정 외에도 이것저것 시도해봐도 된다?
GM	네. **장면 플레이어 이외의 인물도 조킹은 할 수 있어요.**
류노스케	하지만 지금은 차 안에서 인터넷을 보고 있을 뿐이지.
미노리	이럴 때는 어떡하지? 스마트폰으로 인터넷을 보며 뭔가 찾을까?
GM	조킹을 반드시 할 필요는 없어요. 그 장면에서 뭔가가 떠오르면 말해본다는 정도의 느슨한 규칙입니다. 도가 지나치면 끝도 없을 테고요. 우선 이 장면은 여기에서 끊도록 하죠.
타마코	네에~

4. 스가누마 병원

류노스케	마지막은 나지? 드라마 장면에서 「산의 공장」을 조사하고 싶은데…….
GM	그 【비밀】은 지금 밝혀졌어요. 이제 없습니다.

조크
판타지 세계에서의 던전 탐색을 다룬 극초기의 컴퓨터 게임. 커맨드를 직접 입력하는 형식의 텍스트 어드벤처이지만, 다수의 일반동사를 사용할 수 있었기 때문에 플레이어는 떠오르는 대로 커맨드를 입력해서 시행착오 속에서 탐색을 진행했다.

장면 플레이어 이외의 인물도 조킹은 할 수 있어요
직전에 류노스케가 제안한 구글 맵 운운하는 것도 조킹이다.

류노스케	그렇군. 그럼 「스가누마 병원」을 조사해보자. 나는 어디까지나 현실적인 노선을 가겠어.
GM	네. 등장인물은?
류노스케	으음……. 지금은 다 함께 움직여도 문제 될 것 없고, 모두 나와달라고 할까.
타마코	우리를 믿는다는 이야기지?
류노스케	……너희를 내 눈이 닿는 곳에 두고 싶거든.
마야야	어머나, 말에 뼈가 있네. (웃음)
미노리	으음, 으음. (뭔가 고민 중)
류노스케	장면표 사용할게. (주사위 굴림) ……9.
GM	「갑자기 구름이 하늘을 뒤덮더니 세찬 비가 내린다. 사람들은 처마를 찾아 황급히 달려간다.」
타마코	아까부터 내리고 있는데. (웃음)
류노스케	스가누마 병원의 존재는 아는 거지? 그럼 직접 가 보자.
GM	알겠습니다. 빗속에서 차를 몰고 시내의 스가누마 병원에 갑니다. 벌써 저녁이라 꽤 어둡네요. 병원의 주차장에도 달리 차는 없고, 쏴아~ 하고 내리는 비의 장막 건너편으로 입원 병동 커튼 너머의 빛이 희미하게 보입니다.
류노스케	이런. 병원이 닫히기 전에 안에 들어가야지. 접수대에서 가토 군이 입원하지 않았나 물어보겠어.

GM	「잠시 기다려주세요」라고 하더니, 잠시 후에 30대 후반 정도의 선생님이 나옵니다. 원장인 스가누마 선생님이네요. 싹싹한 젊은 선생님이라는 인상입니다. 「도움이 되고 싶긴 합니다만, 환자분의 개인정보를 말씀드릴 수는 없어서……」
마아야	「꼭 병세가 아니라도 괜찮아요. 저희는 가토 군이랑 같이 히스미산에 놀러 갔어요. 돌아오고 나서 걔가 좀 이상해졌는데, 이 병원에서 진찰을 받았다고 들었어요.」
류노스케	「어쩌면 선생님과 상담한 내용에 그 친구가 실종된 원인이 포함되어 있을지도 모릅니다. 짚이는 곳이 있다면 알려주셨으면 합니다.」
GM	조사판정을 하세요.
류노스케	《그늘》이면 되려나. (주사위 굴림) ……성공, 성공. 선생님이 뭔가 숨기고 있지 않은지 관찰하면서 정중히 부탁하겠어.
GM	과연. 그럼 「환자의 개인적인 병세에 관해서는 이야기할 수 없지만, 히스미산이 부르고 있다고 주장하는 환자를 최근 연달아 진찰하게 되어서 저도 놀라던 참입니다」
마아야	연달아서요!?
GM	최근 1년 정도 사이에 몇 명인가 그런 환자가 있었답니다. 그리고 스가누마 선생님 왈 「실은 똑같은 이야기를 들은 적이 있습니다.」

류노스케가 받은 핸드아웃에는 이렇게 적혀 있었다.

「【비밀】: 확산정보. 스가누마 병원 원장의 이야기.『산의 부름을 받은』환자를 몇 명인가 진찰했다. 환자들은 모두 히스미산의 동굴에 관한 꿈을 꿨다고 이야기했다. 동굴이 있는 장소는 모르지만, 그 근처에는 신사가 있었다고 한다. 조사 판정의 목표에『산의 신사』가 추가된다.」

GM	스가누마 선생은 부친에게 들은 이야기를 하기 시작합니다. 마찬가지로 의사였던 그의 아버지는 젊었을 적에「산의 부름을 받은」환자를 진찰했다고 합니다. 산으로 비슬비슬 들어간 환자를 쫓아가서, 오래된 신사에 있는 것을 붙잡았다는군요.
류노스케	신사……?
GM	「신사 근처에 동굴이 있었는데 거기에 들어가 버렸다면 더 이상 찾을 수 없었겠지. 위험했었지…… 라고 말씀하셨습니다.」
마아야	와우. 할머니에게 들은 사토리 이야기에 산속의 풍혈이란게 이건가?
타마코	……아아. 그렇겠네.「요괴 사토리는 산속의 풍혈에 살고 있다」고 했지.
미노리	이어졌어!
마아야	「어디에 있는 신사인지 모르시나요?」
GM	「으음, 저희 할아버지라면 알고 계셨을지도 모르겠군요. 그분은 생전에 **아마추어 학자**였는데, 이 근처의 지방사를 자주 연구하셨거든요. 장서를 향토자료관에 기증했으니 그쪽을 조사해보면 뭔가 알아낼 수 있을 겁니다.」

아마추어 학자
연구기관에 소속되지 않고, 학위도 없는 학자. 아마추어를 연구한다는 의미가 아니다.

마아야	오, 지방사! 내 전문분야!
류노스케	그럼 고맙다고 하고 병원을 떠나자.
타마코	꿈…… 꿈이라. 비슷한데. (중얼중얼)
미노리	다들 뭔가 상태가 이상하네.
류노스케	이상하지 않은 건 나 정돈가.
일동	…………. (웃음)

5. 이구리 씨

GM	자, 여기에서 마스터 장면을 끼워 넣습니다.
미노리	마스터 장면?
GM	GM이 원하는 타이밍에 삽입할 수 있고, 아무 캐릭터나 내보낼 수 있는 장면이에요.
타마코	안 좋은 예감이 드는데. (웃음)
GM	걱정할거없어요. (국어책 읽기)
류노스케	그래서 누가 나오는데?
GM	그게 말이죠, 지금까지 다 함께 차로 이동했지요?
마아야	그러네. 그랬지. 그냥저냥.
GM	누구 차였나요?
일동	**(얼굴을 마주 본다)**
미노리	……나, 차 없어. (눈을 피하며)
마아야	앗.
류노스케	나도 딱히 생각해둔 게 없는데. (눈을 피하며)
타마코	앗.
마아야	(마지못해) ……뭐, 그럼 가지고 있다고 하

얼굴을 마주 본다
차가 망가질 것 같은 예감.
혹은 더 무시무시한 사태
가 벌어질 듯한 예감.

		자. 우리 집 차. 실가에 사니까. 하지만 타마도 시내에서 좀 떨어진 곳에 살고 있다고 했잖아? 차 있지?
경트럭 소형 운반 트럭. 시골에서는 편리.	타마코	미안, 내 차 **경트럭**이야. (싱긋)
	마아야	뭣이!?
	타마코	그게, 그림의 소재나 조형에 쓸 재료 같은 무거운 걸 운반하잖아! 두 명밖에 못 타!
	마아야	시끄러워! 짐칸에 타면 네 명 탈 수 있잖아!
	미노리	이 호우 속에서? (웃음)
	류노스케	도로교통법 위반이잖아?
	타마코	사실 자위대의 트럭이라면 짐칸에 사람을 태워도 괜찮긴 하지.
	미노리	헤에.
NOW 지금 당장. 어이, 빨리해.	마아야	그럼 타마. 자위대에 들어가. **NOW.**
	타마코	그런 억지가. (웃음)
	GM	어어, 그럼 마아야 양.
	마아야	캬오~ 두고 보자! (눈물)
	GM	오늘은 종일 마아야 양의 차로 다 함께 행동했습니다만, 날도 저물었고 비도 거세집니다.
	마아야	어떡할래? 지금부터 그 산에 가서 가토 군 찾아봐? (될 대로 되라는 말투로)
	미노리	아니아니아니. (절레절레)
	류노스케	호우 속, 가로등도 없는 밤의 산길을 안전하게 운전할 자신이 있다면야.
	마아야	그 말을 들으니 주저되네. (웃음)

GM	그리하여 이날은 해산하기로 했습니다.
마아야	비가 거세니까 모두를 집에 데려다주고 돌아갈게.
미노리	고마워 ♪
마아야	당연히 나에게 고마워해야지. (웃음) 세 사람을 데려다주고 집으로 돌아와서, 차고에서 현관까지 뛰어서…… 나 왔어!
GM	어머니가 수건을 가지고 맞이해줍니다. 「어서 오렴.」
마아야	「후~ 비 엄청 쏟아지네. 차고에서 여기까지 왔을 뿐인데도 흠뻑 젖었어.」 신발 벗고 수건을 받아.
GM	(모친)「물이 식기 전에 목욕하렴.」
마아야	「응, 그럴게.」
GM	머리를 북북 닦으면서 복도를 걷는 마아야 양에게 어머니가 말을 겁니다. 「참, 오늘 너한테 전화가 왔어.」
마아야	「어, 누구한테서?」
GM	(모친)「그게…… 이구리 씨, 라고 했던가?」
마아야	「……어?」
GM	(모친)「없다고 했더니 끊었는데…… 이상한 전화였지.」
일동	우와~~~~!!
미노리	이구리……. 가토 군이 보낸 문자에 있던 이름이야. 「이구리 코우」.
마아야	뭐야, 이거. 받으면 위험할 것 같아. 통화내

	역에 상대방 번호 남아 있어?
GM	발신번호 표시제한이네요.

플레이어들이 꺄악 꺄악 무서워해 줘서 GM은 매우 기쁘다.

마아야	무서우니까 모두에게 문자를 돌리자. 들어봐! 이런 기분 나쁜 전화가 왔었어!
타마코	안 돌려도 돼. (웃음)
류노스케	현실적으로 해석하면 장난 전화나 잘못 건 전화일 것 같은데. 적어도 수화기의 건너편에는 전화를 건 녀석이 있을 테고.
마아야	아하. 가장 무서운 건 인간, 이라는 타입이구나. 훈훈하다. (웃음)
미노리	훈훈…… 해? (웃음)

inSANe
Plant in Mt.

■ 메인 페이즈 제2 사이클 ||||

1. 기묘한 꿈

GM	한 바퀴 돌아서 제2 사이클에 들어갑니다. 누구 먼저 하고 싶은 사람이 없다면…….
미노리	(번쩍 거수) 네! 먼저 하고 싶습니다!
GM	다른 사람은? 괜찮나요? 그럼 먼저 하세요.
미노리	드라마 장면으로 조사판정인데, 누군가 다른 사람의 【비밀】을 목표로 하고 싶어.
마아야	**호오, 호오(올빼미처럼 끄덕거리며). 왜?**
미노리	그게, 나…… 사람이 좋거든.
타마코	하?
미노리	다들 속으로 뭔가 끌어안고 있는 것 같고, 내가 또 그런 고민 같은 거 잘 들어주잖니. 어, 거 뭐냐, 심리학과이기도 하고!

얼굴을 마주 보는 나머지 플레이어.

마아야	……얘 수상하지 않아?
타마코	수상해. 엄청 수상해.
마아야	인제 와서 생각났다는 듯이 심리학과 어필.
류노스케	의심하고 싶지는 않지만…… **어떤 게이지가** 쭉 올라갔어.
미노리	아, 안 수상해!
타마코	글쎄. 【비밀】에는 뭐가 적혀 있으려나~?
GM	그럼 미노리 양은 장면에 등장할 캐릭터를 선택해주세요.

호오, 호오(올빼미처럼 끄덕거리며).
다른 플레이어를 의심하는 모습을 보이는 미노리를, 맹금류의 흉내를 내며 위협하고 있다.

어떤 게이지
수상한 행동을 하면 증가해서, 한계치를 넘기면 적에게 들키는 계열의 게이지.

미노리	지금까지 태도가 이상했던 건 마아야 언니 랑 타마코였는데. 으음, 이번에는…… 타마!
타마코	나구나. 그거…… 그만두는 게 좋을 텐데?
류노스케	왜? (번뜩)
타마코	음. 그게…….
GM	자기【비밀】을 스스로 말하는 건 금지에요.
타마코	왜…… 이유는 말할 수 없지만 하지 않는 게 나아! 남의 속내를 파고드는 건 좋지 않아!
마아야	얘도 수상한데. (웃음) 아~ 하지만 그 기분은 이해해. 응. 안 좋지.
류노스케	호호오? (의심하는 눈)
미노리	괜찮아. 난 타마를 믿어! 그러니까 조사판정.
타마코	말이랑 행동이 다르잖아!
미노리	《친애》로 (주사위 굴림) ……성공!【비밀】 보여줘~♪
타마코	아아…… 후회할 텐데? (라고 말하면서 핸드 아웃을 건넨다)
미노리	어디 볼까? (휙)

미노리가 타마코의 핸드아웃을 뒤집자, 거기에는 이렇 게 적혀 있었다.

「【비밀】: 당신은 히스미산에서의 사고 이래 기묘한 꿈을 꾼다. 어두운 모래사장에 홀로 서서 오로지 회색 바다만을 본다. 파도 사이에 가토가 서서 무표정한 얼굴로 당신을 손 짓하여 부른다. 굉장히 그리운 기분이 들어서 회색 바다에 들어가고 싶어지지만, 동시에 터무니없는 공포가 덮쳐와서 깨어난다. 이대로는 미칠 것 같다. 가토가 실종되었다는 이야기를 들은 당신은 그가 그 회색 바다로 돌아갔음을 직감했다. 당신의 진정한 【사명】은 이 꿈을 꾸지 않게 되는 것이다. 쇼크: 전원. 또, 이 【비밀】을 본 캐릭터는 『괴이』분야의 《꿈》으로 공포판정을 한다.」

미노리	………….
타마코	………….
류노스케	긴데(읽는 시간이).
미노리	(말없이 주사위를 굴린다) ……실패했어.
마아야	응?
GM	네. (【광기】 카드를 미노리에게 건넨다.) 【이성치】도 1점 줄여주세요.
류노스케	으응?
미노리	…………. (【광기】 카드를 읽은 후 테이블에 엎어놓는다)
타마코	…………내 말이 맞지?
미노리	…………응. (얌전히)
마아야&류노스케	(술렁술렁)
GM	판정을 먼저 해버렸는데, 어떤 장면이었나요?
미노리	아, 참. 늦긴 했지만 장면표를 (주사위 굴림) ……4.
GM	「눈 앞에 펼쳐진 거리의 풍경을 내려다본다. 왜 이렇게 높은 곳에……?」
미노리	높은 곳? 그럼 다음 날 아침, 아파트 베란다에서 비가 그친 거리를 내려다보며 타마랑 전화할래.

긴데
중요한 것이 적혀있는 【비밀】은 문장이 길어지는 경향이 있다.

술렁술렁
뭐가 일어나고 있는 건지 전혀 모른다.

마아야	높은 곳……? 뭐, 높긴 한가? (웃음)
미노리	「안녕, 타마야.」
타마코	「아아, 안녕…… 음냐음냐.」
미노리	「괜찮아? 졸리니? 어제도 뭔가 상태가 안 좋아 보이던데…….」
타마코	「응……. 솔직히 말하자면 최근 꿈자리가 나빠서.」
미노리	「그런 무서운 그림만 그리니까 그렇지.」
마아야	그러게 말이야!
류노스케	정론이네.
타마코	시꺼. (웃음)「그런 거랑 좀 다른 느낌이 난단 말이야.」
미노리	「뭔가 고민이 있으면 들어줄게! 내가 이래 봬도 심리학과잖니!」
타마코	성가시다고 생각하면서도 절묘한 언변에 유도당해서 이야기해버렸다고 하자.
GM	전화 너머로 타마코 양의 이야기를 듣는 동안 미노리 양도 점점 무서워집니다. 비가 그친 상쾌한 거리의 풍경이 갑자기 회색으로 변해버린 기분이 들어서…….
미노리	비틀.「그, 그랬구나……. 이야기해줘서 고마워.」
타마코	「이야기해봤자 해결되는 것도 아니지만!」
미노리	「아니, 하지만 알겠어. 타마는 우리 편! 아마도!」
류노스케	우리 편……?
마아야	적도 있다는 거네?

미노리	「괜찮아! 타마에겐 내가 있어!」
타마코	「……고마워.」라고 말해둘게. 미노리가 뭘 끌어안고 있는지는 아직 모르지만. (웃음)
마아야	일단 【광기】는 확실히 끌어안고 있지. (웃음)
미노리	지, 지지 않을 거야. (떨리는 목소리)

2. 향토자료관

GM	다음은 마아야 양인가요?
마아야	우선 현시점에서 조사판정의 목표가 될 수 있는 것을 정리하고 싶은데.
GM	네. 조사가 끝난 것이 「가토 시계하루」, 「스가누마 병원」, 「히스미산」, 「산의 공장」. 아직 조사하지 않은 것이 「요괴 사토리」, 「산의 신사」, 그리고 다른 플레이어 캐릭터의 【비밀】입니다.
마아야	흐음. 나도 동료의 【비밀】을 조사할까……? (힐끔)
미노리	그거 말이야, 타마한테는 신경 쓰지 않아도 돼.
마아야	뭘 어떻게 신경 쓰지 않아도 된다는 걸까? 【광기】받았잖아!
류노스케	**신경 쓸 필요 없어.**
마아야	그러니까 뭐가? (웃음) 으음. 뭐, 좋아. 나는 내 전문분야로 가자. 향토자료관에 가서 스가누마 선생의 할아버지가 남긴 장서를 조사하겠어. 조사 목표는 「산의 신사」.
GM	혼자인가요?

신경 쓸 필요 없어
공허한 눈으로 「걱정 없어」, 「괜찮아」라는 말을 반복하는 모습은 매우 실화 괴담 다웠다고 한다.

마아야	……잠깐 생각 좀 해보자.
GM	네.
마아야	혼자서 행동하는 메리트가 있긴 해?
GM	알기 쉬운 예로는…… 뭔가 무서운 일이 일어났을 때 공포판정을 하는데요, 그때 타인을 말려들게 하지 않고 끝낼 수 있어요.
타마코	말려들다니?
GM	장면에 전원 나와 있다면 전원이 공포판정을 하는 거죠. 하지만 혼자라면…….
류노스케	그 자리에 있는 한 명만으로 끝난다는 이야기네.
GM	또, 【광기】를 가진 사람의 트리거가 충족되어서 효과가 현재화한 경우, 착란을 일으켜서 그 자리에 있는 타인에게 덤벼들 가능성이 있습니다만…… 혼자라면 혼자서 착란을 일으킬 뿐이에요.
타마코	아, 안쓰러워. (웃음)
미노리	과연, 항상 다 함께 행동하는 게 좋은 건 아니구나.
마아야	적어도 【광기】를 가지고 있는 미노리랑 같이 있고 싶진 않은데. (웃음)
미노리	너, 너무해!
GM	일단 말해두지만, 【비밀】에 【광기】가 적혀 있는 경우도 있어요.
마아야	윽. 그렇다는 건 결국 아무도 신용할 수 없는 건가…….

류노스케	내가 같이 갈까? 뭔가가 습격해와도 대처는 할 수 있고, 특기로《죽음》을 찍었으니까 「괴이」계열 공포판정에는 비교적 성공률이 높아.
마아야	그 특기도 꺼림칙한데. (웃음) 으음. 그럼 류 오빠. 같이 가자.
류노스케	OK. 주위를 경계할게.
마아야	조사판정은 (주사위 굴림) 성공했어.
GM	그럼 「증(贈) 스가누마」라는 도장이 찍혀있는 일련의 책을 발견합니다. 「산의 신사」의 【비밀】입니다. (핸드아웃을 넘기며)
마아야	이거다! 후딱 읽어보자.

마아야가 받은 핸드아웃에는 이렇게 적혀 있었다.
「【비밀】: 확산정보. 히스미산에는 오래전부터 『사토리 신사(佐鳥神社)』가 있으며, 그것은 사람을 잡아먹는 풍혈에 제사를 올리기 위해 지어졌다고 한다(별지 참조). 조사판정의 목표에 『신사로 가는 길』이 추가된다.」

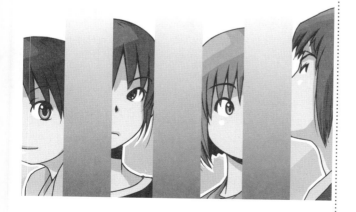

산에 잡아 먹히다
이 이야기는 인터넷에서 읽은 무서운 이야기를 소재로 삼아서 썼는데, 지금은 확인하려고 검색해도 찾을 수가 없다. 지워져 버렸다.

산에 잡아 먹히다

일찍이 히스미산을 올랐던 자가 돌아온 뒤에 행방불명 되는 일이 있어서, 「산에 잡아 먹혔다」라고 이야기 되곤 했다.

산에서 내려와 마을에서 지내다 보면, 어느 날부터인가 산이 자신을 부르는 꿈을 꾸기 시작하고, 이후부터 잘 때마다 같은 소리를 듣게 된다. 이때 꿈에서 산 아래에 있는 회색 바다를 본다.

처음에는 속삭이는 소리였던 부름은 점차 가까워지고, 마침내 노성으로 바뀐다.

산의 부름을 받은 자는 가족 모르게 홀로 산에 올라가서 두 번 다시 집으로 돌아오지 않는다. 운 좋게 구조된 자는 바닥 없는 풍혈에 들어가려던 참에 발견되어 보호되었다고 한다.

히스미산의 사토리 신사(문헌에 따르면 예전에는 사스라 신사(佐須良神社), 사스우라 신사(佐洲浦神社)라고 기록되었다)는 사람을 잡아먹는 풍혈에 제사를 올려서 재앙을 억누르기 위해 지어졌다고 전해지고 있다.

무라카미 겐지로『아기타산의 전승』1970년 간(刊)

마아야	산에…… 잡아 먹혀?
류노스케	『두 번 다시 집으로 돌아오지 않는다』……. 가토 군과 같은 패턴이군.
마아야	부르는 목소리가 노성으로 변한다는 게 무서워. 생각도 하기 싫어.
미노리	진짜 싫다. ……왜 가토 군뿐일까?

마아야	그 사고 때 뭔가 봐서 그런 거 아니야?
미노리	그럼 나랑 마아야 언니도 위험할까?
타마코	여기에서도 「회색 바다」인가……. 산인데 바다……?
미노리	예전에는 사스라…… 사스우라 신사?
마아야	새로 「신사로 가는 길」을 조사할 수 있게 되었다는 건 신사의 위치를 알아낸 거지?
GM	네. 사토리 신사는 꽤 옛날에 버려진 신사인지 지도에는 실려있지 않지만, 다이쇼 시대 초기의 옛 지도에서 사스우라 신사라는 이름을 찾았습니다. 장소는 히스미산의 산속이네요. 현재의 지도와 겹쳐보면 대략적인 장소를 알 수 있습니다. 드라마 장면의 장소로 신사를 지정할 수 있게 됐습니다.
마아야	모두에게 사진으로 찍어서 보내두자. 「찾았어!」

3. 하얀 차

GM	그럼 다음은 타마코 양인데요…….
타마코	「신사로 가는 길」을 알아냈으니 가봐야겠지?
마아야	가토 군의 행방을 쫓을 생각이라면 서두르는 편이 좋을지도.
타마코	아으, 내키지 않는데. 난 인도어파라구. 그리고 거기 분명히 뭔가가 있을 거야.
류노스케	그럼 내가 먼저 행동해도 될까?
타마코	류 오빠가?
류노스케	산길에 간다면 내가 더 적임이겠지.

타마코	그러네. 그럼 먼저 해줘. 부탁할게. (꾸벅)
류노스케	그렇다는데 괜찮지?
GM	네, 얼마든지. 뭘 할 건데요?
류노스케	「신사로 가는 길」에 대한 조사판정. 나 혼자 보러 갈게.
GM	알겠습니다.
미노리	혼자 가는 거야!? 위험하지 않을까?
류노스케	위험하니까 혼자 가는 거지. 나 혼자라면 어떻게든 할 수 있어.
마아야	어머나, 멋져……!

류노스케는 향토자료관에서 마아야와 헤어진 뒤, 어두워지기 전에 산에 한 번 가보기로 했다.

논 너머로 석양이 보이는 가운데, 차를 타고 히스미산으로 향했다.

마아야	……저기, 그 차 누구 거?
류노스케	**그러고 보니.** 미안한데, 차 좀 빌려줘. (웃음)
마아야	흠집 내지 말고 돌려줘. **운전사도 살아있는 상태로.**
류노스케	라저.
GM	그럼 조사판정을 해주세요.
류노스케	「신사로 가는 길」을 목표로 《그늘》로 (주사위 굴림) ……아슬아슬했다. 겨우 성공.
GM	산길을 따라가다가 나무 사이에서 하얀 것을 찾았습니다.
류노스케	하얀 것이라고? 뭐지? 속도를 늦추면서 자세

그러고 보니
아기타는 차 없이 살기에는 퍽 불편한 동네다.

운전사도 살아있는 상태로
차는 멀쩡하더라도 운전사가 죽은 채로 돌아온다면 곤란하다.

	히 볼게.
GM	차도에서 조금 더 안쪽으로 들어가는 샛길에 하얀 차가 서 있습니다. 눈에 익은, 가토 군의 차예요.
미노리	찾았다!
류노스케	우선 내려서 주위를 살펴보자. 삽을 들고 뒤쪽에서 접근해. 차 안은?
GM	아무도 타고 있지 않은 것 같아요. 문은 열려 있네요. 대시보드 위에 껌이나 담배와 함께 갈겨 쓴 메모가 있습니다(라고 말하며 핸드아웃을 넘긴다).
류노스케	밝은 곳에서 보자.

류노스케가 받은 핸드아웃에는 이렇게 적혀 있었다.
「【비밀】: 확산정보. 가토의 조사 메모를 발견했다. 메모에는 『사사야마 상점(笹山商店) 산폐업자』라고 쓰여 있고, 전화번호가 적혀 있다. 가토는 이 업자를 조사하고 있던 모양이다. 조사판정의 목표에 『사사야마 상점』이 추가된다.」

미노리	산폐라면 산업폐기물?
류노스케	역시 범죄의 냄새가 나는데…….
미노리	「신사로 가는 길」을 조사했더니 가토 군의 차가 나왔다는 건…… 가토 군, 이 길을 올라가서 신사에 갔던 걸까?
류노스케	아, 그렇겠네. 차가 있는 장소와 핸드폰의 GPS 좌표를 지도에 대조해보면 옛 지도에 그려진 사스우라 신사로 들어가는 길의 입구가 나오려나?
GM	오, 정확합니다. 지금은 식물이 무성하게 자

라서 막혔습니다만, 오~래된 길의 입구가 있네요.

| 타마코 | 신사에 갔구나, 가토 군······. |

4. 석양 속의 얼굴

류노스케	폼 잡으면서 나선 것치고는 아무것도 못 만났네. 조금 부끄러운데. (웃음)
마아야	뭐, 무사한 게 최고지. (웃음)
GM	모처럼이니까 마스터 장면을 끼워볼까요. 등장하는 것은 앞 장면에 이어서 류노스케 군.
미노리	우와아.
류노스케	**덤불의 뱀**을 자극했나······.
GM	차 바깥에서 가토 군의 흔적을 조사하고 있던 류노스케 군은······. 음, 《그늘》로 판정해 보겠어요?
류노스케	《그늘》이라면 가지고 있으니 목표치 5로 판정할 수 있어. (주사위 굴림) ······으악!
타마코	아아. 펌블이네.
GM	【호기심】과 같은 분야의 판정이었다면 【생명력】이나 【이성치】를 1 감소하고 다시 굴릴 수 있는데······.
류노스케	아쉽지만 분야가 달라.
GM	알겠습니다. 그럼······ 류노스케 군은 문득 묘한 기척을 느끼고 고개를 들었습니다.
류노스케	응? 뭐지?
GM	가토 군의 차를 사이에 둔 건너편의 어두운

덤불의 뱀
사상의 틈새에 서식하는 개념사(概念蛇)의 일종. 쓸데없는 말을 하면 튀어나오게 된다.

(역주 : "덤불을 쑤셔 뱀이 나오게 한다"라는 일본 속담의 약자. 한국에서는 타초경사라는 표현이 익숙하다.)

숲속에 뭔가가 있습니다. 눈치채지 못한 사이에 제법 가까운 곳까지 접근했어요.

류노스케 곰!? 삽을 들고 그쪽을 노려봐.

곰!?
아기타의 오지에는 지성을 지닌 곰의 아성이 있다고 전해진다.

GM 삼나무 잎이 무성히 드리운 그림자 속에서 하얀 얼굴이 떠오르는 것이 보입니다.

마아야 ……얼굴.

GM 낯익은 얼굴이에요.

류노스케 말을 걸어볼게. 「……가토냐?」

GM 아뇨. 그건 당신의 얼굴입니다.

류노스케 …………어!?

GM 당신이 움찔하는 순간, 그 얼굴은 뭉개지듯 그림자에 녹아서 사라졌습니다. 바로 근처까지 접근했는데도 알아차리지 못했으므로, 판정 없이 【광기】를 드립니다. 펌블로 획득한 몫도 포함해서 한 번에 두 장이네요.

류노스케 …………정말로, 내 얼굴이었어? (건네받은 【광기】 두 장을 확인하면서)

GM 당신에게는 그렇게 보였습니다. 얼굴이 이상하게 하얗다는 것과 살아있는 사람으로는 보이지 않을 정도로 무표정했다는 것이 뇌리에 강렬한 인상을 남깁니다.

류노스케 삽을 든 채로 조금씩 물러서서 타고 온 차로 돌아가.

GM (주사위 굴림) 네.

류노스케 그건 무슨 판정이야?

GM (빙그레 웃는다)

류노스케 ······이 이상 여기에 혼자 있는 건 위험할 것 같으니까 차를 타고 거리로 돌아가자.

GM 알겠습니다.

차는 해 질 녘의 산길을 내려간다. 삼나무 숲의 그림자가 도로 위에 길게 드리워진다.
핸들을 잡은 류노스케의 손은 가늘게 떨리고 있었다.

5. 돌아오거라

타마코 고생 많았어, 류 오빠.

류노스케 펌블이 나왔으니 별수 없지.

타마코 하지만 류 오빠가 가줘서 다행이야. 나였다면 죽었을걸.

미노리 무서운 거 좋아하지 않았어?

타마코 실제로 피해가 생기는 건 좀······.

마아야 제멋대로네. (웃음)

GM 다음은 그 제멋대로인 타마코 양의 장면인데요.

타마코 그러게. 「사사야마 상점」을 조사해볼까. 모처럼 류 오빠가 위험을 무릅쓰고 주워 온 정보니까. 장면표는 (주사위 굴림) ······12! 일반 판정에서나 이렇게 나올 것이지.

GM 「밝은 빛을 받으며 안도의 한숨. 하지만 빛이 강할수록 그림자도 더 짙어진다······.」

타마코 밝은 장소라. 벌써 저녁이었지?

GM 시간은 좀 조정해도 별 상관없어요.

타마코	안전해 보이는 장소라니까 마아야 언니네 가게에 가자. 조사하러 나간 마아야 언니랑 류 오빠를 가게에서 기다리는 걸로.
미노리	같이 있을까?
타마코	……그래. 부탁해. 조금 전의 장면을 봤더니 혼자는 조금 무서워.
미노리	모처럼이니까 케이크 세트라도 주문하자.
타마코	아, 나 애플파이랑 다즐링으로.
미노리	서양배 타르트랑 아삼!
마아야	젠장, 내가 없는 틈에 맛있는 걸 먹다니. (눈물)
타마코	돌아와서 먹으면 되잖아.
GM	그럼 가게 주인인 마아야 양의 어머니도 전화가 울리는 바람에 안쪽으로 들어갔습니다. 가게에는 타마코 양과 미노리 양 두 명뿐이에요. 판정하세요.
타마코	넹!「사사야마 상점」을 목표로 (주사위 굴림) ……좋았어, 성공. 류 오빠한테 들은 전화번호로 시험 삼아 전화를 걸어보자. 핸드폰으로 톡톡, 하고.
GM	타마코 양이 매우 협력적인 플레이어라서 저는 기뻐요.
타마코	……어!?
GM	………… . (핸드아웃을 건넨다)

타마코가 받은 핸드아웃에는 이렇게 적혀 있었다.

81

「【비밀】: 사사야마 상점에 전화를 건 캐릭터는 전화 회선 너머에서 자신의 이름을 부르는 〈이구리 코우〉의 목소리를 듣는다. 쇼크: 전원. 또, 이 비밀을 본 캐릭터는 『괴이』 분야의 《혼돈》으로 공포판정을 한다.」

신호음이 몇 차례 울린 후, 응답이 있었다.
「전화를 연결합니다」
녹음된 여성의 목소리가 들리고, 회선이 전환된다.
지직, 파지직, 하고 잡음이 섞이는 가운데 부우웅……
거리는 진동음이 들린다.
(뭐지?)
더 자세히 들으려고 전화를 귀에 가져간 순간, 타마코는 갑자기 오싹한 기분을 느꼈다.
——수화기 너머에 누군가가 있고, 이쪽에 귀를 기울이고 있어……!
그때, 잡음 속에서 목소리가 들렸다.

우시오 타마코
돌아오거라

GM	……그리고 뭔가 판별하기 어려운, 인간이 하는 말이라고는 생각되지 않는 소리가 연이어 들리더니 회선은 끊어집니다.
타마코	「와아악!!」 절규하며 전화를 내던져!
미노리	「타마코!? 괜찮아!?」 깜짝 놀라서 달려왔어.
타마코	「들었어!? 이름, 이름을 불렀어!」
미노리	「이름?」
타마코	「왜!? 왜 내 이름을 아는 건데!?」

GM	미노리 양에게 매달린 타마코 양, 공포판정을 해주세요.
타마코	(주사위 굴림) 실패…….
GM	네, 【광기】입니다. 【이성치】도 1점 줄여주세요.
타마코	꺄아! 이 정보, 함정이야! 다른 정보로 링크도 안 되고!

6. 엄마
● ● ● ● ● ● ● ●

떨고 있는 타마코를 미노리가 달래는 사이에 마아야와 류노스케도 산에서 돌아왔다.

네 사람은 「마린」에서 상황을 확인한다.

GM	그럼 제2 사이클 마지막 마스터 장면. 가지고 있는 정보를 교환하거나 정리해도 좋습니다.
타마코	류 오빠의 어깨를 꽉 붙잡고「정말로 신사로 가는 길을 찾아낸 거지요? 거기를 올라가면 신사가 있는 거지요!?」(필사적)
미노리	……이 전화번호 뭐였던 거지? 함정?
타마코	「뭔지는 몰라도 난 이제 다시는 안 걸어!」
마아야	우선 지금 아는 정보를 정리해보자.
류노스케	그래. 가토 군의 차는 신사로 이어지는 오래된 산길의 입구에 있었어. 신사에 가려고 산을 오른 것은 틀림없을 거야.
마아야	하지만 대시보드에 있던 메모에는 「사사야마 상점」이라고 적혀있었지?
류노스케	응. 「사사야마 상점」이 산업 폐기물 처리업자라면 사고가 났을 때 우리가 본 굴뚝도 설

	명이 돼. 산업폐기물 처리용의 소각로가 있을 테니까.
미노리	우리와는 달리 공장을 조사해서 그 길을 찾아낸 걸까?
타마코	즈, 즉…… 「사사야마 상점」과 「사토리 신사」는 같은 장소에 있다?
류노스케	같은지 어떤지는 모르겠지만 가깝겠지.
마아야	사토리 신사 근처에는 「사람을 잡아먹는 풍혈」이 있다는 모양이야.
타마코	가토 군도 부름을 받아서 풍혈에 갔구나…….
류노스케	가토 군도?
타마코	………….
미노리	어어, 타마의 【비밀】을 공개해도 될까?
타마코	어, 위험하지 않을까? 【광기】가…….
미노리	직접 보여주지 않는 범위에서. 괜찮을까, GM?
GM	뭐, 시도해보세요. 아웃이라고 생각되면 말할게요.
미노리	응. 있지, 타마는 무서운 꿈을 꾸고 있어.
류노스케	그건 대강 짐작했어.
마아야	이야기를 듣기만 해도 【광기】를 받을 정도로 무서운 거지? 그다지 듣고 싶지 않은데. (웃음)
미노리	그렇지. 그러니까 꿈의 내용은 【산에 잡아먹히다】라는 핸드아웃으로 짐작해줘.

마아야	어떻더라……? 산이 부르는 꿈……. 회색 바다……. 아아, 과연.
류노스케	대충 알 것 같아.
미노리	그런고로 타마가 산에 잡아 먹히지 않게 하고 싶어.
GM	이걸 인정해도 되나? (웃음) 판정 정도는 해 볼까요. 뭐가 좋을까.
미노리	《웃음》도 될까? 너무 무섭지 않도록.
GM	……괜찮겠지요.
미노리	(주사위 굴림) 성공! 농담을 섞어서 얼버무 려가며 상황을 설명할게.
GM	(웃음) 뭐, 노력을 봐서 OK 해두죠.
미노리	만세!
류노스케	그럼 가능한 한 빨리 가토 군의 발자취를 좇 아야겠군.
마아야	적어도 타마를 구하는 데에는 도움이 되겠어.
GM	그런데 마아야 양.
마아야	어? 나?
GM	이미 밤도 늦었고, 이런 시간까지 떠들고 있 으면 언제나 어머니가 뭐 하는지 보러 왔는 데…… 안 오네요.
일동	(술렁)
마아야	……잠깐 2층 좀 보고 올게. 「엄마?」

「엄마?」

불러도 대답은 없었다. 계단은 불이 꺼져 있어서 깜깜했다.

위로 올라가자 2층 복도의 전화 앞에 어머니가 서 있었다.

「왜 이렇게 어두워?」

딸칵 불을 켜자 아, 하고 어머니가 돌아봤다.

「왔니?」

「아까 왔는데?」

「몰랐어.」

모친은 어딘가 멍한 모습으로 복도를 걸어오더니, 마아야의 옆을 지나 계단을 내려간다.

그 발걸음이 계단의 중간쯤에서 멈췄다.

「참. 또 이구리 씨한테 전화가 왔어.」

그렇게 말하고 다시 또박또박 발소리를 내며 내려갔다.

일동	꺄아아악!! (비명)
마아야	……일단 통화내역을 보자. 삑.
GM	불명.
마아야	시간은 조금 전?
GM	돌아오기 조금 전인 것 같아요.
타마코	(작은 목소리로) 웰컴! **무서운 현상이 일어나는 세계에!**
마아야	타다닥 하고 무시무시한 기세로 내려가서 「또 이구리한테 전화가 왔어!」
미노리	「엑!」
타마코	「신사에 가자! 내일 당장 가자! 가토 군이 사라지기까지 그리 오래 안 걸렸다구!」
미노리	「괜찮아! 가토 군은 사라질 때까지 2주일 걸렸어!」
타마코	조금도 괜찮지 않아. 이미 반쯤 우는 상태. 「나, 매일 밤 목소리가 들리는 거 못 참겠어!」

무서운 현상이 일어나는 세계
죽거나 미치거나.

86

마아야	우리 엄마도 이상해. 엄청나게 불길한 예감이 드니까 우선 우리 집 전화에서 **발신 번호 표시제한 전화를** 차단해둘게.
타마코	류 오빠한테 전화를 걸어달라고 해서, 받지 않으면 모든 게 착각이었다고 자기 최면을 걸자는 사악한 마음의 소리…….
마아야	안 돼. 타마가 **흑화**하고 있어. (웃음)
류노스케	타마가 그걸로 납득한다면 내가 걸어볼게.
타마코	아앗……! 류 오빠 남자 중의 남자야! 미안해요, 내가 나빴어요. (웃음)
미노리	……타마코, 오늘은 기숙사에서 같이 자자. 혼자 있는 건 피하는 게 좋겠어.
마아야	나도 오늘 밤은 엄마를 지켜볼래.

발신 번호 표시제한 전화를 차단
가정집에 전화 공격이 한순간에 무력화되고 말았다. 야박하기도 하지.

흑화
주로 속이 검어지고 있다.

7. 출입문에 나타난 것 ● ● ● ● ● ● ● ●

의문은 끊이지 않지만 이미 밤이 늦었다. 그 날은 해산했다.

미노리가 타마코를 데리고 기숙사로 배웅해주고, 류노스케는 자신이 사는 싸구려 연립 주택으로 돌아왔다.

복도에서 담배를 피우던 친한 이웃 주민과 마주쳤다. 안녕, 하고 인사를 하던 류노스케는 이웃이 의아한 얼굴로 자신을 보고 있는 것을 깨달았다.

GM	이어서 마스터 장면입니다. 류노스케 씨.
류노스케	음.
GM	집에 돌아온 당신에게 친한 이웃 주민이 이상하다는 얼굴로 말을 겁니다. 「너, 아까 돌아오지 않았냐?」

87

류노스케	뭐?
GM	(이웃)「좀 전에 내가 여기에 있는데 네가 옆을 지나쳐서…… 안에 들어갔어.」 그렇게 말하며 이웃은 류노스케의 집 문을 가리킵니다.
류노스케	…………

확실히 잠갔을 터인 열쇠는 열려 있었다.

방 안에 들어가서 손을 뒤로 돌려 문을 닫고, 류노스케는 허리에서 캠핑 나이프를 뽑았다.

구석구석 조사했지만 싸구려 연립 주택의 원룸이라 금세 확인이 끝났다.

아무것도 없었다. 단지, 조금 전까지 누군가가 있었던 듯한 기척만이 남아 있었다.

마야	히익, 그쪽에도 뭔가 왔어……!
류노스케	나이프를 칼집에 넣고…… 싱크대 밑에서 술병을 꺼내서 밖으로 나갈래. 이웃집 사람, 아직 있어?
GM	있어요. 아직 거기에서 담배를 피우고 있습니다.
류노스케	나도 혼자 있으면 안 될 것 같아. 술병을 보여주며 오늘 밤은 같이 마시자고 하자.
GM	알겠습니다. **이웃집 사람은 흔쾌히 승낙**해줍니다. 그럼 타마코 양과 미노리 양 쪽으로 갈까요.
미노리	어, 우리?
GM	네. 타마코 양을 데리고 학생 기숙사에 돌아간 거죠?
미노리	응. 혼자 있게 놔두진 않겠어!

이웃집 사람은 흔쾌히 승낙
시골은 도시에는 없는 사람과 사람 사이의 유대가 어쩌고저쩌고.

타마코	으으, 고마워. 가능한 한 많은 사람이 곁에 있어 주면 좋겠다는 마음으로 술이랑 간식을 사 갈래. 술이 있으면 거기에 **낚여서 사람들이 모일 터**!

낚여서 사람들이 모일 터
신화나 전설에서 술에 낚여 온 녀석들은 대체로 취한 틈에 살해당한다.

미노리	아, 방 말고 홀에 가면 밤에도 사람이 있어.
GM	그럼 밤에 남자 기숙사와 여자 기숙사를 연결하는 홀에서 매우 떠들썩하게 술판이 벌어집니다.
타마코	휴우.
GM	천재로 알려진 화가가 놀러 왔다는 이야기에 남학생들도 자연스럽게 상황을 살피러 오기도 하고요.
마아야	**인기 많네**, 타마!

인기 많네
(귀엽긴 할지도 모르지만, 그런 그림이나 그려서야······.)

타마코	솔직히 그럴 기분이 아니지만, 지금은 고맙네. (웃음)
GM	하지만······ 밤이 깊어지자 모인 사람들도 흩어져서 **잠을 자러 돌아갑니다.**

잠을 자러 돌아갑니다
요즘은 술 마시는 젊은이들도 줄었다.

타마코	꺄아아아!
GM	잘래요?
타마코	안 자! 무서워서 못 자. 꿈에서 목소리가 들리네 어쩌네 했잖아. (울상)
GM	그럼 당신은 학생 기숙사의 휑뎅그렁한 홀에서 조명을 켠 채, TV 앞에서 혼자 깨어 있습니다.
미노리	모포를 가지고 와서 옆에서 잘게. 토요일 밤이라면 여기에 학생들이 널브러져 있을 텐데.

GM	아직 평일이니까요. ……그럼, 깨어 있는 사람,《풍경》.
타마코	(주사위 굴림) ……성공했어.
GM	홀 입구의 불투명 유리 너머에 누가 서 있습니다.
일동	히에에에.

저예산 예능 방송
근성이 넘쳐서 꽤 재미있을 때도 있다.

컨 채로 내버려 둔 TV에서 **저예산 예능 방송**이 방영되고 있다. 텅 빈 홀에 울리는 웃음소리는 지금의 타마코에겐 조금도 위안이 되지 않았다.

언제부터 그곳에 있었을까——

눈치챘을 때는 이미 불투명 유리 너머의 어둠 속에 그 녀석이 서 있었다.

흐린 유리에 가려져서 세세한 부분은 알 수 없다. 단, 사람의 형태를 취했다는 것만은 확실했다.

그쪽을 바라보고 싶진 않았지만, 시선을 피할 용기도 없었다. 그 녀석을 시야 구석에 둔 채 타마코는 필사적으로 생각했다.

(저건 아니야. 사람이 아니야. 맞아, 분명 누가 저기에 빨래라도 널어뒀겠지. 무서워서 사람으로 보이는 거야…….)

타마코	그래, 사람이 아니야! 저건 그냥 빨래! (필사적)
GM	하하아. 그런 식으로 자기최면을 걸고 싶다면……《인류학》을 굴려보세요. 실패하면 자신을 속일 수 있습니다. (웃음)
타마코	(주사위 굴림) 여유롭게 성공이야, 젠장할! 난 머리가 좋단 말이야! (버럭)

……그렇게 자기최면을 걸고 싶었으나 무리였다. 그녀는 자신을 속일 수 있을 정도로 머리가 나쁘지 않았다.

GM 공포판정은 「괴이」 분야의 《암흑》으로 부탁해요.

타마코 《암흑》이라면 《인류학》 근처니까 문제없어! (주사위 굴림) 봐, 성공! 어때! 나는 머리가 좋다고!

GM 네. (웃음) 그럼 고작 수 미터 앞, 불투명 유리를 사이에 뒀을 뿐인 정체불명의 무언가와 대치하면서 공포를 이겨낼 수 있었습니다.

곁에서 자고 있는 미노리의 머리가 등에 닿았다. 자신이 움직인다면 바로 눈을 뜰 것이다. 그것을 알면서도 꼼짝도 할 수 없었다. 조금이라도 움직였다간 그 녀석이 다가오는 게 아닐까 하는 공포에 몸이 얼어붙었다.

(제발! 눈을 떠줘!)

그렇게 덧없이 혼자 끙끙 앓은 지 얼마나 지났을까.

문득 정신을 차리니 유리 너머의 그림자는 이미 사라지고 없었다.

타마코 휴우……. (탈력)

미노리 느릿느릿 일어날게. 「어? 안 잤어? 내일은 일찍 일어나야 하니까 빨리 자.」

일동 (웃음)

미노리 「아, 맞다. 그럼 이렇게 하자.」라고 말하면서 갑자기 없어지지 않도록 **손목에 끈**을……

타마코 그 살짝 엇나간 우정에 억눌리고 있던 것이 폭발해서, 그 자리에서 으앙 하고 울어버리는 타마코. (웃음)

손목에 끈
정신을 차리고 보니 끈과 손목은 남아있지만, 그 이외의 부분은 없어지는 전개가 쉽게 상상이 간다.

미노리	「와악, 타마코!?」울고 있는 타마코를 끌어안고 「착하지. 괜찮아. 어떻게든 될 테니까, 응?」
타마코	「알지도 못하면서! 저쪽에 뭔가가 있었는데도 일어나지도 않고, 일어나서도 뭐가 뭔지 모르잖아! 이제 지긋지긋해!」……**완전 화풀이**. (웃음)
미노리	「괜찮아, 괜찮아. 다 함께 있으니까 어떻게든 될 거야…….」
타마코	……나도 사실은 무서운 게 싫었던 걸까. (웃음)
류노스케	정체 모를 것들이 무서우니까 그림으로 그리려는 걸지도 모르지.
미노리	「괜찮아, 타마야. 내가 있잖아.」(꼬옥)
마아야	훈훈해 보이지만…… 미노리, 잔다는 한 마디로 자기만 공포판정을 피했지.
미노리	무슨 소리인지 모르겠는데. (눈을 피하면서)
타마코	이, 이 녀석.

완전 화풀이
20히트 콤보. 던지기를 캔슬하면서 입력하는 것을 추천.

inSANe
Plant in Mt.

■ 메인 페이즈 제3 사이클 ||||

1. 확인　　　● ● ● ● ● ● ● ●

GM　　제3 사이클입니다. 이 사이클이 끝나면 메인 페이즈는 끝납니다.

미노리　　타마코, 괜찮아?

눈 밑은 새까맣고
눈 아래를 검게 칠하면 지면에서 반사되는 햇빛을 막을 수 있지만, 그런 이야기가 아니다.

타마코　　안 괜찮아! 잘 수 있을 리가 없으니 **눈 밑은 새까맣고**, 졸려서 휘청거리고 있어.

마아야　　엄마는 별일 없지??

GM　　있어요. 뭔가 산 쪽을 멍하니 쳐다보고 있긴 하지만.

마아야　　어, 엄마?

GM　　「뭔가 신기한 꿈을 꿨지…….」

마아야　　「너, 너무 깊게 생각하지 않는 게 좋을 것 같은데?」

타마코　　어제의 그림자는 어떤 모양이었어? 안 보려고 노력하긴 했지만. (웃음)

GM　　인간형으로 보였지요. 아, 당신과 키가 비슷했던 것 같아요.

타마코　　나…… 랑 비슷하다고……?

마아야　　무지나?

류노스케　　어쨌든 가토 군이 「산의 공장」으로 향한 것은 틀림없어. 「사사야마 상점」이 그 공장이라는 것도.

미노리　　사사야마 상점의 주소만 알아낸다면 직접 가보면 될 텔데, 전화는 이상한 녀석이랑 받

	았고…….
타마코	오들오들덜덜덜덜.
마아야	가토 군의 차는 신사로 가는 산길 입구에서 발견되었으니까 거기로 올라가면 되잖아?
류노스케	그렇지. 하지만 공장과 신사의 관계를 잘 알 수 없다는 것이 기분 나빠.
마아야	아……. 알 것 같아. 먼저 행동해도 돼?
미노리	그러든지?
마아야	고마워. 드라마 장면에서 조사판정. 사사야마 상점을 조사할게.
타마코	엑! 위험할 텐데? 【비밀】을 조사하는 건 참는 게…….
마아야	아니야. 내가 조사하는 건 【거처】.
류노스케	……오오.
타마코	……아!
미노리	마아야 언니, 머리 좋다!
마아야	후후후. 괜히 파티 유일의 **제대로 된 사회인**을 자처하는 게 아니거든?.
류노스케	미노리랑 타마는 학생이니까 그렇다 쳐도, **나는 제대로 된 사회인이 아니란 말이야?**
마아야	…………. (눈을 피한다)
GM	OK. 장면표 사용하나요?
마아야	(주사위 굴림) ……11이야.
GM	「사람들. 떠들썩한 소리. 요란한 가게 내부의 BGM에, 이질적인 웃음소리. 소란스러운 번화가의 한구석인데……?」

제대로 된 사회인
평일 낮부터 빈둥거리는 신분이지만 제대로 된 사회인이라고 주장한다. 당당하다.

나는 제대로 된 사회인이 아니란 말이야?
이때 필요한 것은 현실이야 어떻든 간에 자기는 제대로 된 사회인이라고 주장하는 강함이다.

95

마아야	번화가…… 시내란 말이지? 좋았어, 시청이 열리자마자 등본을 보러 가자.
타마코	등본?
마아야	전화번호도, 가게 이름도 알고 있으니까 법무국에서 **등기부 등본**을 보면 「사사야마 상점」의 주소 정도는 **바로 알 수 있어**.
GM	판정하세요.
마아야	(주사위 굴림) ……당연히 성공!
GM	그럼 「사사야마 상점」의 【거처】를 손에 넣습니다.

등기부 등본
주소나 대표이사 등 회사의 기본적인 정보가 게재된 등기부의 사본.

바로 알 수 있어
플레이어의 사회 경험을 살린 사실적인 연출이지만, 이것은 게임이므로 판정에 실패하면 어떠한 방해가 들어오고 만다.

　일행은 아침이 되자마자 가장 가까운 관청에 찾아갔다. 「사사야마 상점」의 등본에는 확실히 주소가 적혀 있었다. 지도와 대조해보니 그 주소는 신사의 장소와 정확하게 일치했다.

류노스케	이걸로 확실해졌군. 「사사야마 상점」과 「사토리 신사」는 같은 장소야.
미노리	어라? 그럼 신사에 가보면 공장이 되어있을지도 모르겠네?
타마코	그럴지도. 공장 안에 터가 있을 수도 있고.
류노스케	좋아, 가 보자!
마아야	……설마 처음부터 가토 군의 【거처】를 조사했으면 해결될 문제였나?
GM	설마요. 조사를 진행한 후가 아니면 단서를 입수할 수 없게 되어있어요.
마아야	그렇겠지~

2. 산에 갈 준비   • • • • • • • • •

미노리	아, 잠깐. 산에 올라가기 전에 행동해도 돼?
GM	네, 얼마든지. 어차피 산에 들어가는 건 클라이맥스 페이즈에 들어간 후에요.
미노리	드라마 장면으로 다시 다른 사람의 【비밀】을 조사해보고 싶어.
타마코	과감하게 공격하네. 날 조사했을 때 학을 떼지 않았어?
미노리	…………. (말없이 마아야와 류노스케를 비교한다)
마아야	나쁜 이야기는 안 할게. 난 피하는 게 좋을 거야. (웃음)
류노스케	………….
미노리	……류 오빠로 하자. 표 굴려볼게. (주사위 굴림) ……11.
GM	「사람들. 떠들썩한 소리. 요란한 가게 내부의 BGM에, 이질적인 웃음소리. 소란스러운 번화가의 한구석인데……?」
타마코	아까랑 같아.
류노스케	아, 이런 건 어떨까? 제안해도 돼?
미노리	얼마든지.
류노스케	산에 들어가서 조사를 할 거니까, **적절한 장비**를 갖출 필요가 있다고 생각하거든. 그러니까 쇼핑센터에 쇼핑하러 갈래.
미노리	아, 그럴듯하! 거기에 따라가는 걸로.
류노스케	어떤 도구가 필요할까. 물이랑 식량에, **덤불**

적절한 장비
등산이라고 할 정도로 높은 산이 아니라도, 산책하는 기분으로 산에 들어가는 것은 자살행위다.

덤불 쳐내기
빽빽이 자란 식물을 잘라서 길을 여는 것.

97

쳐내기에 쓸 손도끼에…….

마아야	지도나 나침반도 있으면 좋겠어.
미노리	곰 쫓는 방울이나 피리도.
타마코	아, 무지나는 불에 약하다는 정보가 있었으니까 불이 나오는 것을. 라이터? 성냥?
미노리	정확히는 담배라고 적혀 있었지.
류노스케	한 상자 정도 사둘까.
미노리	그런 류 오빠의 쇼핑에 따라가서 카메라를 대고 인터뷰를 하는 것처럼 【비밀】을 캐묻겠어. 《카메라》로 (주사위 굴림) ……성공!
류노스케	자, 여기. (핸드아웃을 건넨다)

　미노리가 류노스케의 핸드아웃을 뒤집으니 거기에는 이렇게 적혀 있었다.

「【비밀】: 당신은 히스미산에서의 부자연스러운 사고에 의문을 품고, 자신이 조직적인 범죄 내지는 악의에 찬 음모에 휘말린 것이 아닌가 생각하고 있다. 가토는 그 범죄의 희생자가 아닐까? 어쩌면 동료 중에도 그 일당이 있을지도……? 당신의 진정한 【사명】은 이 사건의 배후에 있는 인물이 누구인지를 밝혀내는 것이다.」

미노리	흠흠, 과연.

그런 상황
너는 범죄자와 한패가 아니겠지? 라며 미노리의 모습을 살피고 있다.

류노스케	**그런 상황**인데…….
미노리	괜찮아, 류 오빠! 난 류 오빠 편이야!
타마코	또 적이니 우리 편이니 하고 있어.
마아야	괜찮을까……. (불안)

3. 책장 사이에서

타마코   이번엔 내 장면을 열어도 될까?

GM   드라마 장면이면 되나요? 행동은?

타마코   아직 남아있는 【비밀】인 「요괴 사토리」를 목표로 조사판정. 전부는 조사할 수 있다고는 생각 안 하지만, 가능한 한 진상에 다가가 두고 싶어.

마아야   너도 참 어련하구나. 전화로 무서운 체험 했잖아? (웃음)

타마코   나도 사정이 있다구.

미노리   맞아. (편승)

마아야   어, 왜 미노리까지?

미노리   타마의 【비밀】을 아니까. 그치?

타마코   응!

마아야   (미묘한 시선)

타마코   장면표, 에잇! (주사위 굴림) ……6.

GM   「평화로운 시간이 흘러간다. 마치 그런 일이 없었던 것처럼.」

타마코   그럼 도서관에라도 갈까. 미노리, 같이 갈래?

미노리   좋아!

타마코   점심 무렵의 평화로운 도서관에서 둘이 함께 책을 찾아. 옛날이야기나 민속학 쪽의 책장에서.

미노리   평화롭네. **어젯밤 그 일이 거짓말** 같아.

타마코   그러면서 판정. (주사위 굴림) ……푸학.

> **어젯밤의 그 일이 거짓말 같아**
> 당신 잠만 잤잖아요.

류노스케	……펌블이군. (웃음)
미노리	아.
마아야	응?
미노리	타마야, 미안.

미노리는 광기를 한 장 뒤집었다. 거기에는 이렇게 적혀 있었다.

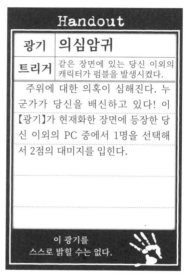

타마코	(다 읽고) ……어?
미노리	「타마, 너였구나.」
타마코	「왜, 왜 그래, 미노리? 얼굴이 무서워.」 (웃음)
미노리	「교묘한 말로 나를 도서관에 유인해서 책장으로 깔아뭉개려 하다니…….」
마아야	뭐? (웃음)

미노리	……라고, 책장 아래에서 말하고 있어.
마아야	벌써 넘어뜨린 거냐!
류노스케	화려한 펌블인걸. (웃음)
타마코	「이, 일부러 그런 게 아니야! 그냥 조금, 책이 빽빽하게 꽂힌 책장에서 한 권을 뽑으려다가 **힘을 너무 줘서**…….」(웃음)
미노리	「타마 이 바보!」손에 닿는 물건을 던져서 2점 대미지.
타마코	아야야야. 2점은 큰데. 백과사전이라도 날아왔나. (웃음)
류노스케	이거 심하다.
타마코	미노리를 구해주고 사과해요. 「정말로 미안해. 일부러 그런 게 아니야. 다친 곳은 없어?」
미노리	아, **난 안 다쳤어.** (웃음)
타마코	말도 안! 되. 이쪽은 피가 철철 흐르는데.
GM	둘 다 도서관에서 **쫓겨납니다.** 펌블이니까 타마코 양은 【광기】도 늘어나요.
타마코	어, 엎친 데 덮친 격……! (눈물)

4. 누군가가 보고 있다 • • • • • • • •

GM	다음은 류노스케 군. 메인 페이즈 마지막 행동이에요.
류노스케	드라마 장면으로. 미노리의 【비밀】을 봐둬야지.
미노리	나의?
류노스케	같은 편이라고 말은 하지만, 정말로 믿어도

힘을 너무 줘서
어라라 그거 이상하네요. 책을 빼면서 힘을 과하게 준 건데, 왜 자기 쪽으로 책장이 쓰러지지 않고 반대쪽에 있던 피해자가 깔린 걸까요?

난 안 다쳤어
대미지 감소 능력이 있어서 +1 이상의 마법 책장이 아니면 대미지가 들어가지 않는다.

쫓겨납니다
도서관에서 소란을 피우면 안 된다. 도서관의 책을 함부로 다루는 나쁜 아이에겐 도서관 경찰이 찾아오기 때문이다.

	좋은지 모르겠거든.
미노리	걱정마! 나 무서운 사람 아니야!
마아야	하는 말마다 수상해. (웃음)
류노스케	장면표에서, (주사위 굴림) ……2.
GM	「주위가 피 냄새로 가득하다. 사건인가? 사고인가? 혹시 그것은 지금도 계속되고 있는 걸까?」
타마코	엄청난 게 나왔다. (웃음)
류노스케	그럼 도서관에서 다치고 돌아온 두 사람을 「찻집 마린」에서 치료하는 장면으로.
타마코	아파…. 류 오빠, 치료해줘!
마아야	「세상에……. 도대체 **뭐에 습격당했길래** 이런 상처가…….」
미노리	**그렇게까진 안 했어**!
류노스케	미노리를 진정시키면서 사정을 들어보자. 너 우리한테 숨기는 거 없냐?
타마코	그건 완전히 심문인데. (웃음)
류노스케	(주사위 굴림) ……조사판정은 성공.
미노리	류 오빠니까 말해주는 건데, 실은 이런 일이 있어서……. (핸드아웃을 넘긴다)

뭐에 습격당했길래
하늘을 나는 백과사전.

그렇게까진 안 했어
했다.

류노스케가 미노리의 핸드아웃을 뒤집으니 거기에는 이렇게 적혀 있었다.

「【비밀】: 당신은 히스미산에서 사고를 당한 이래로 누군가에게 미행을 당하고 있다. 언제 어디서나 시선이나 기척이 느껴져서 이대로는 미칠 것 같다. 당신은 그것이 그때 차에 함께 타고 있던 일행 중 누군가가 아닐까, 라고 생각하고 있

다. 당신의 진정한 【사명】은 미행하는 누군가의 정체를 밝혀내는 것이다.」

미노리	……그렇게 된 거야.
류노스케	과연. 그래서 모두의 【비밀】을 조사했군.
미노리	타마나 류 오빠는 아무 문제 없었어. 타마는 도서관에서 덮여오길래 나도 모르게…… **무심코 반격**을 해버렸지만.
타마코	누가 들으면 오해하겠다. 사고야, 사고. (웃음)
류노스케	이제 마아야만 남았나. (마아야 쪽을 본다)
마아야	……괜찮아. 그리고 나는 조사하지 않는 편이 나아.
미노리	흐음……?
류노스케	여기까지 왔으면 그 말을 믿을 수밖에 없군.

무심코 반격
정당방위로 인정될지는 미묘하다.

▊ 클라이맥스 페이즈 ▏▏▏▏▏

▧ 1. 나무 꼭대기 ● ● ● ● ● ● ● ●

GM	그럼 이제부터 **클라이맥스 페이즈**. 가토 군을 찾아서 드디어 히스미산에 들어갑니다.
류노스케	아웃도어 활동에 익숙한 내가 앞장서는 게 낫지 않을까?
타마코	**부탁할게….** 난 담뱃불이 꺼지지 않도록 해둘게.
GM	그럼 장비를 싣고 차에 타서…….
미노리	아, 카메라는 계속 돌려!

　네 사람을 태운 차는 전날 가토의 차를 발견한 샛길 입구에서 멈춰섰다.

　차 밖으로 나오자 생명력 넘치는 산속의 공기가 일행을 감쌌다.

　류노스케가 덤불을 밀어 헤치자, 풀숲에 뒤덮인 오래된 목제 토리이(鳥居)가 모습을 드러냈다.

　신사로 통하는 산길 입구다.

　눈 밑에 기미가 생긴 타마코가 라이터를 꺼내서 담배에 불을 붙였다. 숲 속에 담배 냄새가 퍼진다. 타마코는 항상 불이 붙은 것을 금방 쓸 수 있는 곳에 둘 작정이었다.

　류노스케가 손도끼를 쥐고 앞길을 막는 덤불에 내리친다. 그렇게 덤불을 쳐내는 그를 선두로 네 사람은 산길을 오르기 시작했다.

GM	좁은 길을 땀투성이가 되어가며 계~속 올라갑니다. 시간이 좀 지나자 산길 도중에 오래된 **숯막** 같은 곳이 나옵니다.
타마코	숯막? 어떤 느낌인데?

클라이맥스 페이즈
게임의 종반을 나타낸다. 보통은 시나리오의 근간이 되는 괴이와 조우하여 전투 처리를 하게 된다. 단, 클라이맥스 페이즈는 모두 마스터 장면이므로 GM의 재량으로 자유롭게 장면을 전개할 수도 있다.

부탁할게…
잠이 부족해서 약간 자포자기했다.

숯막
안에 목재를 넣어 태우기 위한, 흙을 쌓아 만든 커다란 아궁이가 있다. 인간 정도라면 간단히 들어간다

GM	기울어져서 쓰러지기 일보 직전이에요. 담배꽁초가 떨어져 있습니다.
류노스케	가토 군 차의 대시보드에 있던 담배 상표와 똑같아?
GM	똑같네요.
타마코	가토 군이 여기까지 왔었구나! 서두르자!
GM	그럼 이쯤에서 전원《풍경》으로 판정해주세요.
류노스케	(주사위 굴림) ……와, 실패.
마아야	(주사위 굴림) ……성공.
타마코	(주사위 굴림) ……성공이야.
미노리	(주사위 굴림) ……성공했어.
GM	그럼 덤불을 쳐내고 있는 류노스케를 제외한 세 사람은 조금 트인 곳이 나와서 아아~ 힘들다, 하고 기지개를 켠 순간 건너편에 있는 나무 위에 인간의 얼굴이 있는 것을 봅니다.
마아야	……으그그그그, 뭐야, 저거어어어어!

GM 아무리 생각해도 말도 안 되는 위치에 인간의 얼굴이 보입니다. 본 사람은 공포판정. 「괴이」 분야의《암흑》으로 해주세요.

류노스케 「왜 그래?」

미노리 (주사위 굴림) ……「류 오빠! 나무 위에 사람 얼굴이 있어!」(실패)

마아야 (주사위 굴림) ……「누, 누구야? 누구? 뭘 하는 거야, 저기에서!?」(실패)

타마코 (주사위 굴림) ……서, 성공,

	세이프! 누군지 알 수 있어?
GM	멀어서 잘 모르겠네요. 본 건 얼굴뿐입니다. 뭔가 싶어서 다시 한번 보니 이미 없어요.
마아야	으에에에에.
류노스케	맞다, 카메라 돌리고 있었잖아? 찍히지 않았을까?
GM	《카메라》로.
미노리	에잇. (주사위 굴림) ……우와, 실패! 꼭 이럴 때만!
GM	안타깝군요! 나무 꼭대기에 뭔가 하얀 것이 찍히긴 했는데, 도무지 **판별이 안 돼요.**
미노리	젠장……!
마아야	으으, 드디어 【광기】가 생겨버렸어.
미노리	난 벌써 두 장째야.
GM	**현재화한 【광기】의 수가 【이성치】보다 많아**지면 착란상태가 되니까 주의하세요.
류노스케	안 좋은 예감이 들어. 빨리 이 자리를 떠나자.
GM	네. 거기에서부터 다시 등반을 재개해서 좀 더 가면…… 낡은 신사가 나옵니다.

작은 신사였다.

옛날에는 멀쩡한 건물이었을지도 모르지만, 지금은 당장에라도 무너질 것 같다.

얼굴을 들자 신사를 둘러싼 나무 너머에 굴뚝이 보인다.

마아야	여기다. 신사와…… 공장.
류노스케	신사에 들어가 보자.

판별이 안 돼요
UFO나 UMA를 촬영한 영상은 대체로 그런 느낌이 된다. 신기하기도 하지.

현재화한 【광기】
공개되어 그 PC의 앞에 놓인 상태의 【광기】

107

사당에 들어가자 발밑에서 썩은 판자가 부서졌다. 안에는 아무도 없었다.

단서를 찾아 조사하던 도중에, 구석에 놓인 상자 안에서 **너덜너덜한 두루마리**를 발견했다.

마아야   고문서다! 마도서? 마도서야? (눈을 빛내며)

타마코   마아야 언니, **플레이어 성분**이 새어 나오고 있어. (웃음) GM, 두루마리는 어떤 언어로 쓰여 있어?

GM   일본어에요. 고문(古文)이지만.

타마코   그거라면 읽을 수 있을 거야. 나 **일본화 전공**이거든!

GM   과연. 읽어볼 거라면 《예술》로 판정해도 됩니다.

타마코   (주사위 굴림) ……성공! 미노리에게 사진을 찍게 하면서, 찢어지지 않도록 주의를 기울여서 두루마리를 펼쳐.

GM   내용은 변체가나(變体仮名)로 적혀 있습니다만, 일본 미술에 해박한 타마코 양은 간신히 글자를 읽을 수 있습니다. 오에 시게노리(大江重則)라는 사람이 적은 서적으로, 타이틀은 **「모로스케소키덴(師資捜奇伝)」**.

타마코   어떤 내용이 적혀있는데?

GM   제대로 내용을 파악하려면 시간이 걸리므로 훑어만 보고 받은 인상입니다만…… 행방불명이 된 사람을 찾으러 갔다가 괴물을 만나서 도망쳐 돌아왔다는 필자의 경험을 기록한 것인 모양입니다.

너덜너덜한 두루마리
「파이어볼 스크롤이야!」
「아아…… 벌써 【광기】가 그렇게까지 (눈물)」

플레이어 성분
플레이어를 원심분리기에 넣으면 플레이어 성분을 추출할 수 있다. 이것을 투여한 쥐는 강함과 유리함을 추구하게 된다고 한다.

일본화 전공
일본화 전공이라고 해서 고문서를 읽을 수 있을 리는 없지만, 아마도 고미술사를 착실히 공부했다고 주장하고 싶은 것으로 보인다.

모로스케소키덴
(師資捜奇伝)
1990년에 하비 재팬에서 출판된 『크툴루 월드 투어』에, 중세 일본판 크툴루 리플레이가 수록되어 있다.(일본 발간기준) 이 두루마리의 서명은 그 리플레이의 타이틀을 인용했다.

타마코	괴물? 어떤?
GM	회색 늪에 둥지를 튼 무언가. 무서운 동시에 형언하기 힘든 그리움을 느끼게 하는 것…… 이라는 모호한 내용밖에 알아볼 수 없어요. 이 이상은 천천히 시간을 들여서 연구해야겠네요.
타마코	회, 회색 늪. (오들오들)
GM	두루마리를 읽은 타마코 양은 공포판정을. 「괴이」분야의 《꿈》으로.
타마코	아뿔싸, 그렇지!
마아야	그야 **마도서를 읽었으니 정신이 이상해지겠지**. (웃음)
타마코	나도 모르게 그냥 읽어 버렸어. 《인류학》에서 목표 9로, 에잇! (주사위 굴림) ……으아! 안 될 줄 알았어!~
GM	네. 【광기】받으세요. 이것으로 모두 【광기】를 가졌네요.
미노리	어서 오시게, 동지.
타마코	다가오지 마. (웃음)
미노리	누구나 마음 속에 어둠이 있는 법이야.
타마코	이 두루마리, **가지고 가도 될까?**
류노스케	여기에 있든 없든 다를 게 없어 보이니까, 가져가도 될 것 같은데.
미노리	향토자료관에서 읽은 전승에서도 산 아래에 회색 바다가 있다고 적혀 있었지.
마아야	……정말로, 아래에 커다란 동굴이라도 있

마도서를 읽었으니 정신이 이상해지겠지
『크툴루 신화』의 마도서에는 미치광이가 쓴 이계의 지식이 잔뜩 적혀 있는데, 읽은 자의 정신까지 좀먹히는 사례도 흔히 볼 수 있다.

가지고 가도 될까?
가져가고 싶어 하길래 무심코 허용했지만, 이 시나리오에서는 프라이즈고 뭐고 없었다.

는 게 아닐까?

미노리   그래, 동굴! 가토 군, 전승대로라면 풍혈에
갔을 거야!

밖으로 나와 신사 뒤로 돌아가자 앞을 가로막은 절벽이
눈에 들어왔다. 바위의 표면에서 풍혈이 입을 벌리고 있
다. 안을 들여다보니 아래를 향해 기울어진 완만한 비탈
길이 보이는데, 회중전등의 빛이 닿지 않는 곳까지 이어
져 있었다.

풍혈을 보자마자 타마코는 숨이 막힐 정도의 그리움에
헐떡였다.

가고 싶어……. 저 너머로 가고 싶어!

정신을 차렸을 때는 이미 비틀거리며 풍혈 쪽으로 걸어
가고 있었다.

타마코   일 났다아아! 저기 들어가고 싶어! 무진장 들
어가고 싶어! (울상이 되어 웃는다)

미노리   가면 안 돼! 내 손 잡아.

마아야   이건…… 분명, 가토 군도 이 안으로 갔을
거야.

타마코   으음, 어떡하지? 저 신사는 풍혈을 억누르기
위해 세워졌다고 적혀 있었는데…….

미노리   그 신사, 너덜너덜한 걸 보니 제구실을 못 하
는 같아.

마아야   확실히……. 일단 참배라도 한번 해볼까?

류노스케   그리고 나서 타마를 풍혈에 다가가게 해보
고, 부르는 느낌이 약해졌다면 성공.

미노리   그게 좋겠네.

타마코   내가 무슨 탐지기냐. (웃음) 그럼 **2례 2박수**

산의 공장

2례 2박수 1례
신사의 정식 참배 방식이
다.(일본 신사) 기억해두면
정월 첫 참배 때 편리. 하지
만 로컬 규칙이 존재하는
경우도 있으므로 방심은
금물이다.

발소리를 죽여서
귀를 기울이거나, 함정을
조사하거나, 발소리를 죽
여서 걷거나, 주위를 경계
하거나…… 던전에서 수도
없이 호된 꼴을 당한 게이
머 특유의 습성이지만, 귀
환병이라면 그럴 수도 있
다.

1례로 참배하고…… 살짝 풍혈에 다가가 봐.
변화 있어?

GM	없군요.
타마코	역시 엄청나게 그리운 느낌이~ ……흐느적 흐느적~ (웃음)
미노리	우와, 안 돼! (웃음)
류노스케	정말 위험한데. 빨리 가자. 가토도 없으니 이 만 공장으로 가볼까. **발소리를 죽여서**.

2. 산의 공장

덤불을 헤치며 나아가자 갑자기 시야가 확 트였다.

네 사람은 공장 부지 뒤쪽을 통해 부지 내부에 들어왔
다. 발밑은 콘크리트로 포장되어 있고, 갈라진 틈새에서
잡초가 길게 자라 있다. 앞쪽에는 산업 폐기물을 쌓아 올
린 컨테이너가 잔뜩 놓여 있는데, 오랫동안 방치된 것 같
았다.

컨테이너 더미 건너편을 보자 오른쪽으로 길쭉한 3층
건물이, 왼쪽으로는 굴뚝이 솟은 커다란 건물이 있었다.

부지 반대쪽에는 아래로부터 올라오는 차도가 보였지
만, 시야가 닿는 범위에 차는 없었다.

뭐라 말할 수 없는 위화감에 얼굴을 마주 본 후, 원인을
깨달았다.

아무런 소리도 들리지 않는다.

공장 부지에 들어가자마자 주위가 갑자기 고요해졌다.
아무런 기척도 느껴지지 않는 고요함이다.

류노스케　　뒷걸음질을 쳐보면…….

GM	부지를 떠나 숲속으로 돌아가면 산속 특유의 소리가 다시 들립니다.
마아야	결계 같아……. 이거 좀 위험하지 않아?
미노리	카메라를 줌 인(zoom in)해서 부지 안을 볼게. 인기척은 있어?
GM	오른쪽 건물 3층 창문에서 가토 군이 이쪽을 보고 있습니다.
일동	……에에에에에——!? (절규)
류노스케	차, 찾았…… 다?
GM	**그런가 싶더니 이미 없어요.**
미노리	또냐! 영상에 남았어?
GM	아까와 마찬가지로 《카메라》.
미노리	(주사위 굴림) ……됐다! 이번에는 성공!
GM	**영상에 남아 있어서** 여러분 모두 볼 수 있습니다. 얼굴은 찍혀 있지만 그것 말고는 어두워서 보이지 않습니다.
미노리	이쪽 보고 있어? 아니면 그냥 밖을 보는 건가?
GM	명백히 여러분 쪽을 보고 있는 것처럼 보이네요.
마아야	무서——!
미노리	가, 가토 군이 도움을 요청하고 있는 거야!
타마코	무지나가 둔갑한 가토 군이면 어쩔 건데!
류노스케	흐음. 지금 몇 시 정도지?

그런가 싶더니 이미 없어요
귀신을 등장시킬 때 편리한 범용 메소드.

영상에 남아 있어서
알아보시겠지요……?

(역주:일본의 심령 비디오 방송에서 약속처럼 쓰이는 멘트. 사진 따위에 찍힌 으스스한 흔적을 시청자에게 보여줄 때 사용합니다.)

113

GM	오후 3시에요. 해가 저물기까지 앞으로 3시간 정도 남았네요.
류노스케	라저. 잠깐 정찰하러 갈게. 다들 여기에서 기다려.
타마코	어쩌려고, 류 오빠?
류노스케	상태를 보고 올게.

숲 근처에 세 사람을 남겨두고, 류노스케가 부지 안으로 들어간다. 산업폐기물 컨테이너의 그늘에 몸을 숨기면서 발소리를 죽여 나아간다.

컨테이너가 없는 곳까지 도달한 류노스케는 거기에 버려진 한 대의 지게차를 발견했다. 그 그림자에 웅크려서 건물의 상태를 살핀다.

3층짜리 건물은 유리가 깨진 채로 방치되어 있었다. 「사사야마 상점 사원 기숙사」라고 입구에 적혀있는 것이 눈에 들어왔다. 기숙사 왼쪽의 커다란 건물의 측면에는 여닫이 문이 두 개 있었다. 지면에는 그중 가까운 쪽의 문에서 이어지는 레일이 깔려 있고, 그 위에는 튼튼해 보이는 수레가 있다. 레일을 이용해서 수레에 실린 쓰레기를 건물 안으로 운반했던 모양이다. 또 하나의 문에는 쇠사슬에 커다란 자물쇠가 걸려 있다. 감시 카메라는 보이지 않았다.

굴뚝이 있는 건물에 다가가자 창 안쪽에 판자가 못 박혀 있다는 것을 알 수 있었다. 틈새는 있지만, 안은 어두워서 아무것도 보이지 않는다.

류노스케	미노리의 카메라를 사용하면 어두운 곳까지 볼 수 있지 않을까? 일단 돌아가자.
미노리	아. 왔다, 왔어.
마아야	으으, 조마조마하게 하네.

류노스케	미노리, 비디오카메라 좀 잠깐 빌려줄래?
미노리	그런 거라면 나도 갈래. 찍을 거라면 직접 찍고 싶어.
류노스케	아니, 하지만 류노스케 입장에선 여성을 위험한 장소에 데려가기는 좀…….
마아야	이미 여기가 그냥 위험해!
타마코	개인적인 의견이지만, 내가 풍혈 안으로 비틀비틀 걸어 들어갈 때 그걸 막아줄 남성이 없어지면 상당히 불안해할 텐데. (웃음)
류노스케	으~음. 그건 확실히…….

류노스케가 양보하여 이번에는 굴뚝이 있는 건물까지 다 함께 가기로 했다.

미노리	카메라의 감도를 조절해서 판자 틈새로 안을 봐 볼게.
GM	황폐한 복도가 보입니다. 벽에는 빨간 문자로 뭔가가 적혀 있어요.
타마코	《인류학》으로 어떤 문자인지 알 수 없어?
GM	당신은 이런 문자를 모릅니다. 굳이 말하자면 **쐐기문자**에 가까운 것 같네요.
마아야	인터넷 게시물에 적혀있던 「빨간 문자」로군. 그렇다면 날붙이를 든 사람도 있는 거 아니야?
미노리	누가 있다고 쳐도, 차가 없는 걸 보니 외출한 것 같은데?
타마코	쇠사슬이 딸린 자물쇠, 부술 수 있을 것 같아?
GM	전문적인 공구가 없으면 무리지요.

쐐기문자
대체로 기원전쯤에 외국에서 여러 언어의 표기에 사용한 문자. 매우 오래됐다.

115

류노스케　　그럼 나머지 한쪽 문을 열어보자. 삽 챙겨
두고.

　문을 여니 안의 공간은 소각로였다. 선 채로 들어가도
아직 머리 위의 공간에 여유가 있을만큼 거대한 소각로
로, 산업폐기물을 태우기 위해 만들어 진 것 같다.
　바닥은 철망으로 되어 있고, 그 아래는 급경사의 비탈길
이다. 어렴풋이 물소리가 들린다. 산업폐기물을 태운 재
를 지하의 수로에 버리는 모양이다.
　소각로 안쪽의 벽에는 안을 들여다보기 위한 작은 창문
이 있었다. 건너편의 방에서 소각 상황을 볼 수 있게 되어
있는 것 같다.

산업폐기물 무셔….
유해물질을 걱정하고 있다.

류노스케　　**산업폐기물 무셔….** 건드리고 싶진 않지만,
그래도 안에 들어가서 조사해보자. 최근 사
용한 흔적은 있어?

GM　　딱히 열이 남아있진 않지만……《풍경》으로
판정해주세요.

류노스케　　(주사위 굴림) ……성공.

GM　　문 안쪽에 뭔가가 보입니다.

　소각로의 문은 두껍고, 빈틈없이 닫히는 구조다. 어둠에
눈이 익숙해지자 열려있는 문의 안쪽에서 불온한 것이 보
였다.

——손톱자국이다.

　인간이 맨손으로 할퀸 듯한 흔적이 문 안쪽에 셀 수 없
이 많이 남아 있었다.
　문 아래, 재가 얇게 덮인 콘크리트 위에 떨어져 있는 것
은 고열에 타서 바싹 말라붙은 인간의 손톱이었다.

일동　　꺄아——!

GM	류노스케 군은 공포판정.「폭력」분야의《소각》으로.
류노스케	으윽. (주사위 굴림) ……좋았어, 성공! 후우. 다른 모두에게 손톱자국이 보이지 않도록 문을 닫고…….
미노리	「뭐 있었어?」
류노스케	**공포판정에 성공했으니** 냉정한 목소리로「아니, 아무것도.」라고 대답하고……. 우리 돌아가지? **리얼 범죄**의 냄새가 나는데. (웃음)
미노리	으음. 아직 정면 현관 쪽을 못 봤는데 그쪽도 보자.
류노스케	어쩔 수 없군……. 그럼 뒤쪽으로 돌아가서, 귀퉁이에서 손거울을 꺼내 건물 정면의 상황을 살피자.
마아야	손거울! 역시 귀환병! (웃음)
GM	그럼 정면 현관이 보입니다. 「사사야마 상점」이라는 간판이 있어요. 인기척은 느껴지지 않습니다. 현관은 유리문이고, 안은 평범한 소규모 사무소……였던 것 같지만 매우 황폐해졌고, 벽에는 빨간 문자가 적혀 있습니다.
류노스케	몇 년 전까지는 정상적으로 운영했던 걸까?
미노리	열어봐도 될까? 열려?
GM	잠겨 있어요. 열어볼 거면《분해》나《기계》.
타마코	《분해》가 있으니까 잠깐 해봐도 되겠지. 이 **헤어핀으로**…… (주사위 굴림) 아아, 실패!
미노리	나도 해볼게.《전자기기》에서…… (주사위

공포판정에 성공했으니
실패했다면 어미에 (떨리는 목소리가) 붙었다.

리얼 범죄
현대 일본에서 저주나 초상현상으로 사람을 죽이는 것은 인과관계를 증명할 수 없어서 범죄가 성립되지 않는다. 말하자면 판타지스러운 범죄인 셈이다.

헤어핀으로
자물쇠를 따는 묘사에서 도구로 무엇을 쓸지에는 파벌이 갈린다. 클립을 사용하는 맥가이버파나 신용카드를 사용하는 히치하이크파 등.

	굴림) 열렸다! 타마코, 헤어핀 좋은 거 쓰네. 고마워. (웃음)
타마코	네가 게릴라 촬영을 어떻게 했는지 지금 알 았어. (웃음)
류노스케	조용히 열고 슬며시 안으로 들어갈게.
미노리	카메라를 들고 밖에서 보이지 않았던 부분 을 봐둘래.
GM	딱히 누군가가 기다리고 있지는 않아요. 방 안에는 쓰레기가 잔뜩 쌓여있어서 쓰레기장 처럼 보이지만, 현관에서 안에 있는 문까지 의 공간만큼 **길이 나 있습니다.**
타마코	거기만 누군가가 왔다 간 거네. 어떤 사람인 지 알 수 있어?
GM	《추적》.
미노리	(주사위 굴림) ……성공.
GM	남자의 발자국이네요. 한 명의 흔적밖에 보 이지 않아요.
마아야	작업복을 입고 날붙이를 든 아저씨?
류노스케	아마도.

길이 나 있습니다
정말로 청소가 안 된 곳은 바닥 위가 속을 꽉 채운 쓰레기 봉지로 빈틈없이 메 워진다. 그런 곳과 비교하 면 이곳은 아직 문명이 남 아있다.

네 사람은 건물 안에 들어가서 안쪽 문을 살짝 열었다. 그곳은 아까 밖에서 엿본 복도였다. 판자를 못 박은 창문 에서는 거의 빛이 들어오지 않는다. 회중전등을 켜자 빛 의 원 안에서 벽 한 면을 가득 채운 붉은 문자가 보였다.

왼쪽 벽에는 문이 있었다. 그 안은 작은 방이었다. 정면 의 벽에 소각로에서 봤던 작은 창문이 있고, 벽을 따라서 계기판이 설치되어 있다. 소각로의 오퍼레이션 룸인 모양 이다.

방구석에 책상과 의자가 있고, 바닥에는 빈 침낭이 깔려 있다. 인간의 체취가 코를 쿡 찔렀다. 벽 근처에는 컵라면이나 편의점 도시락의 용기가 몇 개씩 방치되어 음식물 쓰레기의 악취를 풍기고 있었다.

류노스케가 현관으로 돌아가서 망을 보는 사이에 나머지 세 사람이 방을 뒤지기 시작했다.

GM	《풍경》으로.
미노리	여기 왠지 **기분 나빠**……. (주사위 굴림) 성공.
타마코	(주사위 굴림) ……나도 성공.
GM	타마코 양은 「업무일지」라고 적힌 노트를 발견합니다. (손으로 직접 쓴 노트를 건네면서) 미노리 양은 **잡초를 태울 때** 사용하는 휴대형 버너를 발견했습니다. 가스봄베를 눌러서 불을 붙이는 녀석이네요.
마아야	어, 화염방사기?
미노리	어이쿠, 이거 **쓸만하겠는데**.
타마코	난 업무일지를 읽을래.
GM	몇 권이나 되는 일지 중 한 권으로, 몇 월 며칠에 몇 건의 산업폐기물 처리를 했다, 라는 보고가 담담하게 적혀 있을 뿐입니다만…… 작년 2월쯤부터 이상한 내용이 적혀있어요. 「이구리 씨와 만났다」라는 기술부터 시작됩니다.
일동	이구리 씨 떴다————!

기분 나빠
"어? 내 방도 이런데?"라고 생각한 사람이 있다면, 너그럽게 넘어가 주기 바란다. 플레이어에게 악의는 없다.

잡초를 태울 때
자르거나 뽑는 것보다 편하지만, 위험하고 덥다.

쓸만하겠는데
뭐에?

3. 업무일지

No. _____

2/5	이구리 씨와 만났다.
3/3	종업 후, 이구리 씨 방문. 담배는 끊기로 했다.
	관리 업무를 받았다. 감사한 일이다.
4/13	금연 후 한 달간 피지 않았는데도 전혀 지장
	없음. 이구리 씨의 힘은 굉장하다.
7/1	종업원 전원 해고. 모두에게 폐를 끼치는 건 괴
	롭지만, 관리 업무가 더 중요하다. 이해해주기
	를 바랄 수밖에 없다.
8/22	공장 내의 정리와 자재 설치
8/24	동일
8/25	동일, 완료
8/27	이구리 씨가 신사에서 돌아와 장치를 설치. 화
	기 엄금. 건드리지 말라고 엄하게 주의받았다.
8/30	업자 오다. 케이지에 소재를 넣다.
8/31	이구리 씨가 장치를 작동시키는 것을 보았다.
	놀라긴 했지만 중요한 역할이란 걸 이해했다.
	첫 관리 업무. 오늘은 1
9/1	업자에게 제품을 양도. 절차는 파악.
9/22	관리 업무 1

No.

10/28 공장 내에 옛 종업원의 시체. 도둑질하러 온
        건가. 은혜도 모르는 것!! 장치에 넣었지만. 제
        품이 되지 않고 불량품이 몇 마리 생겨서 처리
        에 애먹었다. 잡으면 우는소리를 늘어놓아서 엄
        청나게 기분이 나쁘다.

10/30 재발 방지를 위해 자물쇠를 바꿨다. 열쇠는 항
        상 가지고 다니도록 하자.

11/19 관리 업무 2

12/1   관리 업무 1

12/28 이구리 씨의 동료를 소개받다. 주목받는다고 생
        각하니 감개무량하다.

1/16   관리 업무 1

2/20   관리 업무 1

3/2   관리 업무 1

4/13   케이지 안에서 소재가 망가졌다. 업자에게 불
        평. 관리 업무 1

5/4   관리 업무 2

5/29   관리 업무 1

6/7   관리 업무에 실패해서 벌을 받았다. 두 번 다
        시 놓치지 않겠다고 맹세했다. 회수에 참가해서
        관리 업무

6/9   관리 업무 1

미노리	……우리가 양조장에 간 게 며칠이더라?
GM	6월 7일이에요.
류노스케	그 날, 뭔가가 도망쳤다……?
미노리	회수에 참가해서 「관리 업무」를 했다고 적혀있는데.
마아야	「관리 업무」가…… 뭐야?
타마코	신사에서 뭔가를 가져와서 「장치」를 설치했다? 그래서 신사가 제구실하지 못한 걸까?
미노리	전부 찍어두게. 가지고 나가면 위험할 수도 있으니까.
마아야	「제품」이 뭐야? 왜 「몇 마리」라고 세지?
타마코	뭔가 「소재」를 넣어서 「제품」을 만든다. 그것을 「업자」에게 넘긴다. 여기에서 「불량품」이 발생하면 그것은 「몇 마리」라고 세며, 처분하는데 수고가 든다. 잡으면 우는소리를 해서 매우 기분이 나쁘다.
미노리	「소재」를 가지고 온 것도 「업자」야.
일동	………….
미노리	「장치」라는 건 뭘까? 자물쇠가 채워진 방에 있을까?
마아야	그 자물쇠는 날붙이 든 아저씨가 항상 가지고 다닌다는데.
GM	어어, 망을 보고 있던 류노스케 군은 차 소리를 듣습니다. 언덕을 올라오는 것 같아요.
류노스케	이런! 도망가자! 철수!
미노리	철수! 업무일지는 두고 가. 가능한 한 원래대로.

마아야	아, 하지만 자물쇠가 열린 채…….

전원 바깥으로 나왔습니다
자물쇠를 잠그려다가 분위기가 늘어지지 않도록 바로바로 묘사해서 플레이어를 초조하게 하고 있다.

GM	그럼 **전원 바깥으로 나왔습니다.**
류노스케	신사까지 돌아가! 정면 말고, 보이지 않도록 건물 뒤쪽으로 도망가자.
GM	오, 제법 괜찮은 대응이에요. 모퉁이를 돈 순간 등 뒤에서 부릉! 하고 차가 들어오는 소리가 납니다.
류노스케	그대로 도망쳐서 처음 부지로 들어온 장소까지 돌아가겠어. 덤불에 숨어서 카메라의 줌으로라도 볼 수 없을까?
GM	OK. 대형 봉고차가 정차하고 엔진을 끕니다. 운전석에서 작업복 차림의 중년 남성이 내립니다. 건물에 다가가서 현관 앞까지 가더니 응!? 하고 안색이 변합니다.
마아야	이런.
GM	남자는 그대로 건물에 들어가더니, 잠시 후 아까의 버너를 들고 나타납니다.
마아야	히이이익.

4. 관리인 ●●●●●●●●

GM	남자는 품에서 열쇠를 꺼내서 쌍바라지 문의 자물쇠를 풀더니, 쇠사슬을 절그럭절그럭 풀고 문을 열어서 안에 들어갑니다.
마아야	이거 어떻게 보면 찬스 아니야? 아, 하지만 버너를 가지고 있는 게 문제네.
미노리	저기, 「장치」의 주위에서는 화기엄금 아니었어?

타마코	아, 맞다!
GM	**(그러고 보면 그랬지)** 어……. 그럼, 남자는 문을 연 후 잠시 망설이다가 버너를 문 옆에 기대어 세워 놓고 안으로 들어갔습니다.
미노리	(손가락을 튕기며) 좋아! 무기는 놓고 갔어!
마아야	저걸 두고 갔다는 건 안에 「장치」가 있다는 이야기야!
미노리	봐두길 잘했네, 이거.
류노스케	좋았어, 그럼 모두 여기에서 기다려.
마아야	어, 싫어.
류노스케	아니, 이번에는 정말로 위험할 텐데.
마아야	부탁이야……. 무서워. 혼자 두지 마! (올려다보기)
타마코	지켜줄 거라고 믿어! (올려다보기)
미노리	믿어요, 선생님! (올려다보기)
류노스케	이, 이것이…… **여자력**!
GM	(글쎄올시다.)

네 사람은 몰래 문에 다가갔다. 마아야가 달려들어 버너를 확보한다. 류노스케는 선두에 서서 손거울로 방 안을 살폈다.

휑한 공간 안의 벽면에 지름 2m 정도의 회색 입방체가 있었다. 그 곁에는 본 적도 없는 계기(計器)판들이 있고, 아까의 남자가 그것을 점검하고 있었다.

방 앞쪽에는 튼튼해 보이는 철제 우리가 있었다. 대형견이 들어갈 정도의 사이즈다.

문 너머에는 넓은 나무 테이블이 있고, 다랑어 해체에나

그러고 보면 그랬지
불을 쓰지 않는 무기로 할 걸 그랬다. 플라잉 길로틴같이.

여자력(女子力)
상용한자는 아니지만 「노(努)」라는 한자의 「又」를 「子」로 바꾼 글자도 실존한다. 거짓말.

쓸 법한 커다란 날붙이가 몇 자루씩 아무렇게나 꽂혀있다.
테이블 표면은 흠집투성이에, 피가 묻어 있었다.

미노리	그 입방체가 「장치」겠지. 저걸 태워버리겠다고 협박하면 우리 말을 들을까?
마아야	미묘한데.
미노리	가둘까? 시간은 벌 수 있을 거야.
타마코	가만히 놔두면 무방비 상태로 나올 테니까, 그때 **묵사발**을 내주는 게 어때?
류노스케	**버너로 태우면** 겁먹을까? (웃음)
미노리	하지만 이 아저씨한테 이야기를 좀 들어보고 싶긴 해. 우리는 가토 군을 찾으러 온 거니까.
GM	네. 그럼 슬슬 아저씨가 체크를 끝내고 나오려고 합니다.
류노스케	마아야, **버너 장비해.**
마아야	어, 내가!? 싫어, 이런 거 사람한테 들이대고 싶지 않아. (웃음)
GM	그런 말을 하는 사이에 남자는 바깥으로 나옵니다. 여러분을 보고 충혈된 눈을 부릅뜨며 외칩니다. 「뭐야, 네놈들은!」
류노스케	공격할게. 나오는 순간 발을 걸어서 넘어뜨리기!
GM	알겠습니다. 공장 관리인과의 전투를 개시합니다. 우선 플롯부터. 전원 주사위를 하나 손바닥에 숨겨서 원하는 눈이 위쪽을 향하게 하세요. 이것이 자신의 속도가 됩니다.
류노스케	속도가 높은 사람이 먼저 행동하는 거지?

묵사발
둘러싸서 호되게 두들겨 패겠다는 이야기.

버너로 태우면
그 발상이 이미 이상하다.

버너 장비해
게다가 남에게 시키려고 하고 있다.

126

GM	네. 또 한 가지 규칙이 있는데, 플롯치가 같은 캐릭터가 여럿인 경우는 「버팅」(butting)이 발생해요.
미노리	버팅이라면 부딪힌다는 의미의 버팅?
GM	그렇습니다. 같은 속도에 있는 캐릭터는 각각 1점의 대미지를 받습니다. 메인 페이즈의 전투라면 1점 대미지로 탈락이지만, 지금은 클라이맥스 페이즈니까 【생명력】이 0점이 될 때까지 탈락하지 않아요.
마아야	어…. 속도는 6까지인데, 지금 다섯 명 있어.
타마코	꽤 높은 확률로 버팅이 발생하겠는걸.
GM	수라장에 익숙하지 않은 일반인이 무서운 상황에서 우왕좌왕하면서 그늘에 숨으려다가 서로 부딪치거나 동료를 쏴버리거나 하는 걸 상상해보시면 될 거예요.
타마코	아아, 듣고 보니 호러 영화 같다.
미노리	과연. 버팅을 피하려고 하다 보면 자연스럽게 더 적은 인원으로 행동하게 되는 거구나.
GM	그걸 고려해서 플롯을 해주세요. 됐나요? 그럼 공개!

【생명력】이 0점
『인세인』에서는 【생명력】이 0점이 되어도 그 캐릭터가 사망하지는 않는다. 다만, 고통이나 부상 때문에 움직이지 못하는 행동불능 상태가 된다.

전원이 동시에 숨기고 있던 주사위를 공개했다.
미노리와 타마코가 1. 마아야가 4.

공장 관리인은 5, 류노스케는 6이었다.

GM　　　　속도 1의 두 사람은 버팅입니다.

미노리　　아파.

타마코　　미, 미안. 부딪혔어!

GM　　　　당황해서 도망치려다가 발이 꼬이기라도 했던 걸까요? 1점 대미지 받습니다.

미노리　　아.

타마코　　응?

미노리　　타마, 미안해.

타마코　　뭐? 이, 이번엔 또 뭔데!?

Handout	
광기	**패닉**
트리거	당신이 대미지를 입는다.

당신은 폭력이 두렵다. 전투가 벌어지면 마음이 심하게 동요하고 만다. 당신은 자신이 새로 【광기】를 공개할 때까지 전투 중의 펌블치가 1 증가한다.

이 광기를
스스로 밝힐 수는 없다.

미노리는 【광기】를 한 장 뒤집었다. 거기에는 이렇게 적혀 있었다.

미노리	어, 어째서 내가 피하는 걸 방해하는 건데!? 설마 타마 너……. 역시……!?
타마코	아, 아니야! 일부러 그런 게 아니야!
GM	두 사람은 그렇게 버둥거리고 있습니다.
마아야	아.
타마코	어?
마아야	미안해, 얘들아.
타마코	……설마.

Handout

광기	폭력충동
트리거	당신과 같은 장면에 있는 캐릭터 (당신도 포함)가 대미지를 입는다.

피다! 당신은 아무튼 누군가를 해치고 싶다. 이【광기】가 현재화한 장면에 등장한 PC 중에서 아무나 1명을 선택하여 1점의 대미지를 입힌다.

이 광기를
스스로 밝힐 수는 없다

마아야는【광기】를 한 장 뒤집었다. 거기에는 이렇게 적혀 있었다.

마아야	버너를 든 내 눈빛이 점점 불온하게……. 우후후, 누구로 할까~♪
타마코	뭐 이런 콤보가! 나 지금 깨달았어.【광기】의

	진짜 무서운 점은 연쇄를 일으킨다는 거야.
GM	누구에게 대미지를 주나요?
마아야	으~음. **여자를 불태울 수는 없지**……. 류 오빠, 미안해!
미노리	후와~악(불 소리).
류노스케	우오오오!? 탄다! 탄다!
마아야	「**꺄악☆**」하고 외치면서 아까 챙긴 버너에 불을 붙여 휘두릅니당☆
류노스케	「꺄악☆」은 무슨! 뜨거워!
미노리	저, 정신 차려! 마아야 언니!
GM	버팅과【광기】처리를 마쳤으니, 속도6. 류노스케 군의 차례에요.
류노스케	불을 피하면서 관리인을【강타】로 공격. 명중판정은《사격》으로 하지만, 자신의 속도만큼 페널티를 받으니까 11 이상이 나와야 해.
미노리	어, 그거 괜찮은 거야!?
류노스케	여기에서 회상 장면!【비밀】을 공개해서 달성치를 상승시킨다!

여백 주석:
여자를 불태울 수는 없지
남자도 안 됩니다.

꺄악☆
발광한 모습을 귀엽게 포장하려는 노력.

류노스케는 자신의【비밀】을 공개했다. 거기에는 이렇게 적혀 있었다.

「【비밀】: 당신은 히스미산에서의 부자연스러운 사고에 의문을 품고, 자신이 조직적인 범죄 내지는 악의에 찬 음모에 휘말린 것이 아닌가 생각하고 있다. 가토는 그 범죄의 희생자인 것이 아닐까? 어쩌면 동료 중에도 그 일당이 있을지도……? 당신의 진정한【사명】은 이 사건의 배후에 있는 인물이 누구인지를 밝혀내는 것이다.」

류노스케	나는 계속 사건을 일으키는 누군가가 있을 것이라고 생각했지. 지금 그 의문이 풀렸어! 공장의 관리인이 **모든 것의 흑막**이었어!
마아야	뭐, 뭐라고!
타마코	과, 과연. 그래서 류 오빠의 조사는 현실적인 노선에 얽매였구나.
류노스케	그렇지. 귀신보다 인간이 더 무서우니까. (마아야 쪽을 보며)
마아야	정말 무섭지. (눈을 피한다)
타마코	하지만 류 오빠도 산길에서 괴물 봤잖아?
류노스케	……착각이야, 착각.
타마코	착각으로 【광기】가 생기진 않을 텐데…?
류노스케	그래서 회상 장면으로 달성치+3. 8 이상이라면 해볼 만하지.
GM	그럼 굴려주세요.
류노스케	(주사위 굴림) ……7.
미노리	아아, 아깝다……!
류노스케	잠깐! 아이템 「무기」를 써서 다시 굴리기! (주사위 굴림) ……성공!
GM	관리인은 회피판정을 시도합니다. 《사격》은 없으니까 그냥 4+자기 속도인 5로 목표치 9. (주사위 굴림) ……실패. 대미지 굴리세요.
류노스케	대미지 1D6+6……. 어!? 인제 와서 할 이야기는 아니지만, 초기HP 6에 1D6 대미지는 엄청난데!?
GM	캐릭터 시트의 【기본공격】에 처음부터 **적혀**

모든 것의 흑막
상황만 보면 마아야도 완전히 범인 쪽이다. 어떻게 봐도 배신해서 관리인의 편을 들고 있는 것으로 보인다.

적혀 있었잖아요
주의하라고는 안 했다.

131

『**시노비가미**』할 때의 감각으로 하고 있었어
『시노비가미』의 전투 규칙에서는 기본공격의 대미지는 1점.

	있었잖아요.
류노스케	완전히 『**시노비가미**』할 때의 감각으로 하고 **있었어**……. 우와, 무서워.
마야	무턱대고 세게 나간다 싶더니. (웃음)
류노스케	마음을 다잡고, 대미지는…… (주사위 굴림) 6이 나와서 최대치인 12점!
GM	12점! 한 방에 【생명력】이 0이 되어서 탈락입니다.
류노스케	손도끼를 휘둘러 견제하면서 총알처럼 날카로운 다리후리기!
GM	네, 군더더기 없는 사바테 기술을 맞고는 넘어져서 머리를 부딪치고 졸도합니다.
일동	와~~~! (갈채)
마야	굉장해! 무슨 일이 일어났는지도 모르겠어. (웃음)
타마코	낮에 켜둔 등불처럼 있으나 마나였던 류 오빠가 이렇게 믿음직한 사람이었다니……! (웃음)
마야	지금은 낮에 켜둔 등불 따위와는 비교도 안 될 정도로 밝게 빛나고 있지만.
타마코	빛나는 게 아니라 불타는 거겠지.
마야	와아, 무섭다.
류노스케	누구 때문인데!
GM	관리인은 쓰러졌으니 여기에서 전투를 끝낼 수도 있는데요.
마야	휴우, 다행이다. 그렇게 해.

GM	하지만 「폭력충동」씩이나 되는 【광기】가 현재화한 사람이 스스로 전투를 그만두려고 할까요?
마아야	응? 드, 듣고 보니 그러네. 아예 죄다 태워버리는 게 좋을지도……!
류노스케	항복, 항복. 탈락합니다.
미노리	나도!
타마코	이하 동문!
GM	다들 도망치려고 하는데, 마아야 양 방해할래요?
마아야	안 해. (웃음)
GM	네. 마아야 양 외의 전원이 탈락했으므로 전투는 끝납니다.
마아야	어라? 하면서 버너를 든 채 주위를 두리번두리번. 다들 여유를 좀 가질 것이지.
미노리	「마, 마아야…… 언니?」
타마코	제정신으로 돌아왔나 봐.
류노스케	이상하다. 활약한 건 난데, **왜 내가 불타고 있지?** (웃음)
GM	전투가 끝난 시점에서 홀로 서 있는 것은 마아야 양이었습니다. 의도치 않게 승자가 된 마아야 양은 「정보 획득」, 「감정 조작」, 「【광기】 부여」, 「프라이즈 강탈」 중에서 하나를 선택해서 실행할 수 있습니다.
마아야	이 관리인, 【비밀】 가지고 있어?
GM	가지고 있습니다.

왜 내가 불타고 있지?
활약한다고 해서 불타지 말라는 법은 없으므로 딱히 문제는 없다.

133

마아야　　　그럼 그걸 받을게.

마아야가 받은 핸드아웃에는 이렇게 적혀 있었다.
「【비밀】: 당신은 사사야마 상점의 관리인으로, 〈이구리 코우〉에게 받은 중요한 관리 업무를 수행하고 있다. 『관리 업무』란 필요가 없어진 인간의 소각 처분이다. 쇼크: 전원」

어떤 용도로 쓰였는지
마아야 양도 소질이 있어
보이지만 말이지요.

마아야　　　윽……(【이성치】1점 감소). 별안간에 자기 손에 들려있는 버너가 **어떤 용도로 쓰였는지**를 깨닫고 그 자리에 떨궈.

미노리　　「왜, 왜 그래? 뭔가 알아냈어?」

마아야　　「…………모르는 게 나아.」라고만 대답해둘게.

5. 소재

　　● ● ● ● ● ● ● ●

졸도한 남자의 품에서 열쇠다발이 나왔다. 류노스케는 로프로 남자의 손발을 묶은 후, 우리의 문을 열고 집어 던졌다. 우리의 열쇠는 챙긴 열쇠다발에서 찾았다.

잠시 후 의식을 되찾은 남자는 자신이 우리에 들어가 있다는 사실을 깨닫더니 험악한 눈으로 네 사람을 노려봤다. 흰자위에 핏발이 섰다.

「이런 짓을 하다가, 이구리 씨에게, 인마, 무슨 일을 당해도, 모른다. 어이, 야.」

남자는 언성을 높이지도 않으며 한 명 한 명 기억해두기라도 하겠다는 듯이 전원의 얼굴을 차례대로 바라봤다. 동공이 수축했다.

류노스케는 앞으로 나가서 남자의 시선을 가로막았다. 핸드폰의 화면에 가토의 사진을 표시해서 들이민다.

「가토라는 사람을 찾고 있다만. 이 사람이다.」

남자는 류노스케와 눈이 마주친 채 한마디도 하지 않았

다. 남자의 이 사이로 이상한 악취가 새어 나왔다.

「물어보고 싶은 게 있는데, 이구리 씨라는 녀석이 여기에 있어요?」미노리가 뒤에서 말을 걸었다.

남자의 안구가 뒹굴 움직였다.

「이구리 씨는 어떤 사람인가요? 남자인가요? 여자인가요?」

「남자도 여자도 아냐. 이구리 씨는 신성한 분이야. 인마, 알겠냐? 어? 남자도 여자도 아니라고.」

「과연. 이구리 씨랑 여기에서 뭘 했죠?」미노리는 말을 이었다. 〈이구리 씨〉에 관해서는 이 미친 남자가 대답한다는 것을 눈치챈 것이다.

「제품 만든다. 공장이니까. 인마, 만든다고. 제품.」

「이구리 씨의 제품을? 어떻게요?」

「소재, 소재 가지고 오거든. 업자가. 장치에 넣는다. 스으하고 비슷한 게 만들어져.」

「업자라뇨? 이구리 씨와는 다른 사람인가요?」

「업자는 업자야. 소재 가지고 와서, 제품 받아서 돌아갈 뿐이야.」

「소재는 어떻게 돼요?」

「장치에 넣으면 이제 더 못 쓰니까, 태우지. 인마, 너희도 태워질 거다. 불량품, 돌아왔지, 응?」

「불량품이라는 게 뭐죠?」

「장치에서, 가끔, 어중간한 게 나와. 그거다, **히루코**같은 거. 기억은 가지고 있어서 말이야, 시끄러워.」

「어떻게 하는데요, 그거?」

「붙잡아서 죽인다. 그러니까, 빨리 내보내 줘. 응? 어이, 응?」

마아야　　우와……. 이「소재」말인데……, 인간…이지?

미노리　　인간과 복제를 바꿔치기한다?

히루코
역주:일본 신화의 신. 손발도 뼈도 없는 기형으로 묘사된다

타마코	이 아저씨랑 친해져 봤자 의미가 없을 것 같아. 「장치」에 다가가서 보란 듯이 담배에 불을 붙여보자.
GM	당신의 코앞에서 회색 입방체의 표면이 갑자기 부글부글부글! 하고 거품을 냅니다.
타마코	힉!
마아야	뭐야, 이거!?
류노스케	「뭐냐, 이건. 전장에서도 이런 건 본 적이 없어…….」 이제서야 겨우 오컬트적인 일이 일어나고 있는 것일지도 모른다고 생각하기 시작. (웃음)
마아야	이제 와서!?
타마코	……역시 바꿔치기하는 거겠지. 도망친 「실패작」과 산속에서 만나면 「무지나가 둔갑한 것」이라고……. 실은 아기타의 거리에는 **유쾌한 사람**들이 넘쳐나는 거 아니야……?

유쾌한 사람들
회색 입방체가 만들어낸 복제들을 완곡하게 나타낸 표현.

6. 사원 기숙사의 폐허

시각은 오후 5시. 어두워지기까지 앞으로 1시간. 네 사람은 남자를 내버려 두고 사원 기숙사로 향했다. 열쇠는 잠겨 있었으나 문에 달린 유리창이 깨져 있어서 열린 것이나 다름없었다.

집기가 방치된 계단을 따라 3층에 올라갔다. 복도에서 숲 위로 저무는 저녁해가 보인다.

류노스케	나이프를 들고 아까 가토가 있던 방으로 가겠어.
GM	네, 방에 도착했습니다.

류노스케	벽을 따라 안을 확인하면서 들어가.
GM	아무도 없어요. 창가에 핸드폰이 떨어져 있습니다.
류노스케	본 적은 있어?
GM	있어요. 가토 군 거예요. 배터리는 바닥났어요.
마아야	……여기에 가토 군이 있었구나.
타마코	있었겠지. 우리랑 같은 모습의 가토 군이라면 도망치지 않을 테지만, 얼굴 말고 다른 부위가 어떻게 되어있는지 전혀 알 수 없었으니…….
마아야	실패작이 도망친 걸까?
류노스케	왔던 길을 그대로 돌아가면 그것과 마주칠 가능성이 클 것 같아. 앞쪽 길로 도망치는 게 좋을지도 몰라.
타마코	가토 군이 없는 이상 어두워질 때까지 여기에 있는 건 위험하다고 봐.
류노스케	일단 뛰어다니면서 1층, 2층도 보자.
GM	네, 네. 그럼 《풍경》으로.
류노스케	(주사위 굴림)……성공.
GM	1층에서 커다란 가방을 발견합니다. 안에는 **등산 장비**가 들어있는 것 같아요.
류노스케	가토 군 건가.
GM	가방을 들어 올리면 뭔가가 툭 떨어집니다.
미노리	뭐지?
GM	인간의 손목입니다. 「폭력」 분야의 《절단》으로 공포판정.

등산 장비
류노스케가 미노리와 함께 사러 갔던 그것들.

137

마아야   히이이이.

공포판정 결과, 타마코만이 실패해서 새로운 【광기】를 얻는다.

GM   타마코 양은 꺄악, 하고 비명을 지르고 맙니다.

고맙쑤, 다이스신
별말씀을.

타마코   크으. **고맙쑤, 다이스신**. (울음) 참고로 그 손목의 단면은 어때?

GM   손목은 핏기없이 새하얗지만, 단면은 검붉고, 깔끔하진 않습니다. **괴사**한 느낌이에요. 아마도 젊은 남성의 오른손 같아요.

괴사
「괴사」라고 검색하면 상당히 충격적인 그림을 볼 수 있다. 추천하지는 않겠다.

마아야   꺄아~! 이제 돌아가자, 제발 돌아가자구! 내일 다시 오자!

마아야가 그렇게 말한 바로 그때였다.
——미노리의 플레이어인 에누에누가 창밖을 보고 엄청난 비명을 질렀다.

미노리(에누에누)   꺄아아아————!!!

일동   우와아아————악!? (낚여서 큰 소리로 절규)

타마코(코비토)   뭐, 뭔데? 뭔데? 뭔데에!?

미노리(에누에누)   베란다에, 누가 있어!

마아야(구게펜)   에엣!?

창밖. 옆방과 이어진 베란다에 모험기획국의 남성 사원이 서서 담배를 피우고 있었다. 그는 비명을 듣고 눈을 동그랗게 떴지만, 자신이 겁을 줬다는 것을 깨닫자 흐흠, 하고 **만족스러운 얼굴**이 되어 연기를 남기고 자리를 떴다.

만족스러운 얼굴
엄청나게 강력한 마수가 사냥꾼을 쳐죽이는 게임, 흡혈귀가 사냥꾼을 쳐죽이는 게임, 악마의 꼬드김에 넘어간 일반인들이 서로 쳐죽이는 게임을 만든 사람이라 제법 성취감을 느낀 모양이다.

마아야(구게펜)   아아……. 깜짝이야. 심장에 안 좋아.

미노리(에누에누) 그치, 깜짝 놀랐어!

마아야(구게펜) 아냐. 우리는 **에누에누의 비명**에 놀란 거야. (웃음)

타마코(코비토) 과연 모험기획국의 스크림 퀸……

미노리(에누에누) 하지만 깜짝 놀랐단 말이야…… 호러 게임 하는 방의 창밖에 서 있으면 안 되지! (울컥)

마음을 다잡고 플레이 재개.
일행은 사원 기숙사의 폐허를 나와 이제부터 어떻게 할지를 의논하기 시작했다.

7. 회색 입방체

류노스케 자, 가토를 구할 가능성은 거의 없다고 봐야 할 것 같아. 일단 물러날까?

타마코 하지만 저 「장치」 어떻게 해야 하지 않아? 다음에 왔을 때는 이미 없을 것 같은 기분이 드는데.

마아야 태워버릴까?

타마코 후딱 처리하고 이구리 씨를 만나기 전에 돌아가자! 태우면 태우는 대로 뭔가 파멸적인 일이 일어날 것 같은 기분이 들지만! 기름 뿌리고 성냥 던지면 될까?

미노리 불을 가까이 가져가는 것만으로 부글부글 난리였는데 태워도 돼?

마아야 뭔가 유기적인 건데 말이야.

미노리 「장치」를 움직일 수는 있어?

GM 받침대 위에 얹혀 있어서 움직이려고 하면

에누에누의 비명
마주 보고 앉은 상대가 자신의 뒤를 보고 갑자기 겁먹은 표정이 되어 절규하면 엄청나게 무섭다. 호러 영화에서 자주 볼 수 있는 상황이지만, 직접 체험해보면 정말로 무섭다.

	움직일 수 있어요. 그만한 힘이 필요하지만.
타마코	(앗!) ……소각로다!
마아야	어?
타마코	소각로에서 태우자! 그리고 태운 재는 지하의 강에 흘려보내!
미노리	오오!

　네 사람은 「장치」가 실려있는 받침대에 로프를 묶고, 땀을 뻘뻘 흘리며 어떻게든 밖으로 끌어냈다.

미노리	이거 소각로에 넣는 것도 큰일인데. 어떻게 들어 올리지?
마아야	그러고 보면 거기 중장비 있었잖아! 아마추어가 움직일 수 있을지는 모르겠지만…….
타마코	하지만 지게차지? 구조상으로는 차에 가깝고, 오히려 차보다 간단할지도.
GM	그렇네요. 《탈것》으로 OK라고 합시다.
마아야	(주사위 굴림) 됐다! 「이걸로 밀어 넣으면 분명 괜찮을 거야!」
GM	그럼 받침대째로 들어 올려서 소각로에 밀어 넣고 내려놨습니다.
마아야	문을 닫고…… 소각로는 건물 안에서 조작해야 하는데.
타마코	조작방법 알 수 있을까?
GM	《기계》로 부탁해요.
타마코	《함정》에서 가면 되겠어! (주사위 굴림) ……성공! 점화아아아!

GM	네. 무사히 점화했습니다.
타마코	나 창문으로 안쪽 볼래.
GM	엑.
타마코	어?
GM	………… . (웃음)
타마코	아, 안 돼애애! GM이 **엄청 기뻐하고 있어어**!!

소각로에 불이 켜졌다. 타마코는 안의 상황을 살피려고 창으로 엿봤다. 내열 유리로 된 창은 두껍고, 검댕으로 더럽혀져 있었다. 한쪽 눈을 감고 자세히 들여다보기 위해 얼굴을 내민 그때였다.

화르륵 소리를 내며 거센 화염이 소각로 안을 채운 순간, 회색 입방체가 쿨렁쿨렁쿨렁쿨렁! 하고 뭔가를 토해냈다.

바닥에 쓰러져 포개어진 그 덩어리가 죄다 벌거벗은 인간의 모습을 하고 있는 것을 타마코는 똑똑히 봤다.

입방체에서 나온 인간들의 몸을 순식간에 불이 감싼다. 불덩어리가 된 그들은 입을 크게 벌리고 요란한 비명을 질렀다.

꺄아아아아아아아 ————————!!

바깥의 세 명도 소각로 안에서 들려오는 절규를 들었다.

두꺼운 문 너머에서 몇 명이나 되는 사람이 맨발을 동동 구르는 발소리.

이어서 안쪽에서 문을 세게 두드렸다.

쾅쾅쾅쾅!

뜨거워! 뜨거워! 살려줘!

열어줘————————!!

> **엄청 기뻐하고 있어**
> 일부러 안을 들여다보진 않겠지~ 라고 생각하면서도 묘사는 준비해뒀으므로, 자연스럽게 들여다 봐주니 정말로 기뻤다.

미노리 열어!

일동 ……에엑!? (경악)

에엑!?
여기에는 GM도 깜짝.

마아야 안돼안돼, 열면 안 돼! 팔 붙잡아! 태우는 도중에 문을 열면 안 돼!

미노리 하지만 살아있잖아!

타마코 아냐, 저건 가짜!

미노리 가짜인지 아닌지 모르잖아! 소재가 된 사람이 「장치」 안에 갇혀있던 거 아니야!?

마아야 ……아. 그렇게 생각할 수도 있나!?

타마코 아니……. 저건 아마 의태야. 지금까지 복제한 인간을 모방하고 있는 거라고 봐.

미노리 정말로? 정말로 그래?

류노스케 그렇게 생각해두자. 그렇게 생각하지 않으면 너무 무서워.

타마코 그러게. 나는…… 저 안에 「나 자신」이 있을지도 모른다고 생각하면…….

일동 …………!!

GM 그럼 보고 있는 사람도, 듣고 있는 사람도 공포판정. 「괴이」 분야의 《종말》로 부탁해요.

류노스케 (주사위 굴림) ……아슬아슬하게 성공!

마아야 윽, 【공포심】의 대상인데……. (주사위 굴림) ……좋아, 성공!

미노리 (주사위 굴림) ……성공했어.

타마코 (주사위 굴림) ……성공이야.

에이,
불만스러운 얼굴.

GM 에이, 전원 성공?

타마코   성공하긴 했는데. 그게, 이거 트리거지?
            (GM에게 【광기】를 보여준다)

GM   아아, 그렇네요. (웃는 얼굴)

타마코   우와아앙.

　타마코는 광기를 한 장 뒤집었다. 거기에는 이렇게 적혀
있었다.

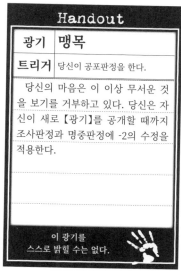

Handout	
광기	**맹목**
트리거	당신이 공포판정을 한다.

　당신의 마음은 이 이상 무서운 것을 보기를 거부하고 있다. 당신은 자신이 새로 【광기】를 공개할 때까지 조사판정과 명중판정에 -2의 수정을 적용한다.

이 광기를
스스로 밝힐 수는 없다.

GM   타마코 양은 소각로 안을 본 충격을 견디지
            못하고, 눈을 가리고 주저앉고 말았습니다.

타마코   「저건 아냐. 저건 아냐. 착각이야, 분명 불
            때문에 착각한 거야…….」

「타마, 괜찮아!?」
안색이 바뀐 류노스케가 오퍼레이션 룸에 뛰어 들어왔다.
뭘 그리 놀란 걸까. 타마코는 멍하니 생각하면서 대답했다.
「어, 뭐가? 아무 일도 없었잖아?」

소각로 안에서는 서서히 비명이 잦아들고 있었다. 일단 불이 켜지자 타서 없어지는 건 금방이었다. 회색 입방체는 완전히 불타버렸고, 버저가 삐익 울리며 불이 꺼졌음을 알렸다.

타마코   헉!? 맞다, 재를 흘려보내야지! 빨리 재를 흘려보내자! 한 번 더 《기계》로, (주사위 굴림) ……어라? 흘러가지 않아! 잘 안 흘러가!

미노리   타마, 진정해!

류노스케   대신 도전! (주사위 굴림) ……성공!

GM   제어판의 버튼을 누르자 덜컹 소리가 나더니 소각로 안의 철망 아래가 기울어집니다. 바닥에 쌓여있던 대량의 재가 지하 수로로 미끄러져서 내려갑니다.

일동   와아아! (박수)

재가 모두 쏟아지자 겨우 정적이 돌아왔다.

류노스케는 방구석에 웅크리고 있던 타마코를 일으켜서 밖으로 데려왔다.

창백한 얼굴의 미노리와 마아야가 현관에서 기다리고 있었다.

이미 해는 졌고, 바깥은 어둡다.

우리 안의 남자가 악을 쓴다.

「태웠구나! 이구리 씨가 화낸다! 곧 온다, 곧 올 테니까! 이제 끝장이야!」

「낼 테면 내라지.」 류노스케가 중얼거린 직후, 그 말이 들린 것처럼 남자가 입을 다물었다.

그리고 다음 순간, 온화하다고 해도 좋을 어조로 이렇게 말하는 것이 들렸다.

「……거 봐. 왔다.」

숲 근처에 키 큰 누군가가 서 있었다.

찌그러진 인간형의 뭔가를 길게 잡아 늘인 모습의 어렴풋한 흰 그림자.

키는 약 3m. 머리로 보이는, 일그러져 부푼 덩어리가 가늘게 떨고 있다.

그 체표는 곰팡이 계통의 균류 같은 것으로 빼곡히 덮여서 희미하게 인광(燐光)을 내고 있었다.

인간과는 기묘하게 다른 관절을 지닌 다리가 어색하게 움직인다 싶더니, 그것은 벌레의 일종처럼 민첩하게 움직여 공장 부지 안에 들어왔다.

「아아아! 아아아아!」

비명을 지른 것은 마아야였다.

「기억났어! 이거 본 적 있어!!」

「그렇지!? 그렇지!?」 우는 건지 웃는 건지 모를 목소리로 미노리가 외쳤다.

눈과 코조차 구별이 되지 않는 얼굴이었지만, 네 사람에겐 그 하얀 그림자가 자기들을 보고 있는 것처럼 보였다.

마아야	나왔다——!
GM	공포판정입니다. 「괴이」 분야의 《혼돈》으로 해주세요.
타마코	(주사위 굴림) 좋아, 성공!
류노스케	(주사위 굴림) 어떻게든 성공.
마아야	(주사위 굴림) 멀쩡하지롱!
미노리	(주사위 굴림) 우와, 실패! 【광기】받아갈게……
타마코	아까의 내 트리거가 「당신이 광기판정을 한

다」였는데, 이번에는?

GM	같은 【광기】가 두 번 트리거에 반응하는 일은 없습니다.
미노리	아.
류노스케	어?
마아야	설마.
미노리	미안.

미노리는 【광기】를 한 장 뒤집었다. 거기에는 이렇게 적혀 있었다.

```
            Handout

  광기 │ 절규

  트리거│ 당신이 공포판정에 실패한다.

   사건의 공포가 당신을 괴롭힌다.
  다시 무슨 일이 벌어지면 오싹한 절
  규를 지르고 말 것이다. 이 【광기】가
  현재화한 장면에 등장한 당신 이외의
  PC 전원은 지각 분야에서 무작위로
  특기 하나를 선택해서 공포판정을 해
  야 한다.



         이 광기를
    스스로 밝힐 수는 없다.
```

미노리	비명을 질러. 꺄아아아아————————!!!
마아야	**아까도 들었어, 그건!**
GM	(주사위 굴림) ……공포판정을 할 특기는 《소리》에요.

아까도 들었어
비명은 비명 자체만으로도 무서울 수 있다는 것을 실감한 직후라서 공포판정에 설득력이 있다.

미노리 이외	(주사위 굴림) ······성공!
GM	······네.
류노스케	비명에는 익숙해졌어.
미노리	꺄아 꺄아 외치면서도 촬영 속행!
타마코	괜찮은 거야!? 저거 **데이터로 남겨도 되는 거야**, 정말!?
GM	그 녀석은 여러분 쪽으로 천천히 다가옵니다. 부우——웅····· 하는 진동음이 머릿속에 울리더니 여러분은 현기증을 느끼며 휘청거립니다.
타마코	전화에서 들었던 소리야! 나도 비명을 질러. 이거 들으면 안 돼!
미노리	타마가 없어지지 않도록 손을 잡아!
GM	그럼 클라이맥스 페이즈 전투, 제2회전입니다.
류노스케	도망가고 싶은데 어떡하면 돼?
GM	라운드가 끝날 때 자발적으로 전투에서 탈락할 수 있습니다. 이번 적은 그것을 방해하므로, 랜덤으로 정한 「지각」 분야의 특기로 도주판정을 해서 성공하면 도주할 수 있습니다.
류노스케	과연······. 알았어.
타마코	싸우지 않아도 될까?
류노스케	적어도 내 【사명】은 이 녀석을 쓰러뜨리는 게 아니야. 다른 사람들은?
미노리	······그러네. 나도.
GM	아, 일단 말해두지만 이 괴이······ 이구리 코

데이터로 남겨도 되는 거야
사진이나 영상에 기록된 괴이가 나중에 그것을 본 사람에게 해를 끼친다는 괴담도 많다.

147

우는 1라운드에 두 명의 목표를 공격할 수 있고, 【기본공격】의 대미지가 2D6이에요. 【생명력】은 비밀입니다.

일동	꺄아—!
마아야	도망가자! 「다들 이쪽으로!」라고 외치면서 **아저씨의 차**를 향해 달려가.

아저씨의 차
마아야네 차가 아니라 관리인이 타고 온 차.

타마코	그럼 우선 플롯이네.

제1라운드의 플롯은 아래와 같았다.
마아야 2
타마코 3
미노리 6
류노스케 6
이구리 코우 6

마아야	어? 이건…….
류노스케	우와! 그렇겠지, 6으로 오겠지.
미노리	미안, 나도 6으로 해버렸어!
GM	그럼 우선 6에서 버팅이 발생합니다. 미노리, 류노스케, 이구리 코우에게 각각 1점 대미지.
류노스케	탈락은 안 하지?
GM	클라이맥스 페이즈의 전투에서는 【생명력】

	이 0이 되지 않는 한 탈락은 안 해요.
마아야	어떻게 되는 거지? 셋이서 박치기? (웃음)
GM	이구리 코우는 미노리의 비명에 관심이 쏠렸는지 몸집에 어울리지 않게 벌레처럼 재빠른 움직임으로 다가옵니다만…….
류노스케	거기에 대고 내가 손도끼를 휘둘러.
GM	손도끼는 이구리 코우의 몸에 깊게 박힙니다. 박힌 부위에서 부글부글하고 정체를 알 수 없는 조직이 증식해서 류노스케를 튕겨냅니다.
미노리	그럼 날려온 류노스케에게 말려들어 포개지듯이 지면에 쓰러졌다고 하자.
GM	그게 무난하겠네요.
타마코	오오. **시리어스 시공**이 지켜졌어.
GM	버팅 처리가 끝났으니까 속도 6부터.

이구리 코우, 미노리, 류노스케가 1D6을 굴려서 눈이 큰 쪽부터 행동한다.

결과적으로 미노리, 이구리 코우, 류노스케의 순으로 행동하게 됐다.

미노리	《카메라》로 【기본공격】! (주사위 굴림) 성공! 플래시로 겁을 주자!
GM	이구리 코우는 회피판정. 목표치 10으로 (주사위 굴림) 실패.
미노리	(주사위 굴림) ……대미지 3점!
GM	이구리 코우는 빛을 받고 한순간 움직임을 멈춥니다만, 반격으로 미노리 양에게 강렬

시리어스 시공
하반신과는 관계없는 시공
(時空).

149

한 【기본공격】.《혼돈》으로 (주사위 굴림) ……성공.《혼돈》을 가지고 있으면 회피판정에 +1을 받는데요?

미노리	그런 거 없어! (주사위 굴림) 회피 실패!
GM	(주사위 굴림) 대미지 7점입니다.
미노리	어, 지금 【생명력】4니까 죽겠네.
타마코	미노리!
GM	다른 사람이 블록으로 대미지를 줄여줄 수 있어요. 공격에 사용된《혼돈》으로 판정해서 성공하면 1D6 대미지를 대신 받을 수 있습니다.
류노스케	《혼돈》이라면 목표치 7로 굴릴 수 있어.
타마코	나는《분해》부터 세서 10.
마아야	《정리》에서…… 9.
류노스케	**다치지 않은 마아야**부터 해줄 수 없을까?
마아야	해볼게. (주사위 굴림) ……성공! 대신 받을 대미지는 (주사위 굴림) 5점!
미노리	와아! 고마워, 마아야 언니. ……근데 괜찮아?
마아야	나머지 1점! 단숨에 빈사야! (웃음)
GM	달리 블록할 사람이 없다면 미노리 양이 2점, 마아야 양이 5점 대미지로 끝입니다.
미노리	나도 나머지 2점. 한 번 더 공격받으면 위험하겠어.
GM	아, 이 사람 한 라운드에 같은 목표는 한 번 밖에 공격 못 해요. 따라서 다음에는 류노스케 군에게 【기본공격】. (주사위 굴림) ……

다치지 않은 마아야부터
류노스케 쪽이 성공할 확률은 더 높지만, 누구 씨 때문에 이미 상처를 입은 몸이라 1D6 대미지가 무섭다.

아아, 아깝다. 1 부족해.

류노스케	은혜롭도다. **이르부조크하이** 님의 가호야.
타마코	뭐야, 그건?
류노스케	전장의 수호신.
마아야	그거 좋은 신은 아닌 거 같은데.
미노리	적 쪽에 붙여주면 좋겠다.
류노스케	이쪽의 공격. 【강타】는…… 참을까. 【기본공격】으로 (주사위 굴림) 성공.
GM	(주사위 굴림) 회피판정은 실패예요.
류노스케	(주사위 굴림) 대미지 6점! 베면 왠지 부풀어 오르니까 삽으로 두들겨 패기.
GM	맞은 곳이 움푹 패서 찌그러진 실루엣이 됩니다만, 아파하는 기색도 없이 움직입니다.

이어서 속도 3의 타마코는 【기본공격】으로 2점, 속도 2의 마아야는 【기본공격】으로 3점의 대미지를 이구리 코우에게 줬다.

타마코	오오? 이번 라운드에 제법 대미지 입히지 않았어?
마아야	합계 14점이네……. 장갑 같은 거로 경감되지 않았다면.
타마코	어쩌지? 이대로 밀어붙여?
미노리	적의 상태는 어때? 약해졌어?
GM	움직임에 눈에 띄는 변화는 보이지 않아요.
류노스케	역시 상대의 공격력이 높은 게 무서워. 예정대로 도망치자.

이르부조크하이
이르부 조크하이. 불운의 여신. 그레이트 올드 원. 개수와 눈이 끊임없이 변하는 무수한 주사위의 집합체로 보인다. 2D6의 기대치가 4인 별에 살고 있는데, 소환되면 주변 일대의 기대치를 1 낮춘다. 이성치 상실 0/1D6-1.

마아야	빈사인 나로서는 그 의견에 찬성.
GM	그럼 라운드가 종료됩니다만…….
류노스케	이 타이밍에 도주를 선언. 다들 괜찮겠지?
미노리	응, 응!
GM	이쪽은 그걸 방해하므로 도주판정용 〈특기〉를 결정합시다. (주사위 굴림) ……《냄새》네요.
마아야	《냄새》……. 에이, 그건 좀 그런데. (웃음)
타마코	아, 그럼…… 무지나가 싫어한다는 담배를 쓰자. 2, 3개비 불을 붙여서 던질게!

담배에서 연기가 피어오르자 하얀 그림자가 움직임을 멈췄다.

효과가 있는 건가? 아니면 상황을 살피고 있을 뿐인 건가? 다음 거동을 예측할 수 없었다. 다만, 전쟁을 경험했던 류노스케의 직감은 당장 여기에서 도망치라고 절규하고 있었다.

GM	과연. 전원《냄새》로 도주판정을 해주세요.
마아야	(주사위 굴림) ……OK. 휴우.
타마코	(주사위 굴림) ……성공!
미노리	앗…… 실패! 이번에는 【생명력】을 1 소비해서 다시 굴리기. (주사위 굴림) ……펌블!?
타마코	(즉시) 아껴둔 「부적」을 여기에서 쓰겠어! 다시 굴려, 미노리!
미노리	고마워! (주사위 굴림) ……됐다! 성공했어!
류노스케	좋아. 이제 내가 (주사위 굴림) ……우와, 실패!
미노리	내 「부적」을 써서 다시 굴려, 류 오빠!
류노스케	고마워. (주사위 굴림) ……**1 차이 실패!?**

1 차이 실패!?
다이스 신의 가호가 참으로 영험하도다.

일동	꺄아———!!

「지금이야! 빨리 타!」차에 도달한 마아야가 외쳤다.

운전석에 뛰어든 타마코가 아까 빼앗은 열쇠를 꽂고 돌렸다.

시동이 걸렸다.

아직도 비명을 지르고 있는 미노리를 밀어 넣고, 류노스케도 뒷좌석에 뛰어들려고 했다.

그때, 부우———웅…… 하는 진동음이 강해지면서 류노스케가 비틀거렸다.

시야가 흐려진다. 의식을 집중할 수 없다……!

휘청거리는 류노스케의 뒤에서 끔찍한 기적이 다가온다.

GM	도주판정에 성공한 세 사람은 탈락할 수 있습니다. 실패한 류노스케 군은 다음 라운드가 되거나 자신 이외의 캐릭터에 의해 【생명력】이 1점 이상 감소할 때까지 탈락할 수 없습니다.

미노리	류 오빠를 두고 갈 수는 없어!「탈락할 수 있다」는 건 도주를 포기해도 되는 거지?

GM	포기할 수야 있지만 다음 라운드에 다시 한 번 도망치려면 또 도주판정에 성공해야 해요.

류노스케	……괜찮아. 먼저 가. 뒤따라 갈 테니까.

마아야	이런 **그림으로 그린 듯한** 사망 플래그, 처음 봤어.

타마코	하지만 누군가 남으면 블록을 해줄 수 있어. 공격이 두 번 날아올 텐데……

류노스케	아니, 아까 GM이 이 녀석은 한 라운드 같은 목표를 한 번밖에 공격하지 않는다고 했어. 둘 이상 남으면 피해가 늘어.

그림에 그린 듯한
병사들이 사망 플래그를 세우고 죽어가는 모습을 류노스케는 질릴 정도로 봐왔다. 이번에는 그의 차례가 온 것일 뿐이다.

153

미노리	하지만 류 오빠…….
류노스케	방해된다, 빨리 가!
타마코	……탈락할게.

제2라운드.

지난 라운드의 플롯을 이어받아 속도 6에서 이구리 코우, 류노스케의 순서로 행동한다.

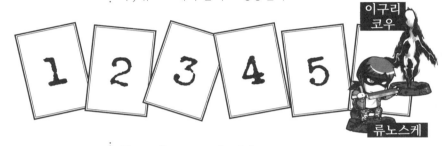

(역주 : 에라타에 따르면 사실【소환】의 타겟 언급 부분은 규칙 오류. 원래는 범위공격이 아니라 대상 1개체를 지정하는 어빌리티입니다)

류노스케	……자, 와라.
GM	《혼돈》을 사용한 【기본공격】은 피할 것 같네요. 그럼【소환】을 씁니다.
타마코	응?
GM	임의의 속도에 있는 캐릭터 전원을 목표로 삼고, 「괴이」분야에서 랜덤으로 지정특기를 골라서 명중판정. 회피판정에 -3의 수정이 붙고, 2D6 대미지를 주는 어빌리티에요. 인간이 사용하면【이성치】가 1 줄어들지만 인간이 아니니까 문제없음.
류노스케	……2D6 대미지의 범위공격이라. 여자애들 먼저 보내길 잘했네.
GM	이구리 코우가 머리로 보이는 덩어리를 들어 올리자 빼곡히 돋은 솜털 같은 것이 가늘

	게 떨리고, 당신의 머리에 울리는 진동음이 커집니다. 뿌옇게 흐려지는 시야 속에서, 숲 속으로부터 공장 부지 안으로 제2, 제3의 하얀 그림자가 들어오는 것이 보입니다.
마아야	우와아, 왔다왔다왔다!
GM	【소환】의 지정특기는 (주사위 굴림) ······ 《죽음》. 명중판정은 성공! 회피하려면 《죽음》으로, -3이에요.
류노스케	······희한한 우연인데.
GM	?
류노스케	《죽음》은 가지고 있어.
마아야	······오오! 명중판정과 같은 특기로 회피할 수 있으니까 +1이야.
류노스케	**목표치 7**로 판정해서······ (주사위 굴림) 성공!
미노리	해냈다!
류노스케	쇄도하는 하얀 그림자의 공격을 피해 다니면서 【기본공격】. (주사위 굴림) 성공!
GM	(주사위 굴림) ······회피는 실패입니다.
류노스케	(주사위 굴림) ······작별 선물로 4점 대미지!
GM	지금까지는 계속 살도 뼈도 없는 부드러운 것을 때리는 느낌이었지만, 삽으로 연달아 타격을 주는 사이에 상대의 안쪽에서 뭔가가 뿌직뿌직 끊어지는 것이 느껴집니다. 쓰러질 것 같지는 않지만 조금 비틀거리는 것처럼 보입니다.

목표치 7
실은 착각. 본래 회피판정의 목표치는 「자신의 속도 +4」이므로 속도 6의 류노스케의 경우 회피판정의 목표치는 10이 되어야 한다. 거기에 【소환】의 -3의 수정이 붙고, 《죽음》특기를 가지고 있으므로 +1의 수정이 붙는다. 결국 2D6에서 6더블이 나오지 않으면 성공하지 못해야 옳다. 『시노비가미』의 규칙과 혼동해서 이런 착각을 한 것으로 보인다. 세션이 무르익어서 아무도 눈치채지 못한 모양이다. 이렇게 규칙을 틀린 경우, 그걸 눈치챘더라도 게임의 전개를 되감지 않을 것을 추천하는 바이다. 그리고 그 후부터 올바른 규칙을 운용해주기 바란다.

155

타마코	류 오빠, 굉장해.
류노스케	한 방 갚아준 셈인가. 라운드가 끝났다면 도 주판정을 하겠어.
GM	네. 〈냄새〉로 부탁해요.
류노스케	(주사위 굴림) ……드디어 성공!
GM	그럼 전원 도주에 성공했습니다. **클라이맥스 페이즈의 전투는 종료**입니다.
일동	와아아! (환성)

클라이맥스 페이즈의 전투는 종료
PC가 전원 도주했으므로 전투의 승자는 이구리 코우. 이구리 코우는 전과로 PC 중 누군가의 【거처】를 얻었다.

  하얀 그림자와 맞서는 류노스케의 눈앞에 타마코가 운전하는 봉고차가 타이어를 뒤틀며 뛰어들었다.
  활짝 열린 옆쪽의 슬라이드 도어에서 미노리와 마아야가 몸을 내밀었다.
「류 오빠, 빨리! 빨리 타!」
  그 손을 잡고 류노스케는 차 안으로 뛰어들었다.
  문을 채 닫기도 전에 차는 급히 출발했다.

GM	공장 부지를 뒤로하고 차는 맹렬한 스피드로 비탈길을 내려갑니다. 얼마 안 가서 왠지 모르게 낯익은 길이 나옵니다. 갓길의 나무에 차에 스친 자국이 있네요.
마아야	사고현장이다. 여기였구나.
타마코	가토 군, 결국 못 구했네. 마지막으로 돌아보…….
미노리	(막으며) 그만둬, 타마. 가토 군의 모습이 보이기라도 하면 무서워.
타마코	……우와아. 상상했어. 그만두자. 절대 백미러 안 볼래.

GM   네. 그럼 더 아래로 가니 여러분의 차를 세워둔 장소가 나옵니다.

류노스케   차 갈아타고 어서 내려가자.

타마코는 산에서 빠져나와 평지에 도착해서야 비로소 조심스럽게 뒤를 돌아봤다.

별이 빛나는 밤하늘로 굴뚝에서 흘러나온 연기가 희미하게 피어올랐다.

뭔가가 그 위를 날아가는 것이 보인 것 같았다.

9. 당신의 손 ●●●●●●●●

「마린」에 돌아온 일동은 그대로 하룻밤 묵기로 했다.

조금이나마 안심하고자 모기향을 피우고, 자욱한 연기 속에서 하룻밤을 보냈다.

GM   그럼 전원《꿈》으로 굴려주세요. 공포판정은 아닙니다.

일동   (웅성웅성)

《꿈》판정에 성공한 마아야, 타마코, 류노스케는 꿈을 꿨다.

어딘가 어두운 곳에 있는 모래사장에서 회색 수면을 보고 있다.

그 입방체와 동류로 보이는 질감이었지만, 훨씬 거대한 수면이다.

아득히 먼 곳에서 뭔가 이상한 형태를 한 것들이 꿈틀거리고 있다.

압도적인 공포와 이상한 그리움이 치밀어오른다.

그쪽으로 가고 싶었지만 도저히 갈 수 없다.

슬프구나. 쓸쓸하구나. 그런 기분에 사로잡혀 눈을 떴다.

GM	부르는 목소리는 잦아든 모양입니다. 다만, 건너편에 가고 싶었는데……. 언젠가 갈 수 있을까……. 그런 생각이 듭니다.
타마코	나, 왜 자면서 운 걸까.
마아야	바다에 가보고 싶었어.
류노스케	**겨울의 동해**와 비슷했어.
GM	마아야의 어머니도 계단을 내려와서 「뭔가 슬픈 꿈을 꿨어…….」
미노리	「어, 다들 무슨 일이야?」 꿈을 꾸지 않아서 혼자 곤혹스러운 얼굴.
마아야	일단 위기는 면한…… 거지?
타마코	그러고 보면 아무도 못 봤는데 **마아야 언니의 【비밀】은 뭐였어?**
마아야	나는 이랬어.

겨울의 동해
겨울의 동해는 더 거칠지만, 보고 있으면 쓸쓸한 기분이 드는 건 마찬가지일지도 모른다.

마아야 언니의 【비밀】은 뭐였어?
클라이맥스 페이즈가 되면 회상 장면 등을 사용하여 자신의 【비밀】을 스스로 공개할 수 있게 된다.

　마아야의 【비밀】에는 이렇게 적혀 있었다.
「【비밀】: 당신은 히스미산에서의 사고 이후 가토에게 상담을 한번 받았다. 사고 이래로 가토는 이상한 것을 보게 되었다. 그것은 『잘 아는 얼굴을 한 무언가』였다고 한다. 그리고 가토가 실종되기 전날, 당신도 창문으로 자기 방을 엿보는 얼굴을 봤다. 『잘 아는 얼굴』이었다. 당신은 지금 자신도 가토처럼 실종되는 것이 아닐까 하는 공포에 사로잡혔다. 당신의 진정한 【사명】은 「잘 아는 얼굴」의 정체를 밝히고 자신의 안전을 확보하는 것이다. 쇼크: 전원」

류노스케	우오.
마아야	「잘 아는 얼굴」이라는 거 「무지나」지? 이렇게 적혀있는 걸 보아하니 내 얼굴을 한 무지나가 있었겠지, 아마.

미노리	날 미행하던 누군가도 그런 거겠지. 우리 중 누군가도 아니고, 가토 군도 아닌.
마아야	【사명】은 달성했다고 봐도 될까?
GM	좋습니다. 두 사람 모두 달성입니다.
미노리	잘 됐다!
타마코	나도 OK겠지. 회색 바다의 꿈을 꾸지 않게 되었다면.
류노스케	나도 「이 사건의 배후에 있는 인물이 누구인지를 밝혀낸다」가 【사명】이었으니까 그 관리인을 발견한 시점에서 클리어인가?
GM	OK입니다. 타마코 양은 회색의 입방체를 파괴했으므로 클리어에요.
타마코	후우. 태워두길 잘했다.
미노리	거 봐! 역시 수상한 건 태우는 게 정답이야! 난 옳았어!
마아야	이런. 미노리의 **좋지 못한 학습**이 강화됐어. (웃음)
류노스케	……그렇지. 가토 군의 핸드폰 충전해보고 싶은데.
GM	그럼, 전원을 넣고 조사하면 여러분에게 보낸 문자가 남아있어요. 그 후에는 산속을 조사를 하면서 사진을 찍은 것 같네요. 뒤에서 두 장째는 덤불 속에 서서 이쪽을 보고 있는 가토 군이 찍혀 있어요. 그리고 마지막 한 장은 초점이 매우 흔들리긴 했지만, 아까보다 더 가까이 와 있는 가토 군입니다.
타마코	윽…….

좋지 못한 학습
수상한 것은 일단 태우는, 오물은 소독식 해결법.

159

마아야	또 다른 자신에게 습격당했나 봐.
미노리	가토 군은 지금도 실종 상태겠지……. 손목은 짐과 함께 경찰에 보내자. 도와달라는 문자가 와서 산속을 찾았더니 이것을 발견했다고 설명할게.
GM	손목이라는 물증이 있어서 제법 일이 커졌습니다. 여러분도 사정 청취에 불려갔고, 산 위의 공장도 경찰이 조사에 들어갑니다.
타마코	그 남자, 체포됐을까? 묶은 채로 내버려 뒀는데.
미노리	아직 그 정체 모를 것들이 산속을 배회하고 있을까?
GM	어느 정도 시간이 지난 어느 날, 류노스케 씨의 방에 경찰이 옵니다.
류노스케	어? 뭘까?

「사코미즈 씨지요? 실례되는 질문입니다만, 의수를 쓰십니까?」

현경(県警)의 형사라고 자신을 소개한 남자는 입을 열자마자 그렇게 말했다.

「의수? 아뇨, 보시다시피.」

멀쩡한 손을 들어서 보여주자 형사는 빤히 그 손을 봤다.

「무슨 일이지요?」

류노스케가 묻자 형사는 조금 망설인 뒤에 입을 열었다.

「발견된 손목 말입니다만, 지문이 당신의 것과 일치했습니다.」

「……네?」

류노스케는 혼란에 빠졌다.

——그건 가토의 손목이 아니었나?

「하지만 당신에게는 손목이 있는 것 같군요…….」형사
는 류노스케의 손을 의심스럽다는 눈으로 바라봤지만, 곧
시선을 돌렸다.

「뭐어, 뭔가 짚이는 게 있으면 알려주십시오.」

형사는 출입문에서 물러나며 돌아가려다 갑자기 움직임
을 멈췄다.

「아, 그러고 보면…… 쌍둥이 형제가 계십니까?」

「……아뇨. 남동생은 있습니다만.」

「그렇습니까──」형사는 다시 류노스케를 보고, 이렇
게 말했다.

**「──댁에 도착했을 때, 현관 앞에서 당신과 쏙 빼닮은 분
이랑 스쳐 지나갔거든요.」**

(끝)

inSANe

규칙 파트

「공포의 극장」
Theater of Horror

시작하기에 앞서

이 책에는 이야기를 나누고 주사위를 굴리면서 다른 세계에서의 모험을 즐기는 테이블 토크 RPG의 규칙이 적혀 있습니다. 이 게임에서는 자기가 만든 캐릭터의 입장이 되어(이것을 롤플레이라고 합니다) 모험을 하게 됩니다. 롤플레이를 어떻게 해야 하는지는 리플레이 파트를 참조하시기 바랍니다.

이 규칙 파트에서는 실제로 게임을 진행하는 방법이 적혀 있습니다. 단, 테이블 토크 RPG에서는 다양한 시도가 가능하므로 모든 것을 규칙으로 정의하지는 않습니다. 플레이어가 규칙에 없는 것을 시도하고 싶어 한다면, 게임 마스터는 게임이 재미있어지도록 임의로 규칙을 변경하거나 조정해도 좋습니다.

● 특별한 용어

이 규칙에서 아래의 표기에는 특별한 의미가 있습니다.

nd6: 주사위를 n개 굴리고 합계를 냅니다. 예컨대 1D6이라면 주사위를 하나 굴리고 주사위 눈의 수치를 사용합니다. 2D6이라면 주사위를 2개 굴리고 주사위 눈의 합계치를 사용합니다.

D66: 주사위를 2개 굴리고 눈이 더 작은 쪽의 숫자를 10의 자리, 큰 쪽을 1의 자리로 간주하여 11~66의 수를 냅니다. 특수한 방식의 주사위 굴림입니다.

【 】: 게임상의 특수한 데이터를 의미합니다. 캐릭터의 생명력, 이성치, 호기심, 공포심, 정보(거처, 비밀), 감정, 광기, 어빌리티 등에 사용합니다.

《 》: 캐릭터의 특기를 의미합니다. 만약 / 뒤에 글자가 적혀 있다면, 그것은 해당하는 특기가 캐릭터 시트의 특기 리스트에서 어느 위치에 있는지를 나타냅니다. 예컨대《소리/지각7》이라고 적혀있다면 소리라는 특기가 지각 분야의 7번 항목에 있음을 나타냅니다.

세션: 『인세인』에서는 1회의 게임을 세션이라고 부릅니다.

GM: 게임 마스터의 약자입니다. 시나리오 작성, 게임 진행, 규칙 심판, 캐릭터 롤플레이, 이야기의 전개를 맡습니다.

플레이어: 캐릭터를 사용하여 게임 마스터의 시나리오에 도전하는 게임 참가자입니다. 모두 자신만의 캐릭터를 만들어서 게임에 참가합니다.

캐릭터: 게임에 등장하는 가상의 인격. 플레이어는 전용 캐릭터를 제작 및 조작해서 게임을 진행합니다.

PC: 플레이어가 조종하는 캐릭터를 의미합니다. 이름이나 직업, 특기나 어빌리티를 설정해서 간단하게 만들 수 있습니다.

NPC: 플레이어가 조종하지 않는 캐릭터를 의미합니다. 원칙상 게임 마스터가 조작합니다.

● 게임에 필요한 것

게임에는 아래의 준비물이 필요합니다.

규칙책: 이 책이 필요합니다. 한 권만 있어도 플레이할 수 있지만, 참가자 수만큼 마련해두면 더 쾌적하게 플레이할 수 있습니다.

시트류: 캐릭터 시트, 규칙 요약본 같은 각종 시트를 참가자 수만큼 복사해둬야 합니다. 또, 전투 시트의 복사본이 한 장 필요합니다.

비밀과 광기: 시나리오에 사용할 핸드아웃이나 【광기】를 복사하고 오려서 한 장씩 카드 형태로 만듭니다. 이때, 카드로 만든 【비밀】이나 【광기】는 카드 게임용 슬리브에 넣거나 두꺼운 종이에 붙여두면 쓰기에 편합니다.

주사위: 플레이어라면 각자 3개 정도의 6면체 주사위가 필요합니다. 게임 마스터는 6개 이상 준비해야 합니다.

게임 말: 전투할 때 자신의 속도를 관리하기 위한 게임 말입니다. 등장인물의 수만큼 준비해야 합니다.

1 캐릭터

이 규칙은 플레이어가 자신만의 캐릭터를 제작하는 데 사용합니다. 『인세인』의 캐릭터는 어떤 괴사건의 관계자가 됩니다. 캐릭터들은 초자연적인 운명이나 저주받은 혈통, 또는 우연으로 인해 괴사건의 관계자가 됩니다. 이들을 가리켜 봉마인(逢魔人; 오마가비토)이라고 합니다.

플레이어는 캐릭터 시트를 복사하거나 다운로드 후 인쇄하여 전용 캐릭터 시트를 준비합니다. 그리고 각자 이제부터 설명하는 규칙에 따라서 자신의 봉마인을 제작합니다.

1.01 캐릭터의 개성

게임 마스터가 준비한 무대의 배경에 따라 자기 캐릭터의 이름을 정합니다.

이 책에는 현대 일본, 금주법 시대의 미국, 빅토리아 시대의 영국 등을 무대로 할 때의 「이름표」가 수록되어 있습니다. 이것들을 사용하여 무작위로 이름을 결정할 수도 있습니다.

또, 이름과 함께 성별이나 연령도 결정합니다.

현대 일본 성 결정표	
1	일본 성 표
2	특수혈통 성 표
3	괴기 성 표
4	괴기 성 표
5	20년대 성 결정표로 가시오
6	빅토리아 시대 성 결정표로 가시오

현대 일본 이름 결정표	
1	일본 이름 표
2	일본 이름 표
3	괴기 이름 표
4	괴기 이름 표
5	기상천외 이름 표
6	유럽·미국 이름 표

20년대 성 결정표	
1	유럽·미국 성 표
2	유럽·미국 성 표
3	러브크래프트풍 성 표
4	러브크래프트풍 성 표
5	감독계 성 표
6	작가계 성 표

20년대 이름 결정표	
1	유럽·미국 이름 표
2	유럽·미국 이름 표
3	범죄자 이름 표
4	범죄자 이름 표
5	유럽·미국 괴기 이름 표
6	아이콘 이름 표

빅토리아 시대 성 결정표	
1	유럽·미국 성 표
2	유럽·미국 성 표
3	신사숙녀 성 표
4	신사숙녀 성 표
5	배우계 성 표
6	작가계 성 표

빅토리아 시대 이름 결정표	
1	유럽·미국 이름 표
2	유럽·미국 이름 표
3	귀족계 이름 표
4	귀족계 이름 표
5	유럽·미국 괴기 이름 표
6	아이콘 이름 표

일본 성 표

11	사사키(佐々木)	33	가토(加藤)
12	다나카(田中)	34	요시다(吉田)
13	스즈키(鈴木)	35	사이토(斎藤)
14	사토(佐藤)	36	시미즈(清水)
15	야마다(山田)	44	야마구치(山口)
16	타카하시(高橋)	45	마츠모토(松本)
22	와타나베(渡辺)	46	이노우에(井上)
23	이토(伊藤)	55	키무라(木村)
24	야마모토(山本)	56	하야시(林)
25	야마자키(山崎)	66	인세인(淫泉院)
26	코바야시(小林)		

특수혈통 성 표

11	나이바라(內原)	33	챠구나(茶久那)
12	니구라시(尼暮)	34	이시안(石庵)
13	카타노(堅野)	35	테케리리(照蹴里)
14	하스다(蓮田)	36	이타카(夷鷹)
15	쿠츠구와(窟桑)	44	이소구사(磯草)
16	미고(御護)	45	우루타(潤多)
22	우보(宇母)	46	아토라쿠(痕樂)
23	요구(夜俱)	55	하이토라(灰寅)
24	루루이에(留々家)	56	다곤(蛇魂)
25	샤타쿠(沙焚)	66	쿠즈류(九頭竜)
26	아자토(字戶)		

괴기 성 표

11	무라세(村瀬)	33	히노(日野)
12	츠키모리(月森)	34	키가타(鬼形)
13	타니야마(谷山)	35	야마노베(山ノ辺)
14	미조로기(溝呂木)	36	소노자키(園崎)
15	나카무라(中村)	44	스이젠지(水前寺)
16	사에키(佐伯)	45	야마무라(山村)
22	타케우치(竹內)	46	사오토메(早乙女)
23	하카바(墓場)	55	타미야(田宮)
24	쿠로이(黑井)	56	하타(秦)
25	히에다(稗田)	66	키쿠시마(菊島)
26	카와카미(川上)		

러브크래프트풍 성 표

11	마쉬	33	먼로
12	아미티지	34	파커
13	웨스트	35	스펜서
14	웨이틀리	36	카터
15	찬	44	알하자드
16	픽맨	45	원스럽
22	캘리튼	46	탈보트
23	크로포드	55	오즈본
24	덱스터	56	메이슨
25	비숍	66	월터즈
26	소여		

감독계 성 표

11	로메로	33	해리하우젠
12	아르젠토	34	무르나우
13	풀치	35	캐슬
14	후버	36	뷰트게라이트
15	단테	44	로스
16	카펜터	45	크로넨버그
22	랜디스	46	린치
23	라이미	55	그레이븐
24	사비니	56	핀처
25	잭슨	66	히치콕
26	프리드킨		

작가계 성 표

11	킹	33	쿤츠
12	스토커	34	셸리
13	블록	35	포
14	스미스	36	멜빌
15	블랙우드	44	루르
16	윌스	45	케첨
22	랜스데일	46	키츠
23	요빌	55	시몬스
24	라이스	56	매시슨
25	럼리	66	바커
26	브래드베리		

유럽·미국 성 표

11	아크로이드	22	본드	34	더글러스	55	네이션
12	앤더슨	23	부쉬	35	존슨	56	피트
13	베이컨	24	카멜론	36	레논	66	리드
14	베이커	25	버로우스	44	매클라우드		
15	볼드윈	26	에이스	45	밀즈		
16	블랙모어	33	고든	46	프리먼		

신사숙녀 성 표

11	홈즈	33	하그리브스
12	에롤	34	하데겐
13	그리핀	35	아보트
14	마치	36	쿼터메인
15	모로	44	히스크리프
16	에이하브	45	도일
22	오길비	46	제라드
23	그레이	55	몬데고
24	리델	56	하커
25	죠스터	66	모리어티
26	지킬		

배우계 성 표

11	리	33	키아
12	커싱	34	캠벨
13	잉글랜드	35	두카브니
14	카로라	36	니콜슨
15	포리	44	얀센
16	루고시	45	란체스터
22	프라이스	46	골드브럼
23	체이니	55	리치
24	글로버	56	크라우스
25	코넬리	66	더닝
26	서더랜드		

일본 이름 표

11	렌/ 蓮, 恋	유이/ 唯, 由衣	33	료타/ 亮太, 龍太	린/ 凜, 鈴
12	소타/ 颯太, 蒼汰	리오/ 里桜, 梨央	34	하루/ 春, 羽瑠	아카리/ 灯, 明里
13	야마토/ 大和, 山門	유나/ 湯女, 優菜	35	타쿠미/ 巧, 匠	호노카/ 仄, 穂乃花
14	유토/ 悠人, 優翔	히나/ 雛, 陽奈	36	소지/ 宗史, 総司	아오이/ 葵, 蒼
15	이츠키/ 斎, 樹	코하루/ 小春, 小晴	44	류가/ 流河, 龍牙	사쿠라/ 桜, 櫻
16	유이토/ 結人, 唯翔	히나타/ 日向, 日葵	45	코우키/ 光輝, 弘紀	히마리/ 日毬, 妃万里
22	유마/ 雄馬, 勇磨	메이/ 命, 芽生	46	카이토/ 海斗, 快斗	사라/ 沙羅, 唉良
23	코타로/ 小太郎, 虎太郎	사키/ 早紀, 咲	55	유세이/ 勇誠, 遊星	리코/ 璃子, 梨心
24	유키/ 裕樹, 雄喜	미유/ 美夢, 美夕	56	료우/ 良, 凉	아야네/ 綾音, 文寝
25	소스케/ 宗佑, 聡介	코코나/ 心奈, 狐々菜	66	유타카/ 豊, 穣	유즈키/ 湯月, 佑月
26	소마/ 蒼真, 颯眞	하루카/ 遙香, 晴香			

기상천외 이름 표

11	엔마/ 閻魔, 怨真	아슈라/ 阿修羅, 亜酒裸	33	호로비/ 滅, 亡	도쿠로/ 髑髏, 毒露
12	하레츠/ 破裂, 晴継	오도로/ 驚, 棘	34	무잔/ 無惨, 夢斬	오와리/ 終, 落割
13	치시부키/ 血飛沫, 痴渋鬼	유가미/ 歪美, 遊画美	35	이콘/ 遺恨, 偶像	이노리/ 祈, 依乃里
14	다쿠(다크)/ 堕悪, 暗黑	네쿠로(네크로)/ 根黒, 祢九呂	36	지고쿠/ 地獄, 慈極	요미/ 黄泉, 夜巳
15	야마이/ 病, 夜舞	타타리/ 祟, 蛇々理	44	카오스/ 華悪崇, 混沌	미치/ 未知, 美千
16	시비토/ 死人, 死美登	케모노/ 獣, 怪者	45	카이키/ 怪奇, 戒紀	모쿠즈/ 藻屑, 黙豆
22	노로이/ 呪, 鈍	우라미/ 怨, 裏美	46	카루토(컬트)/ 狩斗, 歌琉徒	린네/ 輪廻, 鱗音
23	쿠몬/ 苦悶, 狗門	후란/ 腐乱, 降卵	55	아쿠무/ 悪夢, 飽夢	산게/ 散華, 賛戯
24	두우무(둠)/ 導無, 滅亡	사이코/ 彩子, 災呼	56	료우키/ 猟奇, 霊忌	고아(고어)/ 橵亜, 吾鴉
25	구루(구울)/ 愚流, 具売	마미(미미)/ 魔美, 木乃伊	66	존비(좀비)/ 損美, 脅火	오바케/ 悪化怪, 王罵卦
26	무쿠로/ 骸, 夢玄	카바네/ 屍, 樺音			

괴기 이름 표

11	나오키/ 直樹	마유/ 繭, 真由	33	미미오/ 耳雄, 視魅男	루카/ 留禍, 琉香
12	요우/ 耀, 妖	마도카/ 円香, 窓花	34	레이/ 礼, 零	미도리코/ 緑子, 碧子
13	카즈야/ 一也, 和哉	마이/ 麻衣, 舞	35	소우/ 想, 葬	타마미/ 玉美, 魂魅
14	코우소우/ 紅造, 耕蔵	쿠키코/ 九鬼子, 久喜子	36	케이이치/ 圭一, 京市	시온/ 詩音, 死怨
15	켄지/ 健二, 賢治	미미코/ 美々子, 未海子	44	타츠키/ 龍揮, 断鬼	마미/ 魔魅, 真美
16	토시오/ 俊雄, 慧男	카야코/ 伽倻子, 茅子	45	류지/ 竜志, 流路	사다코/ 貞子, 猿田子
22	타몬/ 多聞, 蛇紋	요리코/ 依子, 託子	46	마코/ 魔子, 真心	히데시/ 日出志, 英士
23	키타로/ 鬼太郎, 奇太朗	유메코/ 夢子, 由女子	55	이에몬/ 伊右衛門, 家門	이와/ 岩, 伊和
24	사이가/ 齋呀, 砕禍	미사/ 美沙, 弥撒	56	마사히코/ 雅彦, 聖比古	유리코/ 遊離子, 百合子
25	레이지로/ 礼次郎, 霊二朗	미카/ 未加, 蜜柑	66	코헤이/ 公平, 幸平	나미/ 奈美, 七海
26	쥰지/ 潤二, 殉児	토미에/ 富江, 十巳絵			

범죄자 이름 표

11	테드	잔느	33	스튜어트	로즈
12	알버트	오마이마	34	클라이드	보니
13	페이터	막달레나	35	길버트	리지
14	제프리	수잔	36	해리	프리실라
15	프레데릭	패트리시아	44	빅터	브리짓
16	리처드	브랜다	45	데니스	크리스틴
22	아더	루스	46	갤리코	샤를린
23	에드워드	진	55	러키	폴린
24	안드레이	오르가	56	페르난데스	마사
25	웨인	이디스	66	디벤드라	테르마
26	사이몬	리디아			

유럽·미국 괴기 이름 표

11	앨런	캐리	33	아민	카밀라
12	제이슨	트리시	34	루이	리건
13	기즈모	웬즈데이	35	다미안	티리아
14	처키	제니퍼	36	핀헤드	안젤릭
15	더디츠	미저리	44	프레디	낸시
16	한니발	클라리스	45	마틴	산타니코
22	하버트	케지아	46	이카보트	카톨리나
23	애시	사마라	55	가바린	오드리
24	버브	오반바	56	카란바	사란드라
25	프랭큰	크리스틴	66	이모텝	이루사
26	베리알	로즈마리			

아이콘 이름 표

11	엘비스	마릴린	33	클라크	다이아나
12	프린스	마돈나	34	어네스트	버지니아
13	마이클	비욘세	35	타이거	마르티나
14	폴	신디	36	봅	바비
15	살바도르	비요크	44	미키	미니
16	믹	재니스	45	스티브	오프라
22	마론	마레네	46	버락	콘드리자
23	브래드	안젤리나	55	아돌프	마리
24	앤디	요코	56	지저스	테레사
25	데이비드	브리트니	66	가이	레이디
26	알레이스타	패리스			

유럽·미국 이름 표

11	존	앨리스	33	크리스토퍼	머라이어
12	로버트	애비게일	34	하베이	마가렛
13	잭	이자벨라	35	헨리	미네르바
14	노먼	도로시	36	이안	모니카
15	버나비	피오나	44	아이작	노마
16	듀이	에스타	45	빈센트	로베르타
22	도널드	아이리스	46	켄지	수잔나
23	엘리엇	홀리	55	로이드	비비안
24	유진	제시카	56	막시밀리안	멜리사
25	로미오	줄리엣	66	란돌프	소피아
26	기데온	로라			

귀족계 이름 표

11	베이더	레아	33	브루스	멜라니
12	제임스	아델라	34	저스틴	나탈리아
13	호레스	유니티	35	고드프리	빅토리아
14	알제논	아나스타시아	36	윌리엄	제인
15	찰스	엘리자베스	44	엘더리온	아르웬
16	페레그린	메리	45	랄프	나다
22	를르슈	나나리	46	프리트우드	로지
23	아담	아그네스	55	라인하르트	안네로제
24	조슈아	세리나	56	에드거	헬레나
25	올리버	프란세스	66	유판드라	크리스틴
26	알프레드	오거스터			

1.02 캐릭터의 직업

 자기 캐릭터의 직업을 결정합니다.「직업표」안에서 원하는 것을 하나 선택합니다. D66을 사용하여 무작위로 직업을 선택할 수도 있습니다.
 직업을 결정하면 캐릭터의 특기 두 종류가 자동으로 결정됩니다. 특기에 대해서는「1.04 캐릭터의 특기」항목을 참조하기 바랍니다.

	직업	특기		직업	특기
			직업표		
11	고고학자	《풍경》,《고고학》	33	기술자	《전자기기》,《기계》
12	갱	《고문》,《노여움》	34	도둑	《그늘》,《함정》
13	탐정	《제육감》,《수학》	35	예능인	《기쁨》,《예술》
14	경찰	《사격》,《추적》	36	작가	《걱정》,《교양》
15	호사가	《예술》,《인류학》	44	모험가	《구타》,《탈것》
16	의사	《절단》,《의학》	45	사서	《정리》,《미디어》
22	교수	지식 분야에서 아무거나 둘	46	요리사	《소각》,《맛》
23	성직자	《부끄러움》,《친애》	55	사업가	《인내》,《효율》
24	심리학자	정서 분야에서 아무거나 둘	56	호스티스	《웃음》,《관능》
25	학생	정서 분야와 지식 분야에서 아무거나 하나씩	66	경호원	폭력 분야에서 아무거나 둘
26	기자	《놀람》,《미디어》			

1.02.01 직업의 자작

 게임 마스터가 허가한다면, 플레이어는「직업표」에 없는 직업을 선택할 수도 있습니다. 자기 캐릭터의 것으로 채용하고 싶은 직업을 게임 마스터에게 이야기합니다. 이때 게임 마스터는 해당 직업에 어울리는 특기를 두 종류 선택해줍니다.

1.03 캐릭터의 공적점

 공적점이란 해당 캐릭터가 봉마인의 사명을 달성했는지, 또는 마주친 괴이의 수수께끼를 풀었는지를 나타내는 것입니다. 게임을 시작할 때는 0점이며, 게임을 끝낼 때마다 획득할 수 있습니다.
 이 수치를 소비해서 캐릭터를 성장시킬 수 있습니다.

1.04 캐릭터의 특기

이어서 캐릭터의 특기를 결정합니다. 봉마인으로서 괴이와 만난 경험이나 선천적인 장점 등을 나타냅니다. 특기는 행동판정을 할 때 사용합니다. 자세한 것은 「2 행동판정」 항목을 참조하기 바랍니다.

특기에는 여섯 개의 분야가 있습니다. 우선 각 분야와 그에 따라 분류한 특기를 소개합니다.

●폭력

누군가에게 육체적, 정신적으로 고통을 주기 위한 방법입니다. 폭력 분야의 특기를 가지고 있는 캐릭터는 자신을 위험한 존재로 보이게 하거나 남을 괴롭히는 것이 장기입니다. 폭력 분야에는 다음과 같이 11종류의 특기가 있습니다.

소각: 불이나 열을 다루는 기술. 발화성 물질에 관해서도 잘 알게 된다.
고문: 남에게 고통을 줘서 자기 뜻대로 움직이도록 강요하는 기술.
포박: 밧줄이나 기구를 사용해서 상대의 자유를 빼앗고 구속하는 기술.
협박: 약점을 잡거나 폭력을 바탕으로 위협하는 기술.
파괴: 물건이나 인체를 부수거나 무너트리는 기술.
구타: 때리고 차는 기술. 싸움에 강하다.
절단: 날붙이를 사용해서 물건이나 생물의 일부를 잘라내는 기술.
찌르기: 뭔가에 끝이 뾰족한 것을 뚫어지거나 들어가도록 꽂아 넣는 기술.
사격: 총이나 화살 같은 사출 무기를 능숙하게 다루는 기술.
전쟁: 다수를 동원하는 싸움을 지휘하는 기술.
매장: 흙 속이나 물속에 뭔가를 파묻거나 가라앉히는 기술.

●정서

매사를 대하면서 느끼는 다양한 기분입니다. 정서 분야의 특기를 가지고 있는 캐릭터는 자신의 감정을 표현하거나 남의 기분을 이해하는 것이 장기입니다. 정서 분야에는 다음과 같이 11종류의 특기가 있습니다.

연심: 애절할 정도로 누군가를 좋아하게 되는 정서.
기쁨: 기뻐하거나, 즐거워하는 것. 기분 좋은 경험.

걱정: 어둡고 답답한 기분. 고민거리 등에 관련된 경험.

부끄러움: 자신의 실패나 단점에 대한 자각. 사회의 상식에서 벗어난 것에 관련된 경험.

웃음: 우습거나 해학적인 몸짓이나 농담.

인내: 감정을 억누르고 남에게 드러내지 않는 기술.

놀람: 예상하지 못했던 일에 대한 반응. 깜짝 놀란 경험.

노여움: 불쾌한 기분의 폭발. 타인을 꾸짖는 기술.

원한: 타인이나 자신에 대한 불만이나 후회, 증오 등.

슬픔: 실망감이나 좌절감, 상실감 등.

친애: 가족이나 친구를 사랑하는 마음. 배려심.

●지각

다양한 감각기관을 이용하여 주위에서 일어나는 사건을 인식하는 방법입니다. 지각 분야의 특기를 가지고 있는 캐릭터는 위험을 알아차리거나 중요한 것을 발견하는 것이 장기입니다. 지각 분야에는 다음과 같이 11종류의 특기가 있습니다.

고통: 고통을 감지하는 감각. 자기 방위 능력이 높다.

관능: 쾌감을 감지하는 힘. 성적인 매력도 높다.

촉감: 촉각 정보를 감지하는 힘. 만져서 형태를 느낀다.

냄새: 후각 정보를 감지하는 힘. 냄새를 통한 식별이 가능하다.

맛: 미각 정보를 감지하는 힘. 요리 실력도 뛰어나다.

소리: 청각 정보를 감지하는 힘. 소리를 분간할 수 있다.

풍경: 시각 정보를 감지하는 힘. 색채나 공간을 인식하는 능력이 뛰어나다.

추적: 도망치는 것을 쫓아가는 기술.

예술: 다양한 소리나 그림의 아름다움을 느끼는 힘. 작품을 만드는 것도 포함.

제육감: 사물의 본질을 직감적으로 느끼는 힘. 감.

그늘: 숨겨진 것이나 사각을 발견하는 통찰력.

●기술

물건을 만들거나, 만들어진 물건을 조작하는 방법입니다. 기술 분야의 특기를 가지고 있는 캐릭터는 손재주를 발휘하거나 효율적으로 행동하는 것이 장기입니다. 기술 분야에는 다음과 같이 11종류의 특기가 있습니다.

분해: 여러 부품으로 구성된 물품을 해체, 분리하는 기술.
전자기기: 전자공학과 해당 산물에 관한 지식 및 기술.
정리: 어지럽혀진 상태의 대상을 정리하는 기술.
약품: 약이나 독 등에 관한 지식. 조합기술.
효율: 적은 노력으로 성과를 거두는 기술. 작업을 서두르기 위해서도 필요.
미디어: 신문이나 TV, 인터넷 등의 정보 매체에 관한 지식이나 기술.
카메라: 사진이나 영상을 촬영하기 위한 지식이나 기술.
탈것: 자동차나 바이크, 자전거 등의 탈것을 조종하는 기술.
기계: 기계공학과 해당 산물에 관한 지식 및 기술.
함정: 남을 곤경에 빠뜨리기 위한 기술이나 책략.
병기: 전투에 사용하는 기구나 기계, 무기에 관한 지식.

●지식

다양한 사건을 더 깊게 고찰하거나 연구하기 위한 이론 체계입니다. 지식 분야의 특기를 가지고 있는 캐릭터는 매사를 깊게 이해하거나 뭔가를 해석하는 것이 장기입니다. 지식 분야에는 다음과 같이 11종류의 특기가 있습니다.

물리학: 자연현상을 지배하는 보편적인 법칙에 관한 학문.
수학: 수나 양, 구조나 변화 등에 관한 학문. 산수 등.
화학: 물질의 성질이나 각 물질 간에 발생하는 반응 및 변화에 관한 학문.
생물학: 생물과 해당 생태, 발생이나 진화에 관한 학문.
의학: 인체의 병이나 건강, 치료법이나 예방법을 연구하는 학문.
교양: 해당 사회에서 살아가기 위한 폭넓은 지식. 법률이나 정치, 사회나 경제 등에 관한 지식.
인류학: 인류를 종합적으로 연구하는 학문.

역사: 여러 가지 역사를 연구하는 학문.
민속학: 민간에 전승되는 풍속이나 풍습 등에 관한 학문.
고고학: 유적이나 유물 등 고대의 흔적을 연구하는 학문.
천문학: 우주나 천체를 연구하는 학문.

●괴이

우리가 아는 평범한 세상에는 알려지지 않은 무시무시한 세계에 관련된 「무언가」입니다. 괴이 분야의 특기를 가지고 있는 캐릭터는 다양한 괴이에 대처하는 것이 장기입니다. 하지만 그만큼 어딘가 비정상적입니다. 괴이 분야에는 다음과 같이 11종류의 특기가 있습니다.

시간: 과거나 현재, 미래에 관한 비밀지식.
혼돈: 다양한 개념이 뒤섞인 상태. 천지창조에 관한 비밀지식.
심해: 심해에 관한 비밀지식.
죽음: 죽음과 사후 세계에 관한 비밀지식.
영혼: 육체를 잃은 후에도 여전히 남아 있는 존재에 관한 비밀지식.
마술: 괴이에 관한 종합적인 지식과 그것을 활용하는 방법.
암흑: 인간의 지각이나 의식을 가리는 어둠에 관한 비밀지식.
종말: 세계의 종착점에 관한 비밀지식.
꿈: 꿈이나 무의식의 영역에 관한 비밀지식.
지저: 땅속에 관한 비밀지식.
우주: 미지의 외우주에 관한 비밀지식.

캐릭터의 특기 중 두 종류는 직업에 따라 결정합니다. 「직업표」에서 자기 직업을 확인하고, 대응하는 특기 2개를 습득합니다.

그리고 마음대로 네 종류의 특기를 선택해 습득합니다.

이때, 괴이 분야의 특기를 한 종류 습득할 때마다 【이성치】가 1점 감소합니다. 【이성치】에 관해서는 「1.08 캐릭터의 이성치」 항목을 참조하기 바랍니다.

특기를 습득했다면 캐릭터의 특기 리스트에 있는 해당 특기의 이름에 ○를 칩니다.

1.05 캐릭터의 호기심

특기가 정해졌다면, 이번에는 자기 캐릭터가 가지고 있는【호기심】을 결정합니다.【호기심】은 해당 캐릭터가 유독 흥미를 느끼는 분야입니다. 자신이 선택한【호기심】에 대응하는 특기로 판정하는 경우, 코스트를 지급하면 주사위를 다시 굴릴 수 있습니다. 자세한 것은「2 행동판정」항목을 참조하기 바랍니다.

6개의 특기 분야 중에서 임의의 1개를 선택하여【호기심】란에 기재합니다. 그리고 특기 리스트에서 해당 분야의 특기명 좌우에 있는 좁은 □를 검게 칠합니다.

이 좁은 □를 갭이라고 부릅니다. 검게 칠한 갭은 존재하지 않는 것으로 간주합니다.

【호기심】으로 폭력을 선택했다면 오른쪽의 갭만을 검게 칠합니다. 또,【호기심】으로 괴이를 선택했다면 왼쪽에 있는 갭만을 검게 칠합니다.

1.06 캐릭터의 공포심

이어서【공포심】을 결정합니다.【공포심】은 캐릭터가 특히 무서워하는 현상이나 존재입니다. 특기 중에서 한 가지를 선택합니다. 자신이 습득하고 있는 것이든, 습득하지 않은 것이든 관계없습니다. 자신이【공포심】으로 선택한 특기로 공포판정을 할 때, 또는 자신이【공포심】으로 선택한 특기로 공격받아서 회피판정을 할 때 -2의 수정을 적용합니다. 자세한 것은「7 전투 장면」,「8 공포와 광기」항목을 참조하기 바랍니다.

특기 하나를 선택해서【공포심】란에 기재합니다. 그리고 특기 리스트에서 해당 특기의 체크란에 체크합니다.

1.07 캐릭터의 생명력

캐릭터는【생명력】이라는 수치를 가지고 있습니다.【생명력】은 해당 캐릭터의 육체적인 건강상태를 나타냅니다.【생명력】이 1점 이상이라면 해당 캐릭터는 규칙에 따라 다양한 행동을 할 수 있습니다.【생명력】이 0이된 캐릭터는 행동불능이라는 상태가 됩니다.

캐릭터는 게임을 시작할 때 6점의 【생명력】을 가집니다. 시작 시점의 수치가 곧 【생명력】의 최대치입니다. 캐릭터 시트의 【생명력】란에는 최대치를 써둡니다. 어빌리티를 습득하면 【생명력】의 최대치가 증가할 수도 있습니다. 자세한 것은 「1.09 캐릭터의 어빌리티」 항목을 참조하기 바랍니다.

1.07.01 생명력의 관리

게임 중 【생명력】의 현재치는 캐릭터 시트의 【생명력】 항목 우측에 있는 숫자를 사용하여 관리합니다.

캐릭터가 대미지를 입으면 해당 수치만큼 【생명력】이 감소합니다. 단, 【생명력】은 0점 미만이 되지는 않습니다.

캐릭터가 【생명력】을 회복하는 효과를 받으면 지정된 수치만큼 【생명력】이 증가합니다. 단, 【생명력】은 최대치보다 높아질 수 없습니다.

1.08 캐릭터의 이성치(正氣度)

캐릭터는 【이성치】라는 수치를 가지고 있습니다. 【이성치】는 해당 캐릭터의 정신적인 여유를 나타낸 것입니다. 캐릭터는 【이성치】만큼 【광기】를 현재화할 수 있습니다. 현재화한 【광기】의 수가 【이성치】보다 많아지면 해당 캐릭터는 착란상태라는 상태가 됩니다.

캐릭터는 게임을 시작할 때 6점의 【이성치】를 가집니다. 단, 괴이 분야의 특기를 하나 획득할 때마다 게임을 시작할 때의 【이성치】가 1점씩 감소합니다. 시작 시점의 수치가 곧 【이성치】의 최대치입니다. 캐릭터 시트의 【이성치】란에는 최대치를 적어둡니다. 어빌리티를 획득하면 【이성치】의 최대치가 증가할 수도 있습니다. 자세한 것은 「1.09 캐릭터의 어빌리티」 항목을 참조하기 바랍니다.

1.08.01 이성치 관리

게임 중 【이성치】 현재치는 캐릭터 시트의 【이성치】 항목 우측에 있는 숫자를 사용하여 관리합니다.

캐릭터가 쇼크를 받으면 해당 수치만큼 【이성치】가 감소합니다. 단, 【이성치】는 0 미만이 되지는 않습니다.

캐릭터가 【이성치】를 회복하는 효과를 받으면 지정된 수치만큼 【이성치】가 증가합니다. 단, 【이성치】는 최대치보다 높아질 수 없습니다.

1.09 캐릭터의 어빌리티

어빌리티란 봉마인이 습득한, 괴이와 싸우기 위한 특수능력입니다. 게임상으로 특수한 효과를 줍니다.

캐릭터를 작성할 때 봉마인은 두 종류의 어빌리티를 습득할 수 있습니다. 같은 이름의 어빌리티는 하나밖에 습득할 수 없습니다. 단, 효과에 「다중습득이 가능하다」라고 적혀있는 어빌리티는 이 제한에 해당하지 않습니다.

습득한 어빌리티는 캐릭터 시트의 어빌리티란에 이름을 기재합니다. 그리고 각 어빌리티마다 해당 어빌리티의 타입, 지정특기, 효과를 옮겨적습니다. 타입란에서는 해당 어빌리티의 타입에 해당하는 머리글자에 ○ 칩니다. 효과란에서는 해당 어빌리티가 가진 효과의 간단한 개요를 기재해도 되고, 해당 어빌리티가 적혀있는 페이지 수를 기재해도 됩니다.

또, 봉마인은 습득한 두 종류의 어빌리티와는 별개로 캐릭터 시트에 적혀있는 【기본공격】과 【전장이동】 어빌리티를 습득합니다. 【기본공격】의 지정특기란에는 임의의 특기를 하나 선택해서 기재합니다.

1.09.01 어빌리티의 타입

어빌리티에는 공격 어빌리티, 서포트 어빌리티, 장비 어빌리티의 세 가지 타입이 있습니다.

공격 어빌리티는 전투에서 자기 차례가 될 때마다 사용할 수 있고, 목표에게 대미지를 입힐 수 있습니다.

서포트 어빌리티는 모험을 지원하는 다양한 효과입니다. 효과란에 언제 사용할 수 있는지가 적혀 있습니다.

장비 어빌리티는 습득하면 항상 효과를 발휘하는 어빌리티입니다.

1.09.02 어빌리티의 지정특기

지정특기란 해당 어빌리티에 연동하는 특기의 이름입니다. 어빌리티의 사용자나 목표가 해당 특기로 판정합니다.

어빌리티 중에는 지정특기에 「자유」라고 적혀있는 것이 있습니다. 그런 경우는 특기 리스트에서 임의의 특기를 하나 선택해서 기재합니다. 또, 「(특기분야)에서 아무거나」라고 적혀있거나 여러 개의 특기명이 적혀있을 때는 해당 범위 내에서 임의의 특기를 하나 선택해서 기재합니다.

지정특기에 「가변」이라고 적혀있다면 해당 어빌리티를 사용할 때마다 지정특기가 달라집니다.

어빌리티: **공격**

🔥 트릭
타입 공격

지정특기 기술 분야에서 아무거나

효과 목표 1명을 선택하여 명중판정을 한다. 명중판정이 성공하고, 목표가 회피판정에 실패하면 목표에게 2점의 대미지를 입힌다. 이때 목표는 회피판정에 -2의 수정을 적용한다.

해설 기책을 사용하여 상대를 상처입힌다.

🔥 강타
타입 공격

지정특기 폭력 분야에서 아무거나

효과 목표 1명을 선택하여 명중판정을 한다. 이때 자신의 속도 수치만큼 명중판정에 마이너스 수정을 적용한다. 명중판정이 성공하고, 목표가 회피판정에 실패하면 목표에게 「1D6+자신의 속도」점의 대미지를 입힌다.

해설 기세를 몰아 공격한다.

🔥 저격
타입 공격

지정특기 기술 분야에서 아무거나, 사격

효과 몹 1개체를 목표로 선택하여 명중판정을 한다. 명중판정이 성공하면 목표에게 2D6점의 대미지를 입힌다.

해설 특정한 적을 저격한다.

🔥 난동
타입 공격

지정특기 폭력 분야에서 아무거나, 병기

효과 당신이 공개한【광기】의 수만큼 목표를 선택하여 명중판정을 한다(에너미의 경우는 1D6명까지 선택한다). 명중판정이 성공하면 목표는 각자 회피판정을 한다. 회피판정에 실패한 목표에게 1D6-2점의 대미지를 입힌다(대미지는 최저 0점).

해설 단숨에 여러 명의 적을 공격하는 방법.

🔥 봉인
타입 공격

지정특기 가변

효과 원하는 만큼 목표를 선택한다. 괴이 분야에서 무작위로 지정특기를 하나 선택하여 명중판정을 한다. 명중판정에 성공하면 이 어빌리티를 사용한 자의【이성치】가 1점 감소한다. 목표는 각자 회피판정을 한다. 회피판정에 실패한 목표는 그 라운드 동안 공격과 회피판정을 할 수 없다.

해설 괴이의 행동을 일시적으로 봉인한다.

🔥 소환
타입 공격

지정특기 가변

효과 목표를 1명 선택한다. 괴이 분야에서 무작위로 지정특기를 하나 선택하여 명중판정을 한다. 명중판정에 성공하면 이 어빌리티를 사용한 자의【이성치】가 1점 감소한다. 목표는 -3의 수정을 적용하여 회피판정을 한다. 목표가 회피판정에 실패하면 목표에게 2D6점의 대미지를 입힌다.

해설 괴이를 불러내서 무수한 생명을 빼앗는다.

어빌리티: **서포트**

착각

타입
서포트

지정특기 정서 분야에서 아무거나

효과 당신이【광기】를 획득했을 때 사용할 수 있다. 지정특기 판정에 성공하면 당신이 가지고 있는【광기】를 원하는 만큼 선택하여 덱에 되돌리고, 다시 섞는다. 그리고 되돌린【광기】와 같은 수만큼 새로운【광기】를 얻는다.

해설 자신의 진정한 마음을 깨닫는다.

연격

타입
서포트

지정특기 폭력 분야에서 아무거나

효과 당신이 공격했을 때, 공격 목표가 회피 판정에 성공했다면 사용할 수 있다. 공격 목표는 이 어빌리티의 지정특기로 한 번 더 회피판정을 해야 한다(자신의 플롯치와 관계없이 이 어빌리티의 지정특기로 판정한다). 이 회피판정에 실패하면 공격이 명중한다.

해설 두 개의 무기로 연이어 공격한다.

정신분석

타입
서포트

지정특기 정서 분야에서 아무거나, 의학

효과 당신이 조사판정이나 감정판정에 성공했을 때 사용할 수 있다. 조사판정이나 감정판정의 목표 1명을 이 어빌리티의 목표로 선택한다. 지정특기 판정에 성공하면 목표의【정신상태】를 원하는 만큼 획득할 수 있다.

해설 심층심리나 무의식의 영역을 해석한다.

유혹

타입
서포트

지정특기 정서 분야에서 아무거나

효과 감정판정에 성공했을 때 사용할 수 있다. 감정판정의 목표는 이 어빌리티의 지정특기로 판정을 해야 한다. 해당 판정이 실패한 경우, 이 어빌리티의 사용자는 자신에 대해 감정판정이 획득하는【감정】의 종류나 속성을 마음대로 결정하며, 또한 목표의【거처】나 목표가 가진 아이템 1개를 획득(강탈)할 수 있다.

해설 상대의 마음을 농락하여 원하는 대로 한다.

위험감지

타입
서포트

지정특기 지각 분야에서 아무거나

효과 전투 중 당신이 버팅에 말려들었을 때 사용할 수 있다. 지정특기 판정에 성공하면 버팅으로 인한 대미지를 무효로 할 수 있다.

해설 순간적으로 위험을 감지하여 피한다.

짐작

타입
서포트

지정특기 지각 분야에서 아무거나

효과 누군가가【정보】를 획득했을 때 사용할 수 있다. 지정특기 판정에 성공하면 그 캐릭터가 획득한【정보】를 당신도 획득할 수 있다(이 효과는 당신이 장면에 등장하지 않았더라도 사용할 수 있다).

해설 정보를 입수할 곳을 짐작한다.

규칙 파트

어빌리티: **서포트**

전격작전
타입
서포트

지정특기 기술 분야에서 아무거나

효과 당신이 누군가의 【거처】를 획득했을 때 사용할 수 있다. 지정특기 판정에 성공하면 그 【거처】의 소유주에게 전투를 걸 수 있다.

해설 상대의 거주지를 찾아내어 곧바로 공격한다.

감싸기
타입
서포트

지정특기 지각 분야에서 아무거나, 친애

효과 당신이 플러스【감정】을 가진 캐릭터가 대미지를 입었을 때 사용할 수 있다. 지정특기 판정에 성공하면 그 대미지를 1D6점 줄이고, 당신이 대신 받을 수 있다. 단, 이 효과로 대미지를 0 이하로 만들 수는 없다.

해설 동료의 위험을 알아차리고 감싼다.

개발
타입
서포트

지정특기 지식 분야에서 아무거나, 마술

효과 당신이 장면 플레이어인 드라마 장면에서 사용할 수 있다. 【이성치】나【생명력】1점을 소비하고 지정특기 판정에 성공하면 아이템을 하나 획득할 수 있다.

해설 먹지도 자지도 않고 획기적인 발명에 힘쓴다.

보복
타입
서포트

지정특기 지식 분야에서 아무거나

효과 당신이 대미지를 입었을 때 사용할 수 있다. 당신에게 대미지를 입힌 캐릭터 중 1명을 목표로 선택한다. 지정특기 판정에 성공하면 목표에게 1점의 대미지를 입힌다. 목표는 이 어빌리티의 지정특기로 판정을 할 수 있다. 그 판정에 성공하면 이 어빌리티의 효과를 무효로 할 수 있다.

해설 상대가 펼친 공격의 기세를 이용하여 보복한다.

탄원
타입
서포트

지정특기 가변

효과 메인 페이즈에서 장면과 장면의 사이에 사용할 수 있다. 괴이 분야에서 무작위로 지정특기를 하나 선택하여 판정한다. 판정에 성공하면 이 어빌리티를 사용한 자의 【이성치】가 1점 감소하고, 드라마 장면을 추가로 한 번 더 할 수 있다. 그 장면에서 시도하는 판정에는 +1의 수정을 적용한다. 이 효과는 한 세션에 1회만 사용할 수 있다.

해설 자신의 소원을 이루기 위해서 괴이의 힘을 빌린다. 금단의 마법이다.

연구
타입
서포트

지정특기 지식 분야에서 아무거나

효과 당신이 장면 플레이어인 드라마 장면에서 사용할 수 있다. 당신이 【비밀】을 획득한 캐릭터 1명을 목표로 선택하여 지정특기 판정을 한다. 성공하면 목표의【거처】를 획득한다. 또한, 그 후 전투 중에 목표가 당신과 같은 속도에 있다면 목표는 회피판정을 할 수 없다.

해설 상대를 연구하여 대처법을 공략한다.

어빌리티: **장비**

대담함

타입
장비

지정특기 없음

효과 【이성치】최대치가 1점 증가한다. 이 어빌리티는 다중습득이 가능하다.

해설 공포를 모르며, 배짱이 좋다.

강건함

타입
장비

지정특기 없음

효과 【생명력】최대치가 2점 증가한다. 이 어빌리티는 다중습득이 가능하다.

해설 매우 튼튼한 몸의 소유자.

자산

타입
장비

지정특기 없음

효과 아이템을 2개 더 가진다.

해설 비교적 자유롭게 사용할 수 있는 자산이 있다.

요령

타입
장비

지정특기 없음

효과 특기를 하나 더 획득할 수 있다. 이 어빌리티는 2개까지 습득이 가능하다.

해설 요령이 좋고, 다양한 기능에 능하다.

지위

타입
장비

지정특기 없음

효과 당신의 조사판정에 +1의 수정을 적용한다.

해설 사회적 신분이 높고, 인맥도 많다.

장갑

타입
장비

지정특기 없음

효과 당신이 대미지를 입었을 때 그 대미지를 1점 감소할 수 있다. 단, 이 효과로 대미지를 0 이하로 만들 수는 없다.

해설 위험에 대해 여러 가지 조치를 취해두었다.

1.10 캐릭터의 인물란

인물란은 게임 중에 사용합니다. 게임 중에 등장한 자신 이외의 플레이어 캐릭터나 NPC의 이름을 기재합니다. 그리고 해당 인물의 【정보】나 해당 인물에 대한 【감정】을 관리합니다.

누군가의 【정보】를 획득했을 때는 인물란을 참조해서, 해당하는 캐릭터의 정보란에 있는 【비밀】이나 【거처】 중 획득한 정보의 종류에 대응하는 쪽의 □에 체크합니다. 자세한 것은 「6.02.02 조사판정」 항목을 참조하기 바랍니다.

누군가에 대한 【감정】을 획득했을 때는 인물란에 있는 해당 캐릭터의 감정란에 획득한 【감정】 종류를 기재합니다. 자세한 것은 「6.02.03 감정판정」 항목을 참조하기 바랍니다.

1.11 캐릭터의 아이템

이 항목은 게임을 시작하기 전에 결정합니다. 봉마인은 「진통제」, 「무기」, 「부적」이라는 세 종류의 아이템을 가질 수 있습니다. 어떤 것이든 사용하면 소비됩니다.

게임을 시작할 때 원하는 아이템을 선택하여 합계 2개까지 가질 수 있습니다. 한 종류의 아이템을 두 개 가져도 되고, 두 종류의 아이템을 각각 하나씩 가져도 됩니다. 어빌리티에 따라 추가 아이템을 획득할 수도 있습니다.

● 진통제

언제든지 사용할 수 있습니다. 이 아이템을 사용하면 자신의 【생명력】이나 【이성치】를 1점 회복할 수 있습니다.

● 무기

전투에서 자신이 행동판정을 위해 주사위를 굴렸을 때 사용할 수 있습니다. 결과와 관계없이 해당 주사위를 다시 굴릴 수 있습니다.

●부적

당신 이외의 누군가가 행동판정을 위해 주사위를 굴렸을 때 사용할 수 있습니다. 결과와 관계없이 해당 주사위를 다시 굴리게 할 수 있습니다.

② 행동판정

『인세인』에서는 캐릭터가「성공할지 실패할지 알 수 없는」행동을 취할 때 행동판정을 합니다.

게임 중에 봉마인은 여러 가지 도전을 합니다. 수상한 인물을 추적하거나, 어려운 문헌을 해독해야 할 때도 있습니다. 때로는 괴이의 공포에 견디거나 누군가를 공격해야 합니다.

그럴 때 행동판정을 합니다. 행동판정은 그냥 판정이라고 부르기도 합니다.

2.01 행동판정의 흐름

행동판정은 아래의 순서로 합니다.
①부터 ④의 순서에 따라 처리합니다.

①특기 결정

행동판정을 하게 되면, 게임 마스터는 해당 행동판정에 도전하기에 어울리는 특기를 선택해서 지정합니다. 플레이어가 지정특기를 선택할 때도 있고, 애초에 게임 규칙에 따라 지정되어 있을 때도 있습니다.

②특기 확인

플레이어는 지정된 특기를 자기 캐릭터가 가지고 있는지 확인합니다.

만약 해당 특기를 가지고 있다면 성공률은 높아집니다. 만약 해당 특기를 가지고 있지 않다면 다른 특기를 대신 사용할 수 있습니다. 지정된 특기와 가장 가까운 특기를 찾아서, 해당 특기를 대신 사용합니다. 그리고 지정된 특기를 스타트 지점으로 삼아서, 대신 사용할 특기가 상하좌우 방향으로 몇 칸 떨어져 있는지 헤아립니다. 특기 리스트의 각 분야 사이에 있는 갭도 1칸으로 헤아립니다. 단, 검게 칠해둔 갭은 없는 것으로 간주합니다.

③목표치 확인

해당 판정이 성공인지 실패인지 판단하기 위한 목표치를 산출합니다. 목표치가 높으면 높을수록 판정은 어려워집니다.

「②특기 확인」에서 지정된 특기를 가지고 있었다면, 목표치는 5가 됩니다.
다른 특기를 대신 사용했다면 [5 + 지정된 특기와 대신 사용할 특기 사이의 칸 수]가 목표치입니다.

④주사위를 굴린다

2D6을 굴립니다. 이 수치를 「달성치」라고 부릅니다. 달성치가 「③목표치 확인」에서 정한 목표치 이상이라면 판정은 성공합니다. 목표치 미만이라면 판정은 실패합니다.

행동판정은 이렇게 성공과 실패를 결정합니다.

또, 이런 처리에 더하여 지금부터 설명할 「수정」, 「특별한 주사위 눈」, 「게임 마스터의 개입」, 「재도전」이라는 네 종류의 특례가 있습니다.

2.02 수정

행동판정에는 다양한 수정이 발생할 수 있습니다. 성공하기 쉬운 상황에서는 플러스 수정을 적용합니다. 반대로 좋지 않은 상황에서는 마이너스 수정을 적용합니다.

판정에 수정이 적용되면, 적용한 수정치만큼 달성치가 증감합니다.

2.03 특별한 주사위 눈

행동판정에서 특별한 주사위 눈이 나오면 특수한 상황이 발생합니다. 2D6을 굴렸을 때 특수한 눈이 나온 경우, 스페셜이나 펌블이 발생합니다.

스페셜, 펌블은 모두 주사위 눈 자체로만 발생합니다. 주사위 눈에 수정을 적용한 수치가 특정 수치가 되더라도 스페셜이나 펌블은 발생하지 않습니다.

만약 GM이 《소리》특기로 판정하라고 했다면……

《소리》특기를 가지고 있다면 목표치는 5 야.

여기도 밑으로 헤아려.

이 경우에는 7이야.

《소리》특기를 가지고 있지 않다면, 자신이 가진 특기에서 《소리》와 가장 가까운 것을 골라서 몇 칸 떨어져 있는지를 세. 그 수에 5를 더한 게 목표치야.

2.03.01 스페셜

스페셜은 매우 훌륭한 대성공을 의미합니다.

행동판정을 할 때 2D6의 주사위 눈이 특정 수치 이상이라면 스페셜이 발생합니다. 이 특정 수치를 스페셜치라고 부릅니다. 스페셜치는 12입니다. 스페셜치는 13 이상이 되지 않습니다.

스페셜이 발생하면 설령 달성치가 목표치 미만이었더라도 판정은 반드시 성공합니다. 또, 자신의 【생명력】이나 【이성치】를 1점 회복할 수 있습니다.

2.03.02 펌블

펌블이란 예상치 못한 대실패를 의미합니다.

행동판정을 할 때 2D6의 주사위 눈이 특정 수치 이하라면 펌블이 발생합니다. 이 특정 수치를 펌블치라고 부릅니다. 펌블치는 2입니다. 펌블치가 1 이하가 되면 펌블은 발생하지 않습니다.

펌블이 발생하면 설령 달성치가 목표치 이상이었더라도 판정은 반드시 실패합니다. 또, 펌블을 발생시킨 PC는 덱에서 【광기】를 1장 획득합니다.

2.03.03 주사위 눈의 경합

스페셜치가 펌블치 이하가 된 경우, 펌블치에 1을 더한 수치가 스페셜치입니다.

2.04 게임 마스터의 개입

게임 마스터의 개입은 행동판정을 하는 캐릭터가 지정된 특기를 가지고 있지 않아서 뭔가 다른 특기를 대신 사용할 때 발생할 수 있습니다.

대신 사용할 특기가 원래의 행동판정에 적용하기에 지나치게 부자연스럽다고 생각된다면, 게임 마스터는 플레이어에게 구체적으로 해당 특기를 사용해서 어떻게 사태를 해결할 것인지를 질문할 수 있습니다. 지적을 받은 플레이어는 특기를 어떻게 이용할지를 설명합니다.

게임 마스터가 해당 설명을 인정한다면 문제없이 판정을 속행합니다. 설명을 납득하지 못했다면 다른 특기를 대신 사용하도록 지시합니다. 그 결과 지정된 특기보다 더 먼 곳에 있는 특기를 선택한다면 목표치는 더욱 높아집니다.

2.05 재도전

행동판정을 했을 때, 결과가 마음에 들지 않으면 주사위를 다시 굴릴 수 있습니다. 이것을 재도전이라고 부릅니다.

재도전을 하기 위해서는 해당 판정에 지정된 특기의 분야가 자신의【호기심】과 같아야 합니다. 또,【생명력】과【이성치】중 하나를 1점 감소시켜야 합니다.

두 조건을 모두 만족했다면 판정에 사용한 주사위를 다시 굴릴 수 있습니다. 이때 판정에 대한 수정이나 특수한 효과는 다시 굴리기 전과 같은 조건으로 봅니다.

재도전은 한 번의 행동판정에서 한 번만 할 수 있습니다.

2.05.01 재도전 이외의 다시 굴리기

아이템이나 어빌리티에는 재도전을 하지 않고도 판정에 사용한 주사위를 다시 굴리는 효과가 존재합니다. 이런 효과를 사용한 경우도 판정에 적용한 수정이나 특수한 효과는 재도전과 마찬가지로 다시 굴리기 전과 같은 조건으로 판정합니다.

2.06 특기 무작위 결정

『인세인』에서는 행동판정에 사용할 특기를 무작위로 선택하는 경우가 종종 발생합니다. 그러므로 각 특기분야와 각각의 특기에는 숫자가 지정되어 있습니다. 캐릭터 시트의 특기 리스트를 확인하시기 바랍니다.

특기를 무작위로 선택할 때는 먼저 1D6을 굴려서 특기 분야를 하나 선택합니다. 그리고 2D6을 굴려서 해당 분야에서 특기를 하나 선택합니다.

만약 분야가 지정되어 있다면 2D6을 굴려서 특기를 하나 선택합니다.

③ 세션

『인세인』에서는 1회의 게임을 세션이라고 부릅니다.

세션에서는 먼저 게임 마스터가 상황을 설명합니다. 플레이어들은 해당 설명을 듣고 자기 캐릭터가 어떤 행동을 할지 생각하여 선언합니다. 이렇게 플레이어와 게임 마스터의 대화를 통해 세션을 진행합니다. 자세한 것은 리플레이 파트를 참고하기 바랍니다.

세션은 「4 도입 페이즈」, 「5 메인 페이즈」, 「9 클라이맥스 페이즈」의 순서로 발생합니다. 자세한 것은 각 페이즈의 항목을 참조하기 바랍니다.

3.01 세션의 준비

세션 준비에는 전날까지 준비하기와 당일 준비하기의 두 종류가 있습니다. 우선 전날까지의 준비부터 설명합니다.

● 전날까지의 준비하기

게임 마스터는 플레이 전날까지 시나리오를 만듭니다. 시나리오란 게임 전개와 에너미 데이터, 그리고 각 캐릭터의 핸드아웃을 말합니다. 핸드아웃의 앞면에는 【사명】, 뒷면에는 【비밀】을 적습니다.

【사명】이란 해당 세션에서 해당 캐릭터가 달성해야 할 목표표입니다. 이것을 달성하면 세션이 끝날 때 공적점을 받을 수 있습니다. 반대로 달성하지 못하면 공적점이 감소합니다.

【비밀】이란 해당 사건에 관여함으로써 발생하는 해당 캐릭터의 특수한 설정입니다. 게임이 시작할 때는 다른 캐릭터에게 공개되지 않습니다. 자신의 【비밀】을 직접 다른 플레이어에게 보여주거나 해당 내용을 이야기할 수는 없습니다. 공포나 강박관념이 그것을 방해하기 때문입니다.

자세한 것은 「11 시나리오」 항목을 참조하기 바랍니다.

또, 게임 마스터는 해당 시나리오에서 사용할 【광기】도 선택해야 합니다. 선택할 【광기】의 수는 시나리오에 참가하는 플레이어의 수×4장입니다.

핸드아웃과 【광기】를 복사하고 오려서 한 장씩 카드 형태로 준비합니다. 이때, 카드로 만든 【비밀】이나 【광기】는 카드 게임용 슬리브에 넣거나 두꺼운 종이에 붙여두면 쓰기에 편합니다.

【광기】에 대한 자세한 설명은 「8 공포와 광기」나 「11 시나리오」 항목을 참조하기 바랍니다.

또, 책 끝에 실려있는 전투 시트를 미리 복사해둡니다.

플레이어는 각자 자기 캐릭터를 만듭니다. 자세한 것은 「1 캐릭터」 항목을 참조하기 바랍니다.

이때, 가능하다면 사전에 핸드아웃을 게임 마스터에게 받아두는 것이 좋습니다. 사전에 핸드아웃의 내용을 전달해두면 각 플레이어가 시나리오의 설정에 맞는 캐릭터를 제작할 수 있습니다.

또, 자기 캐릭터 전용 게임 말을 준비합니다. 미니어처나 종이로 만든 말이 좋지만, 다른 사람의 것과 구별할 수만 있으면 뭐든 상관없습니다.

● 당일의 준비하기

모든 참가자는 게임 마스터를 중심으로 테이블에 앉습니다. 그리고 게임 마스터는 플레이어 캐릭터의 데이터를 검토합니다.

게임 마스터는 준비한 【광기】를 섞어서 뒷면이 보이도록 쌓습니다. 이 【광기】 더미를 덱이라고 부릅니다.

3.01.01 마음의 어둠

세션의 전개에 따라 플레이어는 【광기】를 획득합니다. 이 【광기】도 【비밀】과 마찬가지로 자발적으로 다른 플레이어에게 해당 내용을 가르쳐줄 수 없습니다.

【비밀】과 【광기】는 공통점이 많습니다. 이 두 가지를 통틀어 【마음의 어둠】이라고 부릅니다.

3.02 사이클

『인세인』에서는 세션 중에 플레이어가 행동할 기회를 균등하게 배분하기 위해 사이클이라는 개념을 사용합니다. 원칙상 각 플레이어는 1사이클에 1회씩 주요행동을 할 수 있습니다. 어떤 행동을 할 수 있는지는 해당 페이즈가 어떤 페이즈인가에 따라 다릅니다. 동료와 상의하거나 주위를 둘러보는 등의 간단한 행동은 제한 없이 할 수 있습니다. 어떤 행동이 주요행동인지는 이 뒤에 있는 「6 드라마 장면」 항목을 참조하기 바랍니다.

일단 사이클이 시작되면 게임 마스터의 왼쪽에 앉아있는 플레이어부터 순서대로 자기 차례를 가집니다. 각 순서를 장면, 자기 차례를 맞이한 플레이어를 장면 플레이어라고 부릅니다. 장면 플레이어가 자기 캐릭터의 행동 처리를 끝내면 해당 플레이어의 왼쪽에 있는 플레이어에게 장면 플레이어 역할이 넘어갑니다. 단, 게임 마스터가 인정한다면 장면 플레이어의 순서는 플레이어끼리 상의해서 바꿀 수 있습니다.

장면 플레이어를 한 번씩 해서 플레이어 전원이 자기 차례를 끝내면 해당 사이클은 끝납니다. 이어서 새로운 사이클이 시작됩니다.

3.03 마스터 장면

게임 마스터는 장면 플레이어가 바뀌는 타이밍에 마스터 장면을 끼워 넣을 수 있습니다. 마스터 장면은 게임 마스터의 차례입니다. 마스터 장면에서는 게임 마스터가 장면 플레이어가 됩니다.

마스터 장면에서는 시나리오에 설정된 게임 마스터용 캐릭터인 NPC가 행동합니다. 마스터 장면에서는 규칙에는 없는 여러 가지 특수한 처리를 할 수도 있습니다.

3.04 미행동과 행동완료

각 플레이어는 자기 장면에서 캐릭터가 주요행동을 마치면 캐릭터 시트의 일러스트란에 주사위를 올려둡니다. 이 상태를 행동완료라고 부릅니다. 행동완료 상태는 캐릭터가 해당 사이클에 이미 행동했음을 나타냅니다.

반대로 캐릭터 시트의 일러스트란 위에 주사위가 놓여 있지 않은 캐릭터는 미행동 상태입니다. 미행동 상태는 캐릭터가 해당 사이클에 아직 행동하지 않았음을 나타냅니다.

새로운 사이클이 시작되면 행동완료 상태의 캐릭터는 모두 미행동 상태가 됩니다. 각 플레이어는 캐릭터 시트의 일러스트란에서 주사위를 치웁니다.

4 도입 페이즈

도입 페이즈는 각 캐릭터가 어떻게 해당 사건에 관여하게 되었는지를 설명하는 페이즈입니다. 도입 페이즈는 1사이클로 종료됩니다.

게임 마스터는 각 장면에서 장면 플레이어에게 사건의 배경을 설명합니다. 각 PC가 해당【사명】을 수행할 것을 결의한 이유, 주위에서 일어난 사건의 내용, 그리고 해당 시나리오에서 등장하는 NPC에 관한 설정 등을 플레이어들과 공유합니다.

각 장면을 마무리할 때는 확인을 위해 장면 플레이어에게 할당된【사명】을 읽게 합니다.

플레이어의 장면과 장면 사이에 마스터 장면을 삽입할 수도 있습니다.

플레이어 전원의 장면이 끝나고, 사건과 각 PC에 관한 정보를 참가자 전원이 공유하면 메인 페이즈가 됩니다.

4.01 핸드아웃을 건네는 방법

플레이어가 충분히『인세인』에 익숙해졌다면, 게임 마스터는 도입 페이즈 도중에 각 플레이어에게 핸드아웃을 건넬 수도 있습니다. 이때, 도입 페이즈 도중에 어떤 사건이 일어나서 플레이어들이【비밀】을 가지게 됩니다.

게임 마스터가 이 방식을 사용했다면, 각 플레이어는 도입 페이즈 전까지 자기 PC의 설정을 알 수 없습니다. 이러면 플레이어들이 불안을 느낍니다.

『인세인』은 공포를 테마로 하는 게임입니다. 그런 불안을 즐겨보고 싶다는 플레이어들이 모였다면, 게임 마스터는 도입 페이즈까지 핸드아웃의 내용을 숨겨도 좋습니다.

4.02 인물란

각 플레이어는 도입 페이즈에서 자기 이외의 플레이어가 담당하는 장면이 되었을 때, 해당 장면의 장면 플레이어가 조종하는 캐릭터의 이름을 자기 캐릭터 시트의 인물란에 기재합니다.

또, 게임 마스터는【마음의 어둠】을 가진 NPC를 등장시킬 때마다 해당 캐릭터의 이름을 인물란에 기재하도록 지시하기 바랍니다.

4.03 불안정한 정신

『인세인』에서 모험을 반복한 PC는【공포심】이 점점 늘어날 가능성이 있습니다. 도입 페이즈의 자기 장면에서【공포심】이 5개 이상인 PC는 그 시점에서【광기】를 1장 얻습니다.

5 메인 페이즈

메인 페이즈는 게임의 중심이 되는 페이즈입니다. 메인 페이즈는 시나리오에 설정된 조건을 충족하면 끝납니다.

메인 페이즈에서는 특히 플레이어가 주체가 되어 게임을 진행합니다. 장면 플레이어는 자기 장면이 어떤 장면인지를 규칙에 따라 직접 결정합니다.

메인 페이즈의 장면으로는 드라마 장면과 전투 장면 두 종류가 있습니다. 장면 플레이어는 어느 쪽을 할지를 결정하여 처리합니다.

6 드라마 장면

드라마 장면은 캐릭터의 일상이나 조사활동 등을 다루는 장면입니다.

6.01 장면 표와 연출

드라마 장면을 하기로 했다면, 장면 플레이어는 2D6을 굴려서「장면표」의 결과를 읽고 대략적인 장면의 분위기를 결정합니다.「장면표」가 여럿이라면 해당 장면의 분위기를 정하고, 거기에 어울리는「장면표」를 선택해서 사용할 수도 있습니다.

대략적인 장면의 분위기가 정해졌다면, 장면 플레이어는 해당 장면의 등장인물을 정합니다. 엑스트라는 마음대로 등장시킬 수 있습니다. NPC나 PC는 해당 캐릭터의 소유자가 허가하면 등장시킬 수 있습니다. 이어서 장면의 구체적인 시간이나 장소를 임의로 결정합니다.

등장인물과 시간, 장소가 정해졌다면 장면 플레이어는 해당 장면을 연출합니다. 그리고 그 연출의 전후에 회복판정, 조사판정, 감정판정 중 하나를 할 수 있습니다.

	장면표
2	주위가 피 냄새로 가득하다. 사건인가? 사고인가? 혹시 그것은 지금도 계속되고 있는 걸까?
3	이것은…… 꿈인가? 이미 지나갔을 과거가 기억 속에서 되살아난다.
4	눈 앞에 펼쳐진 거리의 풍경을 내려다본다. 왜 이렇게 높은 곳에……?
5	세상의 끝처럼 느껴지는 어둠. 어둠 속에서 누군가가 움직이고 있다…….
6	평화로운 시간이 흘러간다. 마치 그런 일이 없었던 것처럼.
7	축축한 흙냄새. 농밀한 기척이 풍기는 숲속. 새나 벌레의 소리, 바람에 나무가 살랑거리는 소리가 들려온다.
8	인적이 드문 주택가. 낯선 사람들이 사는 집 안에서는 불분명한 목소리나 소음이 새어 나온다…….
9	갑자기 구름이 하늘을 뒤덮더니 세찬 비가 내린다. 사람들은 처마를 찾아 황급히 달려간다.
10	황폐한 폐허. 쇠퇴한 생활의 흔적. 희미하게 들려오는 것은 바람 소리인가? 파도 소리인가? 귀울림인가?
11	사람들. 떠들썩한 소리. 요란한 가게 내부의 BGM에, 이질적인 웃음소리. 소란스러운 번화가의 한구석인데……?
12	밝은 빛을 받으며 안도의 한숨. 하지만 빛이 강할수록 그림자도 더 짙어진다…….

6.01.01 재방문

장면 플레이어는 자기 장면의 무대로서 이미 해당 세션 중에 묘사된 적이 있는 장소를 지정할 수 있습니다. 이것을 재방문이라고 합니다. 재방문을 할 때는「장면표」를 사용하는 대신 장면 플레이어가 이미 세션 중에 묘사된 적이 있는 장소를 지정합니다. 해당 장소가 장면의 무대가 됩니다.

6.02 드라마 장면의 판정

장면 플레이어는 드라마 장면 동안 회복판정, 조사판정, 감정판정 중 하나를 선택하여 행동판정을 할 수 있습니다. 판정에 성공하면 각각의 판정 종류에 설정된 효과가 발생합니다. 이것들은 주요행동입니다.

이런 판정은 해당 장면에서라면 연출 전에 해도, 연출 후에 해도 무방합니다.

6.02.01 회복판정

회복판정을 할 때는 같은 장면에 등장한 캐릭터 중 아무나 1명을 목표로 선택합니다(자신을 선택할 수도 있습니다). 그리고 임의의 특기를 사용하여 행동판정을 합니다.

판정에 성공하면 목표가 잃은 【생명력】이나 【이성치】를 1점 회복할 수 있습니다.

6.02.01.01 카운슬링

회복판정에 성공했을 때, 【생명력】이나 【이성치】를 회복하지 않고, 그 대신 목표의 현재화하지 않은 【광기】하나를 치료할 수도 있습니다. 이것을 카운슬링이라고 부릅니다. 카운슬링 목표로는 자신을 선택할 수는 없습니다. 【광기】의 현재화에 관해서는 「8 공포와 광기」 항목을 참조하기 바랍니다.

카운슬링을 하려면 사전에 조사판정을 해서 치료할 【광기】의 내용을 특정할 필요가 있습니다. 회복판정에 성공했을 때 카운슬링을 선언하고 해당 【광기】의 이름을 말합니다. 만약 목표가 그 이름과 같은 【광기】를 가지고 있다면 해당 카드를 공개하고 게임에서 제외합니다.

6.02.02 조사판정

조사판정을 할 때는 아무나 캐릭터 1명을 목표로 선택합니다. 그리고 임의의 특기를 사용하여 행동판정을 합니다.

판정에 성공하면 목표가 가진 【정보】를 1개 획득할 수 있습니다. 【정보】에는 아래의 세 종류가 있습니다.

● 비밀

시나리오에 설정된 해당 캐릭터 고유의 【정보】입니다. 【마음의 어둠】입니다. 시나리오에서 묘사되는 괴사건의 진상에 도달하려면 【비밀】을 모아야 합니다.

● 거처

해당 캐릭터의 거주지나 동향에 관련된 【정보】입니다. 【거처】를 획득하면 이후 해당 목표에게 전투를 걸 수 있습니다. 자세한 것은 「7 전투 장면」 항목을 참조하기 바랍니다.

● 정신상태

누군가가 가진 【광기】의 내용에 관련된 【정보】입니다. 【마음의 어둠】입니다. 【정신상태】를 획득하면 목표가 가진 미공개 【광기】 중에서 무작위로 1개를 선택해서 해당 내용을 알 수 있습니다. 이 내용을 알고 있으면 해당 캐릭터의 【광기】가 현재화하는 것을 막을 수도 있습니다.

【마음의 어둠】에 속하는 【정보】는 그것을 획득한 자만이 알 수 있습니다. 목표가 NPC라면 게임 마스터에게, PC라면 해당 캐릭터를 조종하는 플레이어에게 해당하는 내용을 몰래 보여달라고 합시다.

【비밀】이나 【거처】를 획득했다면 인물란에 있는 목표의 【비밀】 또는 【거처】의 체크란(□)에 체크합니다. 여기에 체크가 되어 있는 한 해당 【정보】를 가지고 있는 것으로 간주합니다. 【비밀】에 체크가 되어 있다면 언제든지 해당 【비밀】의 내용을 확인할 수 있습니다.

누군가의 정신상태를 획득했을 때는 【비밀】이나 【거처】처럼 체크를 하지는 못합니다. 해당 내용을 볼 수 있는 것은 해당 장면이 끝날 때까지이며, 그 이후에는 확인할 수 없습니다. 메모를 하는 것도 금지입니다. 획득한 【정신상태】를 누군가 다른 캐릭터에게 가르쳐줄 때는 플레이어의 기억에 의존해서 알려주기 바랍니다.

6.02.02.01 확산정보

확산정보란 퍼지기 쉬운 【정보】입니다. 시나리오상 가능한 한 플레이어 전원에게 알리고 싶은 【정보】는 확산정보로 만들 수 있습니다.

PC 중 누군가가 「확산정보」라고 적힌 【정보】를 획득하면 해당 내용을 곧바로 공개합니다. 공개된 【정보】는 모든 PC가 획득할 수 있습니다. 그 밖의 부분은 보통의 【정보】와 마찬가지로 취급합니다.

6.02.02.02 쇼크

쇼크란 정신적인 대미지입니다. 쇼크를 받으면 【이성치】가 1점 감소합니다. PC는 【비밀】을 획득할 때 쇼크를 받기도 합니다.

【비밀】에는 쇼크라는 항목이 있습니다. 이 항목에는 몇 가지 조건이 적혀 있습니다.

자신이 【비밀】을 획득했을 때, 해당 【비밀】의 쇼크 항목에 적혀 있는 조건에 자신이 해당하면 【이성치】가 1점 감소합니다. 단, 원래 해당 【비밀】의 소유자였던 캐릭터는 해당 【비밀】로 인해 쇼크를 받지 않습니다. 같은 【비밀】을 두 번 이상 획득하더라도 두 번째 이후에는 쇼크를 받지 않습니다.

6.02.03 감정판정

감정판정을 할 때는 같은 장면에 등장한 자기 이외의 캐릭터를 아무나 1명 목표로 선택합니다. 그리고 임의의 특기를 이용하여 행동판정을 합니다.

판정에 성공하면 감정판정을 한 측과 목표 측의 플레이어가 각자 서로에 대한 【감정】을 획득합니다. 서로 1D6을 굴리고 「감정표」를 사용하여 상대에 대한 【감정】의 종류를 결정합니다. 【감정】에는 플러스와 마이너스의 두 가지 속성이 있습니다. 자신의 【감정】을 어느 속성으로 할지는 해당 【감정】의 소유자가 마음대로 결정합니다. 【감정】이 결정되면 인물란에 있는 목표의 감정란에 【감정】의 종류를 기재합니다. 이미 【감정】을 가진 캐릭터가 같은 대상에 대해 새로 【감정】을 획득했다면 새로운 것으로 덮어씁니다. 단, 그것이 감정판정을 한 본인이라면 덮어쓰지 않을 수도 있습니다.

누군가에 대해 【감정】을 가진 캐릭터가 있다면 「정보공유」, 「전투난입」, 「감정수정」이라는 특수한 효과가 발생합니다.

감정표	
1	공감(플러스)/ 불신(마이너스)
2	우정(플러스)/ 분노(마이너스)
3	애정(플러스)/ 질투(마이너스)
4	충성(플러스)/ 모멸(마이너스)
5	동경(플러스)/ 열등감(마이너스)
6	광신(플러스)/ 살의(마이너스)

6.02.03.01 정보공유

자신이 【감정】을 가진 캐릭터가 누군가의 【정보】를 획득하면, 자동으로 해당 【정보】를 획득할 수 있습니다. 이것을 「정보공유」라고 부릅니다. 단, 정보공유로 획득한 【정보】에 대해 연쇄적으로 정보공유가 발생하지는 않습니다.

또, 【감정】을 가진 상대라고 해도 자신의 【마음의 어둠】을 자발적으로 가르쳐줄 수는 없습니다.

누군가가 【정보】를 획득했을 때, 그 캐릭터에게 【감정】을 가지고 있는 캐릭터는 정보공유를 받을지 말지를 선택할 수 있습니다. 단, 게임마스터는 「감정이 낳는 비극」이나 「정보를 매개로 감염하는 악의」 같은 테마의 시나리오를 만들 때 정보공유가 강제로 발생하도록 규칙을 변경할 수 있습니다.

6.02.03.02 전투난입

자신이 【감정】을 가진 캐릭터가 전투 장면을 열거나 전투 장면의 상대로 선택된 경우, 해당 전투에 난입할 수 있습니다. 이것을 「전투난입」이라고 부릅니다.

전투난입을 할 수 있는 것은 전투 장면이 시작되었을 때, 최초의 두 캐릭터 중 어느 한쪽에 대한 【감정】을 가지고 있는 캐릭터뿐입니다. 전투난입으로 등장한 캐릭터에 대해서만 【감정】을 가지고 있다면 해당 전투 장면에 전투난입을 할 수 없습니다.

전투난입은 전투가 시작할 때 할 수 있습니다. 이미 전투가 시작되어버린 후에는 각 라운드가 시작할 때 플롯을 하기 전에 전투난입을 할 수 있습니다.

6.02.03.03 감정수정

자신이 【감정】을 가진 캐릭터가 행동판정을 할 때, 해당 판정에 수정을 적용할 수 있습니다. 이것을 감정수정이라고 부릅니다.

감정수정을 할 때는 플러스 【감정】이라면 +1, 마이너스 【감정】이라면 -1의 수정을 적용할 수 있습니다. 감정수정을 하려면 자신과 목표가 같은 장면에 등장해야 합니다. 또, 감정수정을 하는 캐릭터는 판정 주사위를 굴리기 전에 사용을 선언하고 【생명력】이나 【이성치】를 1점 소비해야 합니다.

감정수정은 드라마 장면이라면 1사이클에 1회, 전투 장면이라면 1라운드에 1회 사용할 수 있습니다.

6.02.04 계획판정

계획판정이란 게임 마스터가 시나리오마다 설정할 수 있는 주요행동 입니다. 판정에 성공하면 어떤 일이 벌어질지, 실패하면 어떤 일이 벌어질지는 게임 마스터가 시나리오마다 정합니다. 계획판정은 주요행동으로 간주하므로, 계획판정을 하면 해당 장면에서는 회복판정, 조사판정, 감정판정을 할 수 없습니다.

이를테면 게임 마스터는 자신이 만드는 시나리오의 내용에 맞춰서 「괴물을 봉인하기 위한 의식」이나 「어떠한 소문을 침투시킨다」 등의 계획판정을 설정할 수 있습니다.

6.02.05 보조판정

보조판정이란 게임 마스터가 설정한 간단한 행동입니다. 판정에 성공하면 어떤 일이 벌어질지, 실패하면 어떤 일이 벌어질지는 게임 마스터가 시나리오마다 정합니다. 보조판정은 주요행동으로 간주하지 않으므로, 보조판정을 해도 그와는 별개로 회복판정, 조사판정, 감정판정을 할 수 있습니다. 단, 보조판정은 장면 플레이어만이 할 수 있으며, 같은 종류의 보조판정은 한 장면에 1번만 도전할 수 있습니다.

6.03 그 밖의 할 수 있는 일

그 밖에도 드라마 장면에서는 아래와 같은 일을 할 수 있습니다. 이것들은 장면 플레이어가 아닌 플레이어도 할 수 있습니다.

6.03.01 정보나 아이템의 전달, 교환

장면에 등장한 캐릭터는 가지고 있는 아이템이나 알고 있는 타인의【정보】를 전달하거나, 교환할 수 있습니다(자신의【마음의 어둠】을 자발적으로 넘겨줄 수는 없습니다).

6.03.02 어빌리티의 사용

드라마 장면에서는 효과에 드라마 장면에서 사용할 수 있다고 적혀 있는 어빌리티만 사용할 수 있습니다. 단, 효과에서 「당신이 장면 플레이어」라고 지정됐다면 장면 플레이어밖에 사용할 수 없습니다. 드라마 장면에서 같은 서포트 어빌리티는 한 사이클에 1회만 사용할 수 있습니다.

6.03.03 재훈련

장면에 등장한 캐릭터는 어빌리티의 지정특기를 변경할 수 있습니다. 이것을 재훈련이라고 부릅니다.

재훈련을 할 때는 자신이 습득한 어빌리티를 하나 선택합니다. 그리고 임의의 특기를 하나 선택합니다. 그 후 해당 어빌리티의 지정특기를 선택한 특기로 변경할 수 있습니다. 하지만 해당 어빌리티의 지정특기 범위 밖에서 특기를 선택할 수는 없습니다.

6.03.04 조킹

장면에 등장한 캐릭터는 해당 장면에서 주위의 상황이 어떤지를 게임 마스터에게 물어보거나, 해당 장면에 등장한 NPC에게 질문할 수 있습니다. 이것을 조킹(joking)이라고 부릅니다. 플레이어들은 조사판정 이외에도 조킹을 통해 사건을 조사할 수 있습니다.

게임 마스터는 조킹에 대해 무대나 NPC의 설정에 맞춰서 즉흥적으로 대답합니다.

이때의 대답은 이야기의 흐름을 추측할 수 있을 만한 것이 바람직합니다. 즉, 누군가의 【비밀】에 어떤 내용이 적혀 있는지를 암시하는 힌트 정도입니다.

반대로 「【비밀】의 내용 자체」를 가르쳐주는 행동은 피해야 합니다. 이야기에서 중요하게 다루는 내용은 【비밀】의 획득을 통해서만 밝혀지게 하는 것이 좋습니다.

6.03.04.01 잘못된 유도(미스 디렉션)

이 게임은 「공포」를 다룹니다. 게임 마스터에게는 으스스한 이야기를 연출하기 위해 조킹에 대해 잘못된 정보를 제시할 권리가 있습니다.

이를테면 PC들은 안갯속에서 친한 친구와 괴물을 착각할지도 모릅니다. 또, 질문을 들은 NPC가 사악한 인물이어서 PC들에게 거짓말을 할 수도 있습니다. 이런 '잘못된 유도'로 친절한 이웃의 배후에서 음모의 그림자를 보여주거나, 사악한 살인범을 품행방정한 성인처럼 보이게 할 수도 있습니다.

이런 가능성이 있으므로, 조킹으로 획득한 정보가 진실이라는 보장은 없습니다. 진실은(적어도 해당 시나리오에 관한 진실은) 【비밀】 안에 숨겨져 있습니다. 반대로 말하면, 게임 마스터는 시나리오를 작성할 때 【비밀】에 허위의 내용을 적어서는 안 됩니다.

6.03.04.02 조킹의 기각

게임 마스터가 조킹에 대해 반드시 대답할 필요는 없습니다. 때에 따라서는 조킹에 대한 대답을 거부할 수 있습니다.

대표적으로는 정보를 얻는 것이 곤란한 경우입니다. 예컨대 짙은 안개나 어둠 속에서는 주위의 상황을 간단히 파악할 수 없습니다. 또, 그다지 친하지 않은 상대에게 무례한 질문을 받은 사람은 불쾌함을 느낄 것입니다. 이런 상황에서는 게임 마스터가 대답을 거부할 수 있습니다.

다음으로, 질문의 의도가 불명확한 경우입니다. 플레이어는 원한다면 얼마든지 게임 마스터에게 질문할 수 있습니다. 거기에 일일이 대답하다가는 끝이 없습니다. 플레이어가 질문하는 의도를 알 수 없을 때, 게임 마스터는「왜 그런 질문을 하나요?」이라고 반문할 수 있습니다. 이때 질문의 의도를 이해할 수 없다면 게임 마스터는 해당 질문을 기각할 수 있습니다. 또, 그 대답을 통해 플레이어가 시나리오의 방향성을 크게 이탈할 수 있는 오해를 하고 있다는 것이 판명될 때도 있습니다. 그런 경우,「아, 그건 시나리오와는 관계가 없어요.」라고 가르쳐주고 탈선하려는 플레이어를 원래 이야기로 되돌리는 편이 게임을 즐기기에 더 좋습니다(게임 마스터가 '잘못된 유도'를 하고 있다면 이야기가 다릅니다만).

마지막은 게임 마스터가 조킹의 대답을 떠올리지 못한 경우입니다. 따로 설정하지 않은 사항에 대해 질문을 받았다면 즉흥적으로 대답을 떠올리지 못할 수도 있습니다. 대답할 수 없는 것은 어쩔 수 없습니다.「왠지 이상하지만, 당신은 그 이유를 알 수 없었다.」라고 대답합시다.

7 전투 장면

전투 장면은 캐릭터끼리 전투를 하기 위한 장면입니다. 전투를 거는 것은 주요행동입니다. 전투 장면이 끝나면 전투를 건 캐릭터는 행동완료 상태가 됩니다.

7.01 전투 장면의 준비

전투 장면을 하기로 했다면, 게임 마스터는 전투 시트를 복사해서 테이블에 펼칩니다. 이 시트로 전투 장면에서 각 캐릭터의 속도를 관리합니다.

그리고 장면 플레이어는 【거처】를 아는 캐릭터를 1명 선택해서 해당 캐릭터와 전투를 합니다.

이때, 전투를 하는 두 캐릭터 중 어느 한쪽에 대해 【감정】을 가진 캐릭터는 이 타이밍에서 전투난입을 시도할 수 있습니다. 전투난입 규칙은 「6.02.03.02 전투난입」을 참조하기 바랍니다.

7.01.01 특수한 전투난입

전투가 시작할 때 처음에 있던 두 캐릭터 중 한쪽의 [거처]를 가지고 있는 캐릭터도 [전투 난입]을 할 수 있습니다. 이것을 「특수한 전투난입」이라고 부릅니다.

특수한 전투난입을 할 때는 게임 마스터가 특기 리스트에서 무작위로 특기를 하나 선택합니다. 해당 특기로 판정해서 성공한 캐릭터는 해당 전투 장면에 등장할 수 있습니다. 특수한 전투난입은 전투 장면을 시작할 때만 시도할 수 있습니다.

7.02 전투의 흐름

전투는 사이클이나 장면이 아닌 라운드를 반복해서 처리합니다. 한 라운드는 아래 순서로 진행됩니다.

① **라운드 시작**
② **공격 처리**
③ **라운드 종료**

메인 페이즈에 발생한 전투에서는 자기 이외의 캐릭터에게 【생명력】을 1점 이상 감소당하면 전투에서 탈락합니다.

전투 도중에 탈락한 자는 패자, 마지막까지 혼자 남은 자가 승자가 됩니다. 승자는 전과(戰果)를 얻을 수 있습니다. 자세한 것은 「7.06 전과」 항목을 참조하기 바랍니다.

7.03 라운드 시작

전투 첫 라운드, 또는 바로 앞 라운드에서 【전장이동】어빌리티를 사용했다면 플롯 처리를 합니다. 플롯은 매 라운드 하지 않는다는 점에 주의하기 바랍니다.

7.03.01 플롯

자기 캐릭터가 전투 장면에 등장한 플레이어 전원은 6면체 주사위 하나를 손바닥 위에 숨기고, 1~6 중 원하는 숫자를 선택해서 그 면이 위를 향하게 합니다. 이 행동을 플롯, 숨겨둔 숫자를 속도라고 부릅니다.

전투에 참가한 전원이 플롯을 했다면 주사위 눈을 가린 손바닥을 동시에 치우고 속도를 공개합니다.

속도를 공개했다면 전투 시트에서 자기 속도와 같은 수치가 적혀있는 장소에 자기 캐릭터의 말을 배치합니다. 이때 같은 속도에 캐릭터가 두 명 이상 있으면 버팅이 발생합니다.

7.03.01.01 버팅

플롯을 공개했을 때 같은 속도에 두 명 이상의 캐릭터가 있으면 그 속도에서 버팅(butting)이 발생합니다. 버팅이 일어나면 해당 속도에 있는 캐릭터 전원이 1점의 대미지를 입습니다. 메인 페이즈의 전투라면 이 대미지를 입고 전투에서 탈락합니다.

버팅 처리가 끝나면 속도가 높은 캐릭터부터 순서대로 차례를 가져「공격 처리」를 합니다. 그 후에는 어떤 효과로 인해 같은 속도에 여러 명의 캐릭터가 있게 되더라도 버팅이 일어나지 않습니다. 버팅이 일어나는 것은 플롯을 공개할 때뿐입니다.

7.03.01.02 같은 속도

【위험감지】어빌리티의 효과를 사용했을 때나 클라이맥스 페이즈에 전투를 할 때는 같은 속도에 두 명 이상의 캐릭터가 있을 수도 있습니다. 그런 경우는 해당 속도에 있는 캐릭터 전원이 1D6을 굴려서 높은 눈이 나온 순서로 차례를 가집니다. 주사위 눈이 같다면 차이가 생길 때까지 1D6을 다시 굴립니다.

7.03.01.03 게임 마스터의 플롯

게임 마스터는 플레이어와 달리 해당 전투 장면에 등장한 NPC의 수만큼 플롯을 합니다.

7.04 공격 처리

자기 차례가 되면 공격을 1회 합니다.

공격할 캐릭터는 자기가 습득한 공격 어빌리티 하나와 목표 하나를 선택합니다. 목표는 전투 장면에 등장한 캐릭터라면 누구든지 선택할 수 있습니다.

이어서 공격 어빌리티의 지정특기로 행동판정을 합니다. 이 판정을 명중판정이라고 부릅니다.

명중판정이 성공하면 공격 대상이 된 캐릭터는 회피판정을 합니다. 회피판정의 목표치는 자신의 속도+4 입니다. 회피판정은 특기를 사용하지 않지만, 행동판정으로 취급합니다.

목표가 회피판정에 성공하면 공격은 실패합니다. 해당 공격을 무효로 할 수 있습니다. 회피판정이 실패하면 공격은 성공하고, 목표는 공격 어빌리티의 효과에 따른 대미지를 입습니다.

명중판정에 실패하면 공격은 실패합니다. 그 경우 회피판정은 발생하지 않습니다.

7.04.01 명중판정의 스페셜

명중판정에서 스페셜이 발생하면 입히는 대미지가 1D6점 증가합니다.

7.04.02 회피판정에 대한 수정

만약 회피판정을 할 캐릭터가 명중판정에 사용된 특기와 같은 특기를 습득하고 있다면 회피판정에 +1의 수정을 적용합니다.

또, 명중판정에 사용한 특기가 회피판정을 할 캐릭터의 【공포심】에 해당하는 특기와 같다면 회피판정에 -2의 수정을 적용합니다.

이 두 가지 수정은 누적됩니다.

7.04.03 블록

만약 전투 중에 동료가 대미지를 입었다면, 대미지를 입은 캐릭터 이외의 캐릭터는 블록을 시도할 수 있습니다.

블록을 할 때는 해당 공격에 사용된 특기로 판정합니다. 성공하면 동료가 입을 대미지를 1D6점만 대신 입을 수 있습니다. 블록을 하는 캐릭터가 공격을 대신 받음으로써 본래의 대미지보다 큰 대미지를 입는 일은 없습니다.

7.04.04 지원행동

자기 차례에 공격을 하지 않고, 대신 다른 행동을 할 수도 있습니다. 그런 행동을 지원행동이라고 부릅니다.

지원행동은 한 라운드에 1회밖에 할 수 없습니다.

지원행동에는 아래의 다섯 종류가 있습니다.

● 전장이동

누구나 습득하고 있는 서포트 어빌리티입니다. 이 어빌리티를 사용하면 다음 라운드의 「라운드 시작」에 전투에 참가한 캐릭터 전원이 플롯을 합니다.

● 그 밖의 어빌리티

자신이 습득한 서포트 어빌리티 중에서 효과에 「지원행동」이라고 적혀 있는 어빌리티를 사용할 수 있습니다.

● 전투 중의 재훈련

자신이 습득한 어빌리티 하나의 지정특기를 다른 것으로 변경할 수 있습니다. 「6.03.03 재훈련」과 같은 절차로 변경할 수 있습니다.

● 상황을 본다

해당 라운드 동안, 상황을 본 이후에 누군가가 행동판정을 할 때 한 번만 -1의 수정을 적용할 수 있습니다.

● 의식판정

게임 마스터가 설정한 의식의 절차 중 하나에 도전할 수 있습니다. 지정된 특기로 판정하여 성공하면 의식을 한 단계 진행할 수 있습니다. 자세한 것은 「11.13.03 의식」 항목을 참조하기 바랍니다.

7.05 라운드 종료

전투에 참가한 플레이어 모두가 공격 처리를 끝내면 라운드를 종료합니다.

라운드 종료 시점에서 아래의 두 조건 중 하나가 성립됐다면 전투는 끝납니다.

· 전투에 참가한 캐릭터가 1명 이하가 되었다.
· 전투에 참가한 캐릭터의 수만큼 라운드가 지났다.

위의 조건 중 어느 쪽도 성립되지 않았다면 전투를 속행합니다. 다음 라운드가 되어 다시 「라운드 시작」부터 처리를 진행합니다.

만약 전원이 탈락했다면 해당 전투는 승자 없이 끝납니다.

7.05.01 자발적인 탈락

라운드가 종료될 때 플레이어는 자기 PC를 자발적으로 탈락시킬 수 있습니다. 자발적인 탈락을 바란다면 「라운드 종료」에 그 뜻을 선언합니다.

이때, 전투에 참가한 다른 캐릭터는 그 자발적인 탈락을 방해하겠다고 선언할 수 있습니다. 아무도 방해 선언을 하지 않는다면 자발적인 탈락은 성공합니다.

만약 방해가 선언되었다면, 자발적인 탈락을 하기 위해서는 행동판정을 해야 합니다. 이 판정을 도주판정이라고 부릅니다.

누군가가 도주판정을 한다면 지각 분야에서 무작위로 특기를 하나 선택합니다. 이것이 해당 라운드에 하는 도주판정에 사용할 특기가 됩니다. 이 판정에 성공하면 자발적인 탈락은 성공합니다. 해당 캐릭터는 전투에서 도망칠 수 있습니다. 도주판정에 실패한 캐릭터는 다음 라운드에 다시 도전하거나, 자기 이외의 캐릭터에게 【생명력】을 1점 이상 감소당할 때까지 탈락할 수 없습니다.

특정 라운드에 자발적인 탈락에 대한 방해 선언을 한 캐릭터는 해당 라운드의 종료 시점에 자발적인 탈락을 시도할 수 없습니다. 또, 특정 라운드에 자발적인 탈락을 시도한 캐릭터는 해당 라운드의 종료 시점에 다른 캐릭터가 시도하는 자발적인 탈락에 대한 방해 선언을 할 수 없습니다.

7.06 전과(戰果)

전투가 끝나면 승자는 패자 중에서 1명을 선택해서 아래의 네 가지 전과 중 원하는 것을 하나 얻을 수 있습니다.

● 정보

그 캐릭터가 가진 【거처】, 【비밀】, 【정신상태】 중 한 가지 【정보】를 획득할 수 있습니다.

● 감정

임의의 【감정】을 하나 선택합니다. 자신에 대한 해당 【감정】을 패자가 획득하게 하거나, 자신이 패자에 대해 해당 【감정】을 획득할 수 있습니다. 자신 또는 패자가 상대에 대해 이미 어떤 【감정】을 가지고 있다면 그것을 새로 획득한 【감정】으로 변경합니다.

● 광기

선택한 패자가 PC인 경우에만 고를 수 있습니다. 해당 캐릭터는 【광기】를 1장 획득합니다.

● 프라이즈

그 캐릭터가 프라이즈를 가지고 있다면 그것을 빼앗을 수 있습니다.

7.06.01 특수한 상황

게임 마스터가 복잡한 시나리오를 만들고 싶다면, 프라이즈의 소유자가 판명되어야만 프라이즈를 전과로 선택하게 할 수 있습니다. 이러면 프라이즈의 소유자를 조사할 방법을 시나리오에 설정해야 합니다(가장 간단한 것은 프라이즈를 소유한 자의 【비밀】에 기재해두는 것입니다).

7.07 행동불능

【생명력】이 0점인 캐릭터는 아무런 행동도 할 수 없습니다. 이런 캐릭터의 상태를 행동불능이라고 부릅니다. 【생명력】이 1점 이상이 되면 행동불능은 해제됩니다.

메인 페이즈의 경우, 행동불능이 된 캐릭터는 각 장면이 시작할 때 자동으로 【생명력】을 1점 회복할 수 있습니다.

7.08 전투 장면 중의 서포트 어빌리티 사용

전투에 참가한 플레이어는 차례와 관계없이 서포트 어빌리티를 해당 어빌리티의 지정된 타이밍에 사용할 수 있습니다. 단, 같은 서포트 어빌리티는 한 라운드에 1회밖에 사용할 수 없습니다.

7.09 연출수정

전투에 참가하지 않은 캐릭터는 한 라운드에 한 명당 1회만 전투의 상황을 조작할 수 있습니다. 이것을 연출수정이라고 부릅니다.

연출수정은 전투에 참가한 캐릭터가 행동판정을 할 때 해당 판정에 +1, 또는 -1의 수정을 적용할 수 있는 행동입니다. 연출수정을 하는 플레이어는 왜 그런 수정이 생기는지에 대해 장면을 연출합니다.

전투에서 탈락한 PC의 플레이어는 연출수정을 할 수 없습니다.

8 공포와 광기

공포와 【광기】는 『인세인』의 중심이 되는 규칙입니다. PC는 게임 중에 여러 가지 무시무시한 체험을 합니다. 그런 사건은 PC의 마음을 침식합니다. 괴이나 사건에 맞서려면 플레이어들이 공포와 광기가 무엇인지를 알고, PC의 정신적인 밸런스를 유지해야 합니다.

8.01 공포란?

『인세인』에서는 PC가 뭔가 무서운 것과 만났을 때 거기에 견딜 수 있을지를 판정합니다. 그렇다면 PC들은 어떤 것을 무섭다고 느낄까요? 여기에서는 PC들이 두려워하는 「무언가」의 대표적인 예를 소개합니다.

● 폭력적인 공포

자기 몸의 이상, 심각한 출혈, 무참한 시체, 잔혹한 학대의 현장, 비참한 전장 등.

● 정서적인 공포

집요한 마음으로 점철된 편지나 일기, 비정상적인 애정, 배신이나 실연 따위로 인한 친한 사람과의 이별 등.

● 지각적인 공포

섬뜩한 예술작품, 비명이나 단말마, 배신의 말, 충격적인 영상, 식인행위 같은 금기 등.

● 기술적인 공포

첨단 기술의 폭주, 기계의 오작동이나 사고, 자신의 존재가치를 빼앗을지도 모르는 새로운 발명 등.

● 지식적인 공포

비인도적인 지식, 부조리한 진실, 국가적 음모, 사회적인 신분의 상실, 괴이에 관해 기록된 지식 등.

● 괴이적인 공포

유령, 이세계의 악마, 학교의 괴담, 마술이나 초능력, UFO나 에일리언 같은 초자연적 존재나 현상, 능력 등.

이상은 PC들이 공포를 느낄지도 모르는 대상의 예시입니다. 이런 존재와 만난 PC는 해당 공포에 견딜 수 있을지를 두고 판정합니다. 이 판정을 공포판정이라고 부릅니다.

여기에 소개한 예시 외에도 자신의 육체나 정신, 상식이나 윤리를 위협하는 존재를 만난 PC는 공포를 느낄 가능성이 있는 것으로 봅니다.

캐릭터의 설정이나 각 능력(성별이나 연령, 직업, 【감정】이나 【공포심】 등)도 그 판단의 재료가 됩니다. 다른 사람에게는 아무것도 아닌 것이 누군가에겐 견디기 힘든 공포인 경우는 드물지 않습니다.

그런 경우를 근거로 둔다면 게임 마스터는 공포의 대상을 넓게 해석해도 상관없습니다. 게임 마스터는 위 예시에 없더라도 공포를 느낄 가능성이 있다고 판단한 것과 PC가 만난 경우, 해당 PC에게 공포판정을 요구할 수 있습니다.

8.02 공포판정

게임에서 PC가 어떤 장면에 등장했을 때, 공포를 느낄 가능성이 있는 「무언가」와 만난 시점에서 공포판정을 합니다. 공포판정은 행동판정입니다. 사용할 특기는 게임 마스터가 결정합니다. 공포판정의 특기는 해당 공포의 대상에게서 연상되는 것을 선택합니다. 날붙이에 목이 잘린 시체라면 《절단》, 무서운 소리를 들었다면 《소리》, 두려운 악몽이라면 《꿈》……과 같이 선택합니다.

공포판정에 사용할 특기를 뭐로 하면 좋을지 감이 오지 않는다면 해당 공포의 대상이 속한 분야에서 무작위로 특기를 하나 고를 수도 있습니다.

공포판정에 실패한 PC는 【광기】를 1장 획득합니다. 공포에 견디지 못하고 마음의 형태가 변해버리거나 자신에게 유리하게 해석할 수 있는 망상을 믿어버리는 것입니다.

8.02.01 공포에 대한 적응

인간의 정신은 무른 부분도 있는 반면, 높은 적응능력을 갖추고 있습니다. 한 번 느낀 공포에는 익숙해질 때도 있습니다.

각 PC는 같은 세션 중에 자신이 공포판정에 시도한 적이 있는 것과 같은 종류의「무언가」를 만나도 다시 공포판정을 할 필요가 없습니다.

예컨대 한 번 좀비를 목격하고 공포판정을 한 PC는, 같은 세션 중에 걸어 다니는 시체를 목격해도 공포판정을 할 필요가 없습니다.

하지만 같은 종류인지 판가름하기는 미묘한 문제입니다. 예시에 등장한 PC는 각양각색의 좀비를 목격해도 공포판정을 할 필요가 없을 것입니다. 하지만 그중에서 소중한 연인의 모습을 본다면? 또, 좀비가 너무 많이 늘어나서 지금까지의 일상을 되찾는 것이 불가능하다는 것을 알고 말았다면? 그럴 때는 다시 공포판정을 해야 합니다.

플레이어는 자기 PC에게 가능한 한 유리하게 적용되도록「공포에 대한 적응」규칙을 해석하여 주장할 수 있습니다. 하지만 최종적으로 공포의 대상이 이미 만난 것과 같은 종류인지는 게임 마스터가 판단합니다.

8.02.02 적응의 예외

공포를 느낄 가능성이 있는「무언가」가 PC의【공포심】으로 설정된 것과 같거나 매우 비슷한 존재라면「공포에 대한 적응」규칙은 적용되지 않습니다.

8.03 광기

【광기】란 캐릭터가 끌어안은 정신적인 문제입니다.

【광기】는【마음의 어둠】의 일종으로, 그 내용을 자발적으로 다른 플레이어에게 가르쳐줄 수 없습니다.【광기】를 획득한 플레이어는 몰래 내용을 확인한 후 뒷면이 보이도록 뒤집어서 자기 앞에 놓아둡니다. 게임 중에 혼자 내용을 확인하는 것은 상관없습니다.

8.03.01 광기의 내용

【광기】의 내용에는 아래의 항목이 있습니다.

● 이름

　【광기】의 이름입니다. 「카운슬링」을 하기 위해서는 이 이름을 파악해야 합니다.

● 트리거

　마음속의【광기】가 폭주하는 조건입니다. 게임 중에 이 조건이 충족되면【광기】의 내용을 공개합니다. 공개된【광기】는 현재화한【광기】라고 부릅니다.

● 효과

　【광기】의 효과입니다. 현재화했을 때 효과를 발휘합니다.

Handout

광기	의심암귀
트리거	같은 장면에 있는 당신 이외의 캐릭터가 펌블을 발생시켰다.

　주위에 대한 의혹이 심해진다. 누군가가 당신을 배신하고 있다! 이 【광기】가 현재화한 장면에 등장한 당신 이외의 PC 중에서 1명을 선택해서 2점의 대미지를 입힌다.

이 광기를
스스로 밝힐 수는 없다.

Handout

광기	확산하는 공포
트리거	같은 장면에 있는 누군가(당신도 포함)가 펌블을 발생시켰다.

　당신은 모든 것이 무서워진다. 당신의 【공포심】에 해당하는 특기를 1개 고른다. 그 상하좌우의 위치에 있는 특기도 【공포심】으로 간주한다.

이 광기를
스스로 밝힐 수는 없다.

Handout

광기	의존
트리거	당신이 「진통제」를 사용한다.

　당신은 아픔을 견딜 수 없다. 세션이 끝날 때까지 당신이 장면 플레이어인 장면에서 당신의 【생명력】이나 【이성치】가 1점 이상 감소되어 있는 경우, 「진통제」를 가지고 있다면 반드시 사용해야 한다.

이 광기를
스스로 밝힐 수는 없다.

Handout

광기	소외감
트리거	같은 장면에 당신 이외의 PC가 등장하지 않았다.

　모두가 당신을 싫어한다는 망상에 사로잡힌다. 다음에 공포판정에 실패하면 당신 자신에게 1D6점의 대미지를 입힌다(한 번만).

이 광기를
스스로 밝힐 수는 없다.

Handout

광기	거동수상
트리거	당신이 괴이에게 대미지를 입는다.

당신은 자신이 괴물에게 감염당했거나 무언가를 주입당했다는 망상에 사로잡혔다. 세션이 끝날 때까지 조사판정과 감정판정에 -1의 수정을 적용한다.

이 광기를
스스로 밝힐 수는 없다.

Handout

광기	맹목
트리거	당신이 공포판정을 한다.

당신의 마음은 이 이상 무서운 것을 보기를 거부하고 있다. 당신은 자신이 새로 【광기】를 공개할 때까지 조사판정과 명중판정에 -2의 수정을 적용한다.

이 광기를
스스로 밝힐 수는 없다.

Handout

광기	말을 잃다
트리거	누군가가 당신에 대한 마이너스 【감정】을 획득한다.

당신은 강한 적의를 느꼈다. 누군가와 이야기하는 것이 무섭다. 당신은 자신이 새로 【광기】를 공개할 때까지 「정보공유」로 【정보】를 획득할 수 없다. 또, 드라마 장면에서 누군가에게 자발적으로 【정보】를 넘겨줄 수 없다.

이 광기를
스스로 밝힐 수는 없다.

Handout

광기	패닉
트리거	당신이 대미지를 입는다.

당신은 폭력이 두렵다. 전투가 벌어지면 마음이 심하게 동요하고 만다. 당신은 자신이 새로 【광기】를 공개할 때까지 전투 중의 펌블치가 1 증가한다.

이 광기를
스스로 밝힐 수는 없다.

Handout

광기	도를 넘어선 마음
트리거	당신이 누군가에 대해 【감정】을 획득한다.

마음속의 감정이 터질 것만 같다. 이 【광기】가 현재화한 장면에 등장한 당신 이외의 PC 전원은 정서 분야에서 무작위로 특기 하나를 선택해서 공포판정을 해야 한다.

이 광기를
스스로 밝힐 수는 없다.

Handout

광기	피에 대한 갈망
트리거	당신이 누군가에게 대미지를 입힌다.

당신은 마음껏 잔혹하게 날뛰고 싶다고 생각한다. 이 【광기】가 현재화한 장면에 등장한 당신 이외의 PC 전원은 폭력 분야에서 무작위로 특기 하나를 선택해서 공포판정을 해야 한다.

이 광기를
스스로 밝힐 수는 없다.

Handout

광기	페티시
트리거	당신이 감정판정의 목표가 된다.

당신은 인조물에 대한 편애에 눈을 뜬다. 이 새로운 사랑의 형태를 모두에게 알리고 싶다. 이 【광기】가 현재화한 장면에 등장한 당신 이외의 PC 전원은 기술 분야에서 무작위로 특기 하나를 선택해서 공포판정을 해야 한다.

이 광기를
스스로 밝힐 수는 없다.

Handout

광기	절규
트리거	당신이 공포판정에 실패한다.

사건의 공포가 당신을 괴롭힌다. 다시 무슨 일이 벌어지면 오싹한 절규를 지르고 말 것이다. 이 【광기】가 현재화한 장면에 등장한 당신 이외의 PC 전원은 지각 분야에서 무작위로 특기 하나를 선택해서 공포판정을 해야 한다.

이 광기를
스스로 밝힐 수는 없다.

Handout

광기	괴물
트리거	당신이 펌블을 발생시킨다.

당신에게는 괴물 같은 일면이 있다. 이것을 들킬 수는 없다…… 이 【광기】가 현재화한 장면에 등장한 당신 이외의 PC 전원은 괴이 분야에서 무작위로 특기 하나를 선택해서 공포판정을 해야 한다.

이 광기를
스스로 밝힐 수는 없다.

Handout

광기	이질적인 언어
트리거	당신이 감정판정의 목표가 된다.

당신은 대우주의 잔혹한 진실을 알고 있다. 이것을 모두에게 이야기하고 싶다…… 이 【광기】가 현재화한 장면에 등장한 당신 이외의 PC 전원은 지식 분야에서 무작위로 특기 하나를 선택해서 공포판정을 해야 한다.

이 광기를
스스로 밝힐 수는 없다.

Handout

광기	기억상실
트리거	당신의 【이성치】가 감소한다.

당신은 잊고 싶어서 견딜 수 없는 괴로운 경험을 했던 것 같다. 당신은 자신의 【비밀】과 자신의 【거처】 이외의 【정보】를 모두 잃는다.

이 광기를
스스로 밝힐 수는 없다.

Handout

광기	현실도피
트리거	당신의 【이성치】가 감소한다.

당신은 현실에서 도망치고 싶어서 견딜 수 없다. 당신의 【이성치】가 1점 이상 감소한 상태라면, 당신이 장면 플레이어일 때 회복판정 이외의 주요행동을 할 수 없다. 이 효과는 당신이 새로 【광기】를 공개할 때까지 계속된다.

이 광기를
스스로 밝힐 수는 없다.

Handout

광기	어둠의 축복
트리거	당신이 공포판정에 실패한다.

보통 사람은 느끼지 못하는 불가사의한 직감이 당신을 직격한다. 아무나 캐릭터를 1명 선택해서 그 캐릭터의 【정보】하나를 획득할 수 있다. (이 【정보】획득에는 정보공유가 발생하지 않는다.)

이 광기를
스스로 밝힐 수는 없다.

Handout

광기	다중인격
트리거	당신의 【이성치】가 감소한다.

또 하나의 인격이 속삭인다. GM은 이 【광기】가 현재화한 장면이 끝난 뒤에 마스터 장면을 삽입하여 마음대로 이 캐릭터의 행동을 묘사할 수 있다. 마스터 장면이 끝나면 GM은 이 캐릭터에 대해 【감정】을 가진 캐릭터 1명을 선택하여, 그 【감정】을 임의로 변경하거나 그 캐릭터에게 2점의 대미지를 입힐 수 있다.

이 광기를
스스로 밝힐 수는 없다.

Handout

광기	결벽
트리거	당신이 감정판정의 목표가 된다.

타인이 자신을 만지는 것이 무섭다! 당신은 자신이 새로 【광기】를 공개할 때까지 드라마 장면에서 아이템을 전달하거나 전달받을 수 없다.

이 광기를
스스로 밝힐 수는 없다.

Handout

광기	공포증
트리거	당신이 공포판정에 실패한다.

그것을 보는 것도, 만지는 것도 견딜 수 없다. 당신은 자신이 새로 【광기】를 공개할 때까지 【공포심】으로 지정된 특기를 사용할 수 없다.

이 광기를
스스로 밝힐 수는 없다.

Handout

광기	실종
트리거	당신이 판정에 펌블을 발생시킨다. 또는 당신이 전투에서 패자가 된다.

　이곳은 당신이 있을 장소가 아니다. 이【광기】가 현재화한 장면이 끝나면 두 장면 동안 당신이 장면 플레이어가 아닌 장면에 등장할 수 없다. (마스터 장면에는 등장 가능)

이 광기를
스스로 밝힐 수는 없다.

Handout

광기	이성에 대한 공포
트리거	그 장면에서 당신이 이성 캐릭터와 단둘이 된다.

　이성이 두렵다. 그 녀석들은 괴물이다! 이【광기】가 현재화한 장면에 등장한 이성 캐릭터 중에서 무작위로 캐릭터를 선택하여 2점의 대미지를 입힌다.

이 광기를
스스로 밝힐 수는 없다.

Handout

광기	폭력충동
트리거	당신과 같은 장면에 있는 캐릭터(당신도 포함)가 대미지를 입는다.

　피다! 당신은 아무튼 누군가를 해치고 싶다. 이【광기】가 현재화한 장면에 등장한 PC 중에서 아무나 1명을 선택하여 1점의 대미지를 입힌다.

이 광기를
스스로 밝힐 수는 없다.

Handout

광기	광신자
트리거	누군가가 당신에 대한 마이너스【감정】을 획득한다.

　운명의 만남이 바로 근처로 다가왔음을 느낀다. 이【광기】가 현재화한 장면에 등장한 캐릭터 중에서 무작위로 1명을 선택한다. 그 캐릭터에 대해「광신」의【감정】을 획득한다. 그 후,「광신」을 가지고 있는 상대를 공격할 때마다 당신의【이성치】가 1점 감소한다.

이 광기를
스스로 밝힐 수는 없다.

8.03.02 미공개 광기

미공개인 【광기】는 해당 캐릭터의 마음속에서 끓어오르는 충동이나 기분을 나타냅니다. 현재화하지 않은 【광기】는 비교적 안전합니다.

하지만 그런 충동을 한없이 끌어안고 있을 수는 없습니다. PC는 미공개 【광기】를 3장까지 가질 수 있습니다. 미공개 【광기】가 4장 이상이 되면 그중에서 무작위로 【광기】를 선택해서 공개하여, 미공개 【광기】가 3장 이하가 되게 합니다. 이렇게 공개된 【광기】도 효과를 발휘합니다.

8.03.03 광기의 공개

【광기】의 트리거가 충족되면 소유자는 【광기】를 공개하고 그 효과를 적용합니다.

각 플레이어는 가능한 한 정직하게 【광기】를 공개해야 합니다. 하지만 때로는 트리거를 충족했는데도 플레이에 몰두하여 해당 【광기】의 존재를 잊어버릴 때가 있습니다. 그럴 때는 떠올린 시점에서 게임 마스터와 상담해야 합니다. 게임 마스터는 해당 【광기】의 내용을 확인하고, 확실하게 트리거를 충족했다는 판단이 서면 그 타이밍에 【광기】를 공개합니다. 물론 공개한 타이밍에 【광기】는 효과를 발휘합니다.

8.03.04 현재화한 【광기】

현재화한 【광기】는 실제로 캐릭터가 기묘한 행동을 하게끔 유도합니다. 이 상황은 다른 캐릭터도 인식할 수 있습니다. 【광기】가 현재화한 인물은 주위에 혐오감이나 공포심을 심어줄 수도 있습니다.

현재화한 【광기】가 1장 있을 때마다 캐릭터가 공격 어빌리티를 사용했을 때 입힐 수 있는 대미지가 1점 증가합니다.

8.04 착란상태

현재화한 【광기】의 수가 자신의 현재 【이성치】 수치를 넘으면 해당 캐릭터는 착란상태가 됩니다.

착란상태인 캐릭터는 생명이 위험한 상황에서 이성을 잃고 짐승처럼 날뜁니다. 의사소통은 거의 불가능합니다. 생명이 위험한 상황이란, 구체적으로는 전투 장면을 말합니다. 드라마 장면이라면 침착하게 행동하는 것도 가능합니다.

착란상태인 캐릭터는 전투 중에 플롯을 무작위로 정합니다. 또, 【생명력】이나 【이성치】를 1점 소비하지 않으면 공격과 전투에서의 자발적인 탈락을 제외한 모든 행동을 할 수 없습니다. 할 수 없는 행동이란 「회피판정」, 「블록 판정」, 「지원행동」, 「서포트 어빌리티의 사용」, 「아이템의 사용」입니다. 어디에도 해당하지 않는 행동이라면 게임 마스터가 할 수 있을지 없을지를 판단합니다.

8.05 광기의 탁류

시나리오에 설정된 【광기】 덱이 바닥나면 게임은 거기에서 끝납니다.

무수한 【광기】가 넘쳐남으로써 PC들은 파멸의 길을 걷고, 어떤 PC는 솔선해서 괴이를 해방해버립니다. 사태는 최악의 전개를 맞이하고, 세션의 무대가 된 장소에 무시무시한 재앙이 덮칠 것입니다. 그리고 그 재앙으로 인해 PC들은 일시적으로 의식을 잃어버립니다. 어떤 재앙이 덮쳤는지는 시나리오의 내용에 맞춰서 게임 마스터가 결정합니다.

【광기】 덱이 바닥나면 플레이어들은 각자 「배드엔드 표(P.224)」를 사용합니다. 그리고 PC들의 「그 후」를 무작위로 결정합니다.

그다음에, 「10 세션의 종료와 성장」을 처리합니다.

8.06 욕구판정

플레이어는 자기 캐릭터가 무서운 존재와 마주치지 않도록 종종 소극적인 행동을 취할 수 있습니다. 예를 들면, 무서운 존재와 만나지 않으려고 처음부터 장면에 등장하길 거부하는 것입니다. 이런 행동은 자기 PC를 지키고자 하는 플레이어로서는 자연스러운 선택입니다.

하지만 세션 중에 PC가 목격하지 않은 것이 게임에서 묘사되는 일은 그리 흔하지 않습니다. 게임 마스터의 입장에서는 모처럼 준비한 무시무시한 풍경이나 잔혹한 전개를 선보이고 싶다고 생각할 수도 있습니다.

그럴 때, 만약 해당 장면에서 각 PC가 【호기심】으로 설정한 분야와 관계가 있는 것이 묘사된다면 게임 마스터는 욕구판정을 요구할 수 있습니다.

게임 마스터는 장면에 등장한 PC와 등장하지 않은 PC 양쪽 모두에게 욕구판정을 요구할 수 있습니다.

욕구판정은 행동판정입니다. 해당 PC가 【호기심】으로 설정한 분야에서 무작위로 특기 하나를 선택해서 판정합니다.

욕구판정에 성공하면 해당 PC의 플레이어는 장면에 등장하는 것을 거부하거나 중요한 공포의 대상에게서 눈을 돌릴 수 있습니다.

욕구판정에 실패한 PC는 해당 장면에 등장합니다(장면 플레이어의 의향을 무시할 수 있습니다). 그리고 호기심에 져서 무심코 특정 장소로 향하여 공포와 마주합니다.

장면에 등장하지 않은 PC가 욕구판정에 실패했다면, 욕구판정을 하기 직전에 해당 장면에 등장한 것이 됩니다(만약 해당 판정에서 펌블이 발생했다면 【광기】인 【확산하는 공포】나 【의심암귀】의 트리거를 충족한 것으로 봅니다).

배드엔드 표	
2	당신의 주위에 칠흑 같은 어둠이, 이형의 앞다리가, 무수한 촉수가 모여든다. 그들은 새로운 동료의 탄생을 축복하고 있다. 당신은 이제 괴이를 두려워하지 않는다. 왜냐하면, 당신 자신이 괴이가 되었기 때문이다. 이후, 당신은 괴이 NPC가 되어 등장한다.
3	감옥인지 수술실인지 모를 어두운 방에 감금된다. 그리고 매일같이 지독한 고문을 받았다. 어떻게든 틈을 노려서 도망칠 수는 있었지만⋯⋯. 무작위로 특기 하나를 선택한다. 그 특기가 【공포심】이 된다.
4	간발의 차이로 수수께끼의 조직에 소속된 에이전트에게 구조된다. 「너는 재능이 있다. 어때? 우리와 함께 일해보지 않겠어?」 당신은 원한다면 닌자/마법사/헌터가 되어 괴이와 싸울 수 있다. 그 경우, 당신은 다른 사이코로 픽션의 캐릭터로 다시 태어난다.
5	병원의 침대에서 눈을 뜬다. 오랫동안 지독한 악몽을 꾼 것 같은 기분이 든다. 그 세션의 후유증 판정에 -1의 수정을 적용하며, 펌블치가 1 증가한다.
6	어딘가의 민가에서 눈을 뜬다. 멋진 인물에게 구조되어 후한 간호를 받은 모양이다. 따로 페널티는 없다.
7	「위험해!」 거대한 절망이 당신을 덮쳐온다. 1D6-1점의 대미지를 입는다. 이것으로 【생명력】이 0점이 되었다면 당신은 사망한다. 단, 당신에게 플러스 【감정】을 가진 NPC가 있다면 그 NPC가 해당 대미지를 무효로 해준다.
8	다른 새로운 괴사건에 휘말린다. 고생 끝에 그쪽은 어떻게든 무사 해결! 따로 페널티는 없다.
9	큰 상처를 입고 생사의 갈림길에서 헤맨다. 임의의 특기로 판정한다. 실패하면 사망한다. 이때 감소한 【생명력】만큼 마이너스 수정을 적용한다.
10	눈을 뜨자 낯선 장소에 있었다. 여기는 어디야? 나는 누구지? 아무래도 공포에 질린 나머지 기억을 잃어버린 모양이다. 공적점이 있다면 그것을 1점 잃는다.
11	눈을 뜨자, 그곳은 평소 지내던 장소였다. 하지만 어딘지 위화감이 느껴진다. 당신들 이외에는 아무도 사건에 대해 모르는 모양이다. 분명히 죽었던 그 사람도 살아있다. 시간을 여행한 것인가? 아니면 여기는 다른 세계선인가⋯⋯? 무작위로 특기를 하나 선택한다. 그 특기가 【공포심】이 된다.
12	뒤를 돌아보니 압도적인 「그것」이 기다리고 있었다. 무자비한 일격이 당신을 덮치고, 당신은 사망한다.

⑨ 클라이맥스 페이즈

클라이맥스 페이즈는 시나리오에 설정된 마지막 페이즈이며, 괴이와 직접 만나는 페이즈이기도 합니다. 클라이맥스 페이즈는 마스터 장면으로 간주합니다. 클라이맥스 페이즈가 되는 조건은 게임 마스터가 시나리오마다 설정합니다.

클라이맥스 페이즈에는 플레이어 전원이 참가합니다. 클라이맥스 페이즈의 전투는 「탈락」, 「종료조건」, 「회상 장면」, 「사망」 이외에는 전투 장면과 똑같이 처리합니다.

9.01 클라이맥스에서의 탈락

클라이맥스 페이즈에서는 【생명력】을 1점 잃는 것만으로는 탈락하지 않습니다. 【생명력】이 0점이 되어 행동불능이 된 캐릭터가 탈락합니다.

또, 게임 마스터는 자발적인 탈락을 제한할 수 있습니다. 압도적인 괴이에게서 도망치는 것이 시나리오의 목표라면 자발적인 탈락을 종료조건으로 설정할 수 있습니다.

9.02 종료조건

클라이맥스 페이즈에서는 전투의 종료조건을 게임 마스터가 마음대로 결정할 수 있습니다.

9.03 회상 장면

각 캐릭터는 클라이맥스 페이즈 중에 1명당 1회까지 회상 장면을 할 수 있습니다. 회상 장면을 할 수 있는 타이밍은 다음의 두 가지입니다.

● 달성치 증가

자신이 행동판정을 하기 전에 【비밀】을 공개하고, 거기에 관련된 회상 장면을 연출합니다. 회상 장면의 연출을 끝내면 행동판정에 +3의 수정을 적용할 수 있습니다.

● 대미지 증가

자기 공격의 명중판정이 성공하고, 상대가 회피판정에 실패했을 때, 자신의 【비밀】을 공개하며 거기에 관련된 회상 장면을 연출합니다. 회상 장면의 연출이 끝나면 원래의 공격 효과에 더하여 대미지를 추가로 1D6점 입힐 수 있습니다.

9.04 사망

클라이맥스 페이즈에서는 【생명력】이 0이 된 시점에서 탈락합니다. 그런데 여기에서 플레이어는 자기 캐릭터를 「사망」시킬 수 있습니다. 「사망」을 선택하면 그 타이밍에 아래의 행동 중에서 한 종류를 할 수 있습니다. 단, 해당 캐릭터는 소실되어 두 번 다시 사용할 수 없습니다.

● 공격

공격 어빌리티를 1회 사용할 수 있습니다. 특기는 모두 사용할 수 있는 것으로 간주합니다.

● 유언

자신이 가지고 있는 【정보】를 임의의 캐릭터 1명에게 원하는 만큼 전할 수 있습니다.

9.04.01 NPC의 사망

어빌리티나 【광기】의 효과로 NPC의 【생명력】이 0이 되었을 때, 그 원인을 제공한 플레이어는 해당 NPC를 「사망」시킬 수 있습니다. 이때 NPC는 「공격」이나 「유언」을 사용할 수 없습니다.

⑩ 세션의 종료와 성장

클라이맥스 페이즈가 끝나면 각 캐릭터의 에필로그를 처리하고 게임을 끝냅니다. 에필로그는 게임 마스터가 세션의 결과를 반영하여 자유롭게 내용을 정합니다.

캐릭터가 그 후 어떻게 되었는지를 간단하게 설명해도 되고, 1사이클을 들여서 각 캐릭터의 결말 장면을 처리해도 됩니다.

10.01 후유증

세션 중에 【광기】가 현재화한 PC는 영구적인 마음의 상처를 입을 가능성이 있습니다. 에필로그가 끝나면 마음의 상처를 입었는지를 판정합니다. 이 판정을 후유증 판정이라고 부릅니다. 후유증 판정은 행동판정입니다.

세션이 끝날 때, 【광기】가 현재화한 PC는 후유증 판정을 합니다. 후유증 판정을 할 때는 정서 분야에서 무작위로 특기를 하나 선택합니다. 이것이 해당 PC가 후유증 판정에 사용할 특기입니다. 후유증 판정은 해당 PC의 현재화한 【광기】 수만큼 펌블치가 증가합니다.

후유증 판정에 성공하면 아무 일도 일어나지 않습니다. 후유증 판정에서 스페셜이 발생하면 현재의 【공포심】을 하나 없앨 수 있습니다(단, 【공포심】의 수를 1개 미만으로 만들 수는 없습니다).

후유증 판정에 실패하면 【공포심】이 하나 늘어납니다. 해당 PC가 현재 가지고 있는 【공포심】 중에서 하나를 선택한 후, 특기 리스트에서 해당 특기의 상하좌우에 인접한 다른 특기 중 하나를 선택합니다. 그것이 새로운 【공포심】입니다. 후유증 판정에서 펌블이 발생했다면 추가로 【공포심】이 하나 더 늘어납니다.

또, 세션이 끝날 때 착란상태였던 PC는 후유증 판정의 성공 여부와 관계없이 【공포심】이 하나 늘어납니다.

후유증 판정으로 【공포심】이 5개 이상이 된 PC는 정신이 매우 불안정해집니다. 도입 페이즈에서 【공포심】이 5개 이상인 캐릭터는 【광기】를 1장 획득합니다. 자세한 것은 「4.03 불안정한 정신」 항목을 참조하기 바랍니다.

10.02 공적점 획득

각 캐릭터는 공적점을 획득합니다. 이때, 각 캐릭터의 플레이를 돌이켜보고 그 내용과 「공적점을 받을 수 있는 조건」을 비교합니다.

조건 중에는 기준이 추상적이라 사람마다 해석이 달라질 수 있는 것도 있습니다. 그럴 때는 플레이어끼리 의논해서 조건을 만족했는지를 판단합니다. 의견이 서로 엇갈린다면 게임 마스터가 결정합니다.

공적점을 받을 수 있는 조건	
새로운 세계의 발견	해당 세션에서 새로운 괴이를 보고 공포판정에 실패했다. 1점
세션에 마지막까지 참가했다	클라이맥스 페이즈에 참가하여 그 장면에서 탈락하지 않았다. 1점
롤플레이	플레이어가 해당 캐릭터에게 설정된 【감정】이나 【광기】를 잘 연기했다. 1점
프라이즈 획득	세션에서 프라이즈를 획득했다. 처음부터 가지고 있던 경우는 여기에 해당하지 않는다. 1점
심금을 울렸다	각 플레이어는 해당 세션에서 가장 심금을 울린 캐릭터를 1명 선택해서 그 캐릭터에게 1점의 공적점을 줄 수 있다. 단, 자신을 선택할 수는 없다. 아무도 선택하지 않을 수는 있다. 1점
사명의 달성	해당 세션에서 제시받은 【사명】(【진정한 사명】이 있다면 그쪽)을 달성했다. 3점

10.03 리스펙

세션이 끝나면 해당 세션에서 잃은 【생명력】과 【이성치】를 모두 회복하고, 【감정】, 【정보】, 【광기】는 리셋됩니다. 그리고 가지고 있는 프라이즈와 아이템은 모두 없어집니다. 단, 다음 세션이 시작하기 전까지 아이템을 아무거나 합계 2개 획득할 수 있습니다.

또, 캐릭터는 세션과 세션 사이에 특기나 어빌리티를 다른 것으로 변경할 수 있습니다.

10.04 공적점의 사용

리스펙 타이밍에 공적점을 사용할 수 있습니다. 사용한 공적점은 소비되며, 회복되지 않습니다.

공적점은 아래의 내용대로 사용할 수 있습니다.

● 어빌리티의 습득

공적점을 「【기본공격】과 【전장이동】을 제외한 현재의 어빌리티 수×4」점 사용할 때마다 새로운 어빌리티를 하나 습득합니다.

● 공포심의 극복

공적점을 5점 사용할 때마다 【공포심】을 하나 없앨 수 있습니다. 단, 이 효과로 【공포심】을 0개로 만들 수는 없습니다.

● 경제력의 상승

공적점을 2점 사용하면 다음 세션에서 시작할 때 받을 수 있는 아이템의 수가 1개 늘어납니다. 단, 이 효과로는 아이템을 최대 2개까지밖에 늘릴 수 없습니다. 또, 늘어난 아이템도 다음 세션이 끝나고 리스펙 타이밍에 없어집니다.

⑪ 시나리오

　게임 마스터는『인세인』을 플레이할 때 시나리오를 준비해야 합니다. 시나리오란 세션 1회분의 대략적인 이야기와 캐릭터들의 설정, 그리고 등장 NPC의 데이터 같은 것을 모아둔 세트입니다. 여기에서는 간단하게 시나리오를 작성하는 방법을 소개합니다.

11.01 시나리오의 타입

『인세인』의 시나리오에는 몇 가지 타입이 있습니다. 우선 작성할 시나리오의 타입을 아래에서 선택합니다.

● 대립형

　대립형 시나리오는 플레이어가 조종하는 봉마인들이 두 진영으로 나뉘어 서로 다투는 내용입니다. 대립형 시나리오를 작성할 때는 두 진영을 설정해야 합니다. 예를 테면 어떤 사악한 신(邪神)을 부활시키려는 측과 부활을 저지하는 측을 설정합니다. 그리고 각 PC가 각자 어느 진영에 소속될지를 정하고, 거기에 관련된【사명】이나【비밀】을 설정합니다.『인세인』의 전투는 수적 불리함을 극복하기 어렵습니다. 두 진영이 숫적으로 동등한 규모가 되도록【사명】이나【비밀】의 내용을 설정해야 합니다.

● 협력형

　협력형 시나리오는 플레이어가 조종하는 봉마인들이 협력해서 괴사건의 수수께끼를 푸는 내용입니다. 협력형 시나리오를 작성할 때는 클라이맥스 페이즈에 괴사건의 진상이 밝혀지는 전개를 준비합니다. 또, 괴사건을 일으킨 괴이(NPC)와도 만나야 합니다.【사명】이나【비밀】속에 클라이맥스 페이즈로 가기 위한 조건이나 괴이의【거처】, 괴이를 쓰러뜨릴 방법을 써둡니다.

● 배틀로열형

　배틀로열형 시나리오는 플레이어가 조종하는 봉마인들이 최후의 한 사람이 남을 때까지 싸우는 내용입니다. 배틀로열형 시나리오에는 플레이어들이 쟁탈할 프라이즈나 승리조건, 거기에 관련된【사명】이나【비밀】을 설정해야 합니다.

● 특수형

협력형, 대립형, 배틀로열형을 조합한 시나리오입니다. 일단 대립형이지
만, 플레이어들이 잘 처신하면 협력형으로도 플레이할 수 있도록 합시다.
또, 삼파전의 대립형 시나리오 같은 것도 재미있습니다.

11.02 사건의 배경

괴사건의 개요를 설정합니다.

사건의 개요나 무대가 되는 장소의 설정, 봉마인들 이외에 어떤 세력이
관계되어 있는지를 정합니다.

무대의 경우, 게임에 익숙해질 때까지는 현대 배경의 지방 도시로 하는
것이 좋습니다. 가공의 도시를 설정해도 되고, 함께 플레이하는 플레이어
들이 잘 아는 지방의 도시를 선택해도 됩니다. 이국적인 정서의 시나리오
를 플레이하고 싶다면 「13 세계설정」에 있는 「광란의 20년대」나 「빅토리
아의 어둠」등을 무대로 삼으면 됩니다.

11.03 플레이어 수

그 시나리오에 참가할 플레이어 수를 결정합니다. 2~6명까지 플레이할
수 있지만, 4명으로 플레이하는 것을 추천합니다. 대립형 시나리오를 플
레이할 때는 플레이어의 수가 짝수가 되게 하시기 바랍니다. 대립형 시나
리오의 플레이어 수가 홀수라면 PC들과 동등한 데이터를 가진 NPC를 1
명 준비해서 수가 적은 쪽의 진영에 참가시킵니다.

11.04 NPC

NPC는 게임 마스터가 조종하는 캐릭터입니다. 시나리오의 히로인이나
적으로 등장할 괴이 등이 해당합니다. 사건의 배경에 따라 자유롭게 설정
하기 바랍니다.

적이나 아군으로서 전투에 참가하는 경우는 캐릭터 제작 규칙에 따라 데이
터를 설정합니다. 혹은 에너미 데이터를 사용할 수도 있습니다.

11.04.01 NPC의 공포와 광기

게임 마스터는 시나리오에서 여러 명의 NPC를 담당하게 됩니다. 이들을 세세하게 관리하기는 힘듭니다.

NPC가 괴이나 다양한 공포(「8.01 공포란?」 참조)를 접한 경우, 공포판정의 결과는 주사위를 굴리지 않고 게임 마스터가 편한 대로 결정합니다. 시나리오의 진행에 수월한 방향으로 판정의 결과를 결정하여 적용합니다.

공포판정에 실패한 것으로 간주하는 경우도【광기】를 관리할 필요는 없습니다. 넋이 나가거나, 절규하거나, 의미불명의 말을 중얼거리면서 해당 장면 동안 행동을 못 하게 하면 됩니다. 전투 중이라면 착란상태로 간주해도 좋습니다.

괴이 NPC는 공포판정에 항상 성공하는 것으로 간주합니다.

만약 게임 마스터가 공포판정이나【광기】를 PC와 동등하게 처리하는 NPC를 등장시키고 싶다면, 1명까지는 등장시킬 수 있습니다. 이런 NPC를「게스트」라고 부릅니다. 게스트는 PC와 같은 데이터를 가지며, 공포판정도 PC처럼 합니다. 게스트의【광기】는 게임 마스터가 관리합니다.

게임 마스터는 PC들의 라이벌이나 히로인 같은 중요한 NPC나, 대립형 시나리오에서 머릿수를 맞추기 위해 내보낸 NPC를 시나리오에 등장시킬 때 그들을 게스트로 삼을 수 있습니다.

11.04.02 엑스트라

데이터나 핸드아웃을 가지지 않은, 게임상 그다지 중요하지 않은 NPC는「엑스트라」라고 부릅니다. 게임 마스터는 마음대로 엑스트라를 설정해서 등장시킬 수 있습니다. 또, 장면 플레이어도 마음대로 엑스트라를 설정해서 장면에 등장시킬 수 있습니다. 엑스트라는 게임 마스터나 장면 플레이어가 선언한 대로 행동하고 처리됩니다.

1점 이상의 대미지를 입은 엑스트라는 사망합니다. 엑스트라가 전투에 말려들었다면 플롯은 무작위로 결정합니다. 엑스트라는 전투에서 공격, 회피판정, 블록, 지원행동, 자발적인 탈락 등 모든 행동을 할 수 없습니다.

11.05 괴이(怪異)

괴이는 『인세인』에서 시나리오의 중심입니다. 해당 시나리오에 등장할 괴이를 설정합니다.

괴이에 관한 설정은 게임 마스터가 묘사하고 싶은 「호러」에 맞춰서 정해야 합니다.

원령이나 슬픈 사연을 가진 괴이의 인연을 묘사하고 싶다면 괴이의 과거와 이해 가능한 범주의 행동원리를 설정해야 합니다. PC들은 사건을 조사하는 과정에서 괴이의 내면에 접근합니다.

한편, 크툴루 신화에 등장하는 무자비한 사신(邪神)처럼 이해할 수 없는 공포를 묘사하고 싶다면 그 두렵고도 놀라운 능력이나 외견의 설정에 집중해야 합니다. 그런 압도적인 존재는 등장한 시점에서 이야기를 끝내버립니다. 불쾌한 형용사를 구사하며 그들의 흔적이나 기적을 묘사합시다.

사이코 호러처럼 인간 심리의 공포를 묘사하고 싶다면 주역은 인간이 됩니다. 괴이는 어디까지나 조역으로 묘사합니다. 인간의 추악한 욕망이나 흉포한 정신을 드러내는 방아쇠가 될 법한 괴이를 설정하는 것이 바람직합니다. 소원을 들어주는 악마나 죽은 자를 소생하는 기술, 시간여행을 가능하게 하는 기계 등이 여기에 해당합니다.

여기에서 결정한 괴이의 설정이 시나리오에 등장하는 【비밀】의 대다수에 영향을 미칩니다.

11.05.01 미지의 존재

『인세인』에서 괴이에 관한 「올바른 지식」은 존재하지 않습니다. 괴이는 정체를 알 수 없기에 괴이인 것입니다. 게임 마스터가 시나리오를 작성할 때 마음대로 생각하면 됩니다. 설정에 일관성이 있다면 근사하겠지만, 없어도 문제는 없습니다. 때로는 설정의 여백이나 부조리함이 공포를 낳는 경우도 있습니다.

물론 이 책에 수록된 괴이의 데이터나 설정, 항간에 알려진 괴담이나 전승을 참고해도 전혀 문제가 없습니다. 단지 거기에 얽매일 필요 또한 없습니다.

11.06 공포 연출

『인세인』의 시나리오에 빼놓을 수 없는 것이 바로 무서운 장면입니다. 게임 마스터는 시나리오를 만들 때 PC들이 공포판정을 할 연출을 준비합니다.

심야에 자기 말고는 아무도 없는 방에서 들리는 기분 나쁜 소리, 엽기적이고 끔찍한 시체, 비정상적인 애정, 그리고 다양한 괴물들……. 등장하는 괴이들과 관련된 공포를 생각해 봅니다. 괴이의 설정에 더하여 다양한 호러 영화나 소설, 만화 등이 참고가 될 것입니다.

이러한 공포 연출은 사이클마다 1회 이상은 있어야만 합니다. 가볍게 시작해서 서서히 강도를 높여가는 것이 정석입니다. 단, 갑자기 무서운 장면을 목격하는 도입부터 시작하는 것도 하나의 방법입니다. 어느 방법을 쓰든 간에 클라이맥스 페이즈에는 화려한 공포 연출을 준비해야 합니다.

공포 연출은 마스터 장면으로 설정합니다. 마스터 장면이 발생할 조건(시간이나 PC들의 활약)을 설정하고, 그것이 충족되면 마스터 장면을 삽입해서 준비해 둔 무서운 장면을 묘사합니다. 게임 마스터링에 익숙해졌다면 특정한 PC의 장면에 그런 연출을 끼워 넣을 수도 있습니다.

또, 미리 준비해두지 않았더라도 세션 전개상 「이거 무섭다」라고 생각되는 장면이 생기면 게임 마스터는 그때마다 공포판정을 요구할 수 있습니다.

11.07 광기

게임 마스터는 해당 시나리오에서 사용할 【광기】를 선택합니다. 선택할 【광기】의 수는 시나리오에 참가하는 플레이어의 수×4장입니다. 굳이 특정한 【광기】를 준비할 필요가 없다면 이 책에 수록된 24장의 【광기】를 모두 1장씩 준비해서 뒤집은 상태로 섞은 후, 필요한 수가 남을 때까지 무작위로 사용하지 않을 【광기】를 선택합니다. 예컨대 플레이어가 4명이라면 【광기】는 16장이면 될 테니, 덱에서 적당히 8장을 빼면 됩니다.

시나리오의 내용에 따라서는 【광기】 덱의 내용을 편향시켜 세션의 전개를 제어할 수 있습니다. 게임 마스터는 특정한 【광기】를 선택하여 그것을 여러 장 덱에 넣을 수도 있습니다(같은 【광기】는 4장 이하로 하는 것이 좋습니다). 또, 시나리오의 내용에 맞춰서 자작 【광기】를 설정할 수도 있습니다. 그럴 때는 백지 【광기】를 복사해서 사용합니다.

11.07.01 광기를 자작할 때 주의할 점

【광기】를 자작할 때 주의할 점은 두 가지입니다.

하나는 트리거입니다. 가능한 한 세션 중에 일어날 수 있는 일을 트리거로 삼아야 한다는 점을 명심해야 합니다. 트리거가 지나치게 자세하거나 복잡한 【광기】는 공개하기 어렵습니다.

또 하나는 효과입니다. 【광기】에는 트리거가 설정되어 있지만, 반드시 해당 타이밍에만 공개된다고는 할 수 없습니다. 미공개 【광기】가 4장 이상이 되었을 때도 해당 【광기】가 공개될 가능성이 있습니다. 트리거의 내용과 효과가 지나치게 연계되지 않도록, 가능한 한 언제 공개되어도 문제없게 해야 합니다.

11.08 사명과 비밀

『인세인』의 시나리오에서 가장 중요한 부분은 PC와 NPC에게 설정된 【사명】과 【비밀】입니다. 괴이에 관련된 설정에 따라 정합니다.

11.08.01 사명

【사명】이란 캐릭터가 해당 시나리오에서 해야 할 행동입니다. PC에게는 달성할 수 있는 【사명】을 설정해줘야 합니다. 전형적인 【사명】의 예는 아래와 같습니다.

● 전형적인 사명의 예

- 프라이즈(중요 아이템)를 자신의 것으로 한다.
- 괴이를 퇴치한다.
- 괴이를 부활시킨다.
- 특정한 인물을 쓰러뜨린다/지킨다.
- 괴이의 앞잡이나 사건의 범인을 찾는다.
- 누군가와 특정한 인간관계를 맺는다.
- 누군가의 【사명】을 방해한다.
- 관계자 전원을 살린다.

【사명】의 내용은 달성 여부를 타인이 판단할 수 있도록 써두기 바랍니다. 단, 「친구의 웃음을 되찾는다」처럼 일부러 추상적으로 표현할 수도 있습니다. 그런 【사명】을 설정했다면 게임이 끝날 때 참가자끼리 플레이의 내용을 돌이켜보고 【사명】 달성 여부를 의논하게 합시다.

11.08.02 비밀

【비밀】은 그 캐릭터가 숨기고 싶어 하는 것입니다. 자신의 【비밀】을 스스로 남에게 보여줄 수는 없습니다. 전형적인 【비밀】의 예는 아래와 같습니다.

● 전형적인 비밀의 예

- **프라이즈가 있는 곳.**
- **당신이 프라이즈다.**
- **당신은 특정한 누군가에게 강한 감정(애정이나 살의)을 품고 있다.**
- **당신은 괴이의 앞잡이/또는 괴이 자체다.**
- **당신은 다른 세계/시간에서 찾아왔다.**
- **클라이맥스 페이즈에 도달하는 조건.**
- **괴이의 설정. 숫자나 약점, 【거처】나 능력 등.**
- **사건의 배경 설정.**

11.08.02.01 쇼크

『인세인』의 【비밀】에는 본 사람의 마음의 여유를 빼앗는 충격적인 것이 많습니다. 게임 마스터는 그런 【비밀】에 쇼크를 설정할 수 있습니다.

쇼크란에 무언가가 적혀 있는 【비밀】을 PC가 획득했다면 【이성치】가 1점 감소할 가능성이 있습니다. 【이성치】가 감소하는 것은 쇼크란에 적혀 있는 조건에 해당하는 인물뿐입니다. 게임 마스터는 이 조건을 마음대로 설정할 수 있습니다. 전형적인 쇼크 조건의 예는 아래와 같습니다.

● 전형적인 조건의 예

- **이 【비밀】의 소유자에 대한 플러스 【감정】을 획득하고 있다.**
- **○○ 분야의 특기를 【공포심】으로 가지고 있다.**
- **남성/여성.**

- **특정한 PC 이름.**
- **미공개 【광기】를 가지고 있다.**
- **전원.**

　【비밀】의 쇼크란에 「전원」이라고 적혀있다면 해당 【비밀】을 처음으로 획득했을 때 누구라도 【이성치】가 1점 감소합니다. 또, 【비밀】의 쇼크란에 아무것도 적혀있지 않으면 해당 【비밀】을 봐도 【이성치】가 감소하지 않습니다.

11.08.02.02 진정한 사명

　【비밀】에는 【진정한 사명】을 설정할 수 있습니다. 이런 경우는 【사명】을 달성해도 의미가 없으며, 【진정한 사명】을 달성해야 공적점을 얻습니다. 【비밀】에 【진정한 사명】을 설정한다면 세션 전에 플레이어들에게 그 점을 설명해야 합니다.

11.08.02.03 특수한 비밀

　보통 【비밀】은 캐릭터에게 설정됩니다. 하지만 장소나 아이템, 사건 같은 사물에 【비밀】을 설정할 수도 있습니다. 인물 이외의 정보원을 설정하고 싶다면, 게임 마스터는 그런 사물의 핸드아웃을 준비해서 【비밀】을 설정할 수도 있습니다. 【사명】란에는 그 사물에 관련된 설정을 기재합니다.
　또, 사물에 핸드아웃을 설정할 때, 조사판정에 사용할 특기를 게임 마스터가 지정할 수도 있습니다. 그런 경우, 게임 마스터는 【사명】란에 조사판정에 사용할 특기를 적습니다.

11.09 프라이즈

　시나리오상 설정된 특수한 존재입니다.
　괴이를 쓰러뜨릴 무기나 주문, 괴이가 있는 곳으로 가기 위한 지도나 탈 것, 괴이를 부활시키는 주문이나 산 제물 등 다양한 것을 생각할 수 있습니다. 프라이즈의 효과도 전용 핸드아웃에 기재해 둡니다.
　게임 마스터는 프라이즈의 설정을 마음대로 정할 수 있습니다. 단, 프라이즈를 작성할 때는 아래의 항목에 관해 설정해야 합니다. 또, 이 항목들을 게임 마스터가 따로 지정하지 않은 경우에는 어떻게 취급해야 할지를 설정해 두겠습니다. 이런 설정을 「디폴트」라고 부릅니다.

● 입수조건

프라이즈를 어떻게 획득할지에 관한 설정입니다. 캐릭터 중 누군가가 가지고 시작하는 것이 일반적입니다. 즉, 해당 캐릭터에게 승리하면 다른 캐릭터도 프라이즈를 입수할 수 있습니다.

단, 시나리오에 따라서 시나리오가 시작할 때 아무도 프라이즈를 가지고 있지 않고, 캐릭터가 세션 중에 특수한 조건을 만족했을 때 프라이즈를 입수할 수도 있습니다. 이럴 때는 프라이즈의 입수 조건을 설정해야 합니다. 프라이즈의 입수 조건은 「특정한 누군가와 특정한 【감정】을 맺는다」, 「특정한 누군가를 쓰러뜨린다」, 「누군가의 【비밀】에 숨겨진 정보를 기반으로 어떠한 추리를 한다」 같은 것을 생각해볼 수 있습니다.

입수조건에 관해서는 따로 디폴트가 존재하지 않습니다.

● 프라이즈의 유무

프라이즈의 소유자가 프라이즈를 가지고 있다는 사실을 다른 캐릭터가 알 수 있는지에 관한 설정입니다. 디폴트라면 누가 무슨 프라이즈를 가지고 있는지 알 수 있는 것으로 봅니다. 이때, 프라이즈와 그 효과는 핸드아웃으로 넘겨주는 것이 좋습니다. 쟁탈전을 할 때는 이렇게 처리하는 것이 바람직합니다.

● 프라이즈의 전달

프라이즈를 세션 중에 캐릭터끼리 주고받을 수 있는지에 관한 설정입니다. 디폴트라면 전투의 승자가 전과로 선택하지 않는 한 프라이즈의 이동은 발생하지 않습니다.

만약 플레이어의 선택지를 좀 더 넓히고 싶을 경우, 장면에 등장한 캐릭터끼리 동의하면 프라이즈를 전달하거나 전달받을 수 있다고 할 수도 있습니다. 단, 그런 경우라도 전달은 드라마 장면에서만 가능하도록 제한하는 것을 추천합니다.

● 프라이즈의 비밀

게임 마스터가 원한다면 프라이즈에 【비밀】을 설정할 수 있습니다. 이때 해당 【비밀】을 획득할 방법을 정해야 합니다. 디폴트라면 프라이즈를 획득한 자가 그것의 【비밀】도 획득할 수 있는 것으로 봅니다.

더 간단하게 프라이즈의 【비밀】을 획득하게 하고 싶다면, 일반적인 NPC의 【비밀】과 마찬가지로 조사판정에 성공했을 때 알 수 있다고 하면 됩니다. 특정한 NPC를 프라이즈로 취급하는 경우는 이쪽이 디폴트입니다.

11.10 리미트

클라이맥스 페이즈에 도달하는 사이클 수입니다. 게임의 전개와 관계없이, 리미트로 지정된 사이클이 끝나면 강제로 클라이맥스 페이즈에 도달합니다.

보통 리미트는 3~4사이클이 바람직합니다.

11.11 도입 장면

도입 장면이란 도입 페이즈의 각 장면을 가리킵니다. 이 장면은 각 PC가 사건에 참가하게 된 이유, 해당 시점에서 알고 있는 사건 관련의 정보를 전달하기 위해 존재합니다. 게임 마스터는 PC마다 어떤 도입이 어울릴지를 설정합니다. 하나의 장면으로 2명 이상의 PC가 관여하는 도입을 묘사해도 됩니다.

시나리오의 배경이나 캐릭터의 【사명】 및 【비밀】, 캐릭터의 직업이나 【호기심】 등의 설정을 도입 장면에 반영하면 더욱 실감이 납니다.

11.12 마스터 장면

마스터 장면은 메인 페이즈에 끼워 넣기 위한 장면입니다. 게임 마스터의 주도하에 삽입하고 싶은 장면이 있을 때 설정합니다.

시나리오 진행상 꼭 필요한 정보는 누군가의 【비밀】에 적지 말고, 마스터 장면을 통해서 플레이어들에게 설명하는 것이 좋습니다.

또, 시나리오의 진행 과정에서 이야기가 정체되면 즉흥적으로 마스터 장면을 삽입해도 좋습니다.

11.13 클라이맥스 페이즈

대개 리미트가 경과하는 것이 조건입니다. 시나리오에 따라서는 리미트를 기다리지 않고 클라이맥스 페이즈로 이행할 수 있는 조건을 설정할 수도 있습니다.

클라이맥스 페이즈가 되면 해당 시나리오의 핵심에 해당하는 괴이가 등장합니다. 게임 마스터는 PC들이 괴이와 만날 때의 상황을 설정해야 합니다.

『인세인』의 클라이맥스 페이즈 전투 장면은 크게 「격퇴」, 「도주」, 「의식」의 세 가지 전개를 생각해볼 수 있습니다.

11.13.01 격퇴

상대의 【생명력】을 0으로 만들어 괴이를 격퇴한다는 전개입니다. 이런 전개라면 괴이를 격퇴하기 위한 설정이 중요해집니다.

괴이의 격퇴 방법에는 여러 가지일 수도 있습니다. 전형적인 것은 괴이를 퇴치하기 위한 프라이즈를 준비하는 것입니다. 괴이가 강력한 방어능력을 가지고 있어서 괴이에 대한 특정 【감정】이나 특정한 【광기】를 소유한 자의 공격밖에 통하지 않는다고 설정할 수도 있습니다. 「재훈련」 규칙도 있는 만큼, 약점이 될 특기를 지정해서 해당 특기를 지정특기로 하는 공격 이외의 수단으로는 상처를 입지 않는다고 할 수도 있습니다.

게임 마스터는 괴이에 따라서 다양한 격퇴방법을 설정해봅시다. 그런 격퇴방법은 등장인물 중 누군가의 【비밀】에 잊지 말고 적어둬야 합니다.

11.13.02 도주

조우한 괴이에게서 도망치는 전개입니다. 게임 마스터는 PC들이 도망치기 곤란한 상황을 만들어야 합니다.

메인 페이즈의 「7.05.01 자발적인 탈락」 규칙을 기반으로 두고, 거기에 도주를 위한 몇 가지 조건을 추가해도 좋습니다. 조건으로는 적의 수를 일정 이하로 줄인다, 특정한 적을 쓰러뜨린다 등이 적당합니다.

괴이에 따라서는 거래에 따라 PC를 그냥 보내줄지도 모릅니다. 그런 클라이맥스를 상정한 경우, 게임 마스터는 교섭에 사용할 수 있는 재료를 등장인물 중 누군가의 【비밀】에 적어둬야 합니다.

11.13.03 의식

전투와 동시에 특정한 절차를 반복함으로써 괴이를 봉인하거나 설득하는 전개입니다. 게임 마스터는 의식 시트를 사용하여 의식 절차를 설정해야 합니다.

의식은 몇 단계의 절차를 되풀이함으로써 이루어집니다. 괴이의 강함에 따라 다르지만, 4~5단계가 적당합니다.

의식을 할 때, PC들은 전투 중에 지원행동을 해서 각 단계마다 설정된 절차에 도전할 수 있습니다. 이것을 의식판정이라고 부릅니다. 의식판정은 행동판정입니다.

PC가 최초로 도전할 수 있는 절차는 제1단계입니다. PC가 도전한 단계에 지정된 특기로 의식판정을 해서 성공하면, 의식 시트에서 그 단계에 해당하는 번호를 체크합니다. 의식은 다음 단계로 넘어갑니다. 그러면 PC들은 다음 단계의 절차에 도전할 수 있습니다. 의식판정에서 스페셜을 발생시킨 PC는 이어서 또 한 번 의식판정에 도전할 수 있습니다.

PC들이 의식에 설정된 모든 절차의 판정에 성공하면 괴이의 봉인이나 설득에 성공합니다.

11.13.03.01 의식의 설정

게임 마스터는 클라이맥스 페이즈에 사용할 의식을 준비할 때 의식 시트를 복사해둬야 합니다. 그리고 의식 시트의 각 단계에 PC들이 해야 할 절차의 이름, 지정특기, 참가조건, 페널티를 설정해서 적습니다.

의식 시트	의식명			
단계	절차의 이름	지정특기	참가조건	페널티
1				
2				
3				
4				
5				
6				

● 절차의 이름

PC들이 할 일에 맞춰서 고안합니다. 「안전한 장소를 찾는다」, 「괴이를 특정한 장소로 유인한다」처럼 구체적으로 적는 것이 바람직합니다.

● 지정특기

지정특기는 해당 절차에 사용할 특기입니다. 절차의 내용에 맞춰서 설정합니다. 예컨대 설득을 하는 절차라면 정서 분야의 특기, 어떤 장치를 조립하는 절차라면 기술 분야의 특기, 서적을 정확하게 읽어내는 절차라면 지식이나 괴이 분야의 특기가 어울릴 것입니다.

● 참가조건

참가조건은 어떤 PC가 해당 절차에 도전할 수 있는지를 나타냅니다. 그 괴이에 관련된 【비밀】이나 【감정】을 획득하고 있을 것, 적의 수를 일정 이하로 줄일 것, 특정한 적을 쓰러뜨릴 것 등을 생각해볼 수 있습니다. 참가조건을 한 라운드당 1명으로 정할 수도 있습니다.

●페널티

페널티는 해당 절차에 도전한 PC가 받는 불리한 효과입니다. 페널티의 내용으로는 해당 괴이의 공격을 무조건 받는 것, 【광기】의 획득, 판정에 대한 마이너스 수정 등이 적절합니다. 공격이나 【광기】는 절차에 도전한 PC가 판정에 실패했을 때만 받게 할 수도 있습니다.

단계가 낮을 때는 참가조건과 페널티가 너무 심하지 않도록 해야 합니다. 굳이 설정하지 않아도 상관없습니다. 참가조건이나 페널티는 단계가 올라감에 따라 가혹해지는 것이 바람직합니다.

게임 마스터는 클라이맥스 페이즈에 어떤 의식을 준비하는 경우, 해당 개요를 등장인물 중 누군가의 【비밀】에 적어둬야 합니다. 의식 단계별 절차에 관한 정보를 몇몇 【비밀】에 분산시켜 둘 수도 있습니다. 해당 정보를 입수하면 대응하는 절차의 의식판정에 플러스 수정을 적용합니다.

▌11.13.04 파멸

게임 마스터는 PC들이 사건의 개요를 파악하지 못한 채 클라이맥스 페이즈에 도달했을 때 비참한 전개를 맞이하게 할 수 있습니다. 이런 경우, 클라이맥스 페이즈를 맞이하기 위한 조건을 설정해야 합니다. 이 조건은 등장인물 중 누군가의 【비밀】 안에 적어둬야 합니다.

이 조건을 충족하지 못한 채로 클라이맥스 페이즈가 되어버렸다면 PC들에게 불리한 상황이 기다리고 있습니다. 최악의 경우 해당 시나리오의 무대에 괴이로 인한 재앙이 닥쳐 그 시점에서 세션이 끝날 수도 있습니다. 이럴 때는 PC들에게 「배드엔드 표(「8.05 광기의 탁류」 항목을 참조)」를 사용하게 할 수도 있습니다.

11.13.05 PC끼리의 싸움

협력형 이외의 시나리오에서는 클라이맥스 페이즈에 PC끼리 싸울 가능성도 있습니다. 이런 경우, PC 중 누군가가 괴이의 편이 되거나, 본래는 적대 관계였던 PC들이 협력해서 괴이를 격퇴한 후에 다시 결판을 낸다는 전개가 될 가능성이 있습니다.

또, PC끼리의 대립이 심한 시나리오를 만들 때, 게임 마스터가 바란다면 클라이맥스 페이즈에서 괴이와의 전투 장면을 생략해도 됩니다. 이 경우 클라이맥스 페이즈는 PC끼리의 전투에 소비합니다.

11.13.06 종료조건

클라이맥스 페이즈에서는 전투의 종료조건을 게임 마스터가 마음대로 결정해도 됩니다.

이를테면 메인 페이즈와 마찬가지로 전투에 참가한 인원수만큼의 라운드가 지나면 종료된다고 할 수도 있고, 그보다 길거나 짧게 할 수도 있습니다. 또, 특정한 캐릭터의 탈락을 종료조건으로 해도 됩니다. 여러 명의 승자가 나타날 수 있는 종료조건을 설정해도 상관없습니다.

괴이를 쓰러뜨리는 시나리오인지, 괴이로부터 도망치는 시나리오인지, 아니면 괴이와 관계가 있는 다수의 세력이 뭔가를 쟁탈하는 시나리오인지…… 내용에 맞춰서 마음대로 설정합시다.

inSANe
Theater of
Horror

12 에너미

에너미란 세션에 등장하는 적 NPC입니다. 게임 마스터는 전투에서 PC들을 위협하는 존재로서 에너미를 사용하며, 자신의 시나리오에 맞춰서 에너미를 자작할 수도 있습니다.

또, 세션에서 예정에 없는 NPC가 등장하여 데이터가 필요해졌을 때 에너미 데이터를 이용할 수도 있습니다.

12.01 에너미 데이터를 읽는 법

에너미는 보통의 캐릭터와는 다른 데이터를 가집니다. 그 데이터를 읽는 법을 해설합니다.

12.01.01 에너미의 위협도

에너미에게는 위협도라는 수치가 설정되어 있습니다. 이 수치가 높은 에너미일수록 강력한 존재입니다.

또, 강력한 에너미는 몇 명의 종복을 거느릴 수 있습니다. 이런 종복을 몹이라고 부릅니다. 몹 규칙을 사용할 때는 위협도를 사용합니다. 자세한 것은 「12.02 몹」 항목을 참조하기 바랍니다.

12.01.02 에너미의 속성

에너미의 분류를 나타냅니다. 분류마다 몇 가지 특수한 규칙이 적용됩니다.

● 생물

속성이 생물인 에너미는 인간이나 동물 같은 부류입니다. 봉마인의 적은 괴이만이 아닙니다. 저택의 경비견이나 폭력배, 사악한 신의 신봉자 같은 존재가 앞을 막아설 때도 있습니다.

속성이 생물인 에너미는 【이성치】가 1점 감소하는 상황에서 【생명력】이 1점 감소합니다.

● 괴이

속성이 괴이인 에너미는 초자연적인 위협입니다. 괴이란 【인세인】에 등장하는 불가사의한 현상의 총칭입니다. 유령이나 요괴, 다른 차원의 신, 우주인, 초능력, 인체발화 현상 등등 다양한 종류가 있습니다.

속성이 괴이인 에너미는 공포판정을 할 필요가 없습니다. 또, 착란상태가 되지 않습니다.

● 현상

속성이 현상인 에너미는 감정을 가지지 않은 법칙 같은 존재입니다. 에너미마다 설정된 법칙을 충실하게 따르며 기계적으로 반응합니다.

속성이 현상인 에너미는 【감정】을 가질 수 없습니다. 또, 게임 마스터는 속성이 현상인 에너미를 등장시킬 때 가지고 있는 특기 중에서 하나를 선택합니다. PC가 현상 속성의 에너미를 공격의 목표로 선택했을 때, 해당 공격 어빌리티의 지정특기가 게임 마스터가 선택한 특기가 아니라면 명중판정의 펌블치가 2 증가하고 -5의 수정이 적용됩니다.

● 기물

속성이 기물인 에너미는 물품이나 건물입니다. 원래 주인의 마음이나 영혼, 마술적인 힘이 옮겨붙음으로써 움직이며 봉마인에게 이빨을 들이댑니다.

속성이 기물인 에너미는 자신의 【비밀】을 획득한 상대가 아닌 캐릭터의 공격으로 2점 이상의 대미지를 입지 않습니다. 플레이어는 게임 마스터가 해당 에너미에게 핸드아웃의 형태로 【비밀】을 설정하지 않았더라도 조사판정을 해서 해당 【비밀】을 획득하는 데 도전할 수 있습니다. 기물 속성의 에너미에 대한 조사판정은 해당 에너미가 습득한 특기 중 하나로 해야만 합니다.

● 신

속성이 신인 에너미는 인지를 초월한 압도적인 존재로, 어떤 존재들에게 두려움, 숭배, 신앙의 대상이 됩니다. 추종하는 방식에 따라 사신이나 마신, 귀신 등의 이름으로 불리기도 합니다.

속성이 신인 에너미와 만나면 공포판정에 성공해도 【광기】를 1장 획득합니다. 공포판정에 실패하면 【광기】를 2장 획득합니다.

12.01.03 에너미의 생명력

에너미의 【생명력】입니다. PC와 마찬가지로 다룹니다.

12.01.04 에너미의 호기심

에너미의 【호기심】입니다. PC와 마찬가지로 다룹니다.

12.01.05 에너미의 특기

에너미가 습득한 특기입니다. PC와 마찬가지로 다룹니다.

12.01.06 에너미의 어빌리티

에너미의 어빌리티입니다. 따로 적혀 있지는 않지만, 모든 에너미는 【전장이동】을 습득하고 있습니다.

12.01.07 에너미의 해설

해당 에너미에 관한 설명입니다.

행인

위협도 1　속성 생물　생명력 4

호기심 지각　특기 《구타》,《소리》,《교양》

어빌리티 【기본공격】 공격 《구타》
　　　　 【감싸기】 서포트 《소리》

해설 사건에 휘말린 불행한 일반인입니다. 대부분은 괴이의 희생양이 됩니다. 살아남을 수 있다면 이 경험을 통해 괴이 세계의 주민으로 변해 갈지도 모릅니다.

신봉자

위협도 1　속성 생물　생명력 4

호기심 정서　특기 《노여움》,《미디어》,《민속학》

어빌리티 【기본공격】 공격 《노여움》
　　　　 【보복】 서포트 《민속학》

해설 그다지 알려지지 않은 신이나 잘 이해할 수 없는 것을 굳게 숭배하는 사람들입니다. 언뜻 보기에는 상식적인 인물로도 보이지만 신앙을 위해서라면 무슨 짓이든 할 것입니다.

개

위협도 2　속성 생물　생명력 7

호기심 지각　특기 《찌르기》,《냄새》,《그늘》

어빌리티 【기본공격】 공격 《그늘》
　　　　 【강타】 공격 《찌르기》

해설 개입니다. 사회성이 강하며, 후각이 우수합니다. 인간에게도 친근한 존재입니다. 저택에 숨어들면 경비견을, 시골의 산에 가면 들개를 만날 수도 있습니다.

살인마

위협도 3　속성 생물　생명력 12

호기심 폭력　특기 《절단》,《매장》,《기쁨》,《죽음》

어빌리티 【기본공격】 공격 《절단》
　　　　 【연격】 서포트 《절단》
　　　　 【장갑】 장비

해설 망설임 없이 사람을 죽일 수 있는 정신질환자입니다. 개중에는 살인에 성적인 흥분을 느끼는 자도 있습니다. 데이터는 날붙이를 주로 쓰는 살인마의 것이지만 《함정》을 쓰는 폭탄마, 《약품》을 쓰는 독살마 등도 있습니다.

최면술사
위협도 3 | **속성** 생물/괴이 | **생명력** 9

호기심 정서 | **특기** 《놀람》,《슬픔》,《약품》,《꿈》

어빌리티 【기본공격】 공격 《약품》
【유혹】 서포트 《슬픔》
【최면】 서포트 《놀람》 지원행동. 드라마 장면에서도 사용할 수 있다. 목표를 1명 선택한다. 목표는 《놀람》으로 판정해야 한다. 여기에 실패하면 특기를 무작위로 하나 고른다. 그 세션이 끝날 때까지 그 특기가 목표의 【공포심】에 추가된다.

해설 사람의 정신을 조종하는 자들입니다. 최면상태에 빠지게 하여 다양한 암시를 심습니다. 개중에는 그 기술을 악용하여 세뇌나 기억조작 같은 짓을 하는 자도 있습니다.

미친 과학자
위협도 4 | **속성** 생물/괴이 | **생명력** 12

호기심 지식 | **특기** 《웃음》,《기계》,《물리학》,《생물학》

어빌리티 【기본공격】 공격 《기계》
【연구】 서포트 《물리학》
【군단】 장비 자신의 몹이 대미지를 입었을 때, 몹의 【위협도】가 2점 높은 것으로 간주한다.

해설 심령장치나 시간여행장치, 죽은자를 되살리는 법 같은 경계과학(境界科學)을 연구하는 자들입니다. 그들이 내세우는 병적인 이론은 태반이 엉터리지만, 때때로 괴이의 세계로 통하는 문을 열어버리는 기도 합니다.

초능력자
위협도 4 | **속성** 생물/괴이 | **생명력** 13

호기심 지각 | **특기** 《인내》,《고통》,《제육감》,《암흑》

어빌리티 【기본공격】 공격 《고통》
【정신감응】 서포트 《제육감》 플롯을 할 때 사용할 수 있다. 목표를 1명 선택하고 《제육감》 판정을 한다. 성공하면 목표의 플롯을 들을 수 있다.
【PK】 서포트 《암흑》 라운드가 시작할 때 사용할 수 있다. 플롯 공개 후 버팅 처리를 하기 전에 아무나 캐릭터 1명을 목표로 선택한다. 목표의 속도를 무작위로 변경한다.

해설 초자연적인 힘의 소유자입니다. 초능력자의 대다수는 사춘기의 소년 소녀입니다. 사람의 마음을 읽는 정신감응능력이나 물체를 만지지 않고 움직이는 염동력을 다룰 수 있습니다.

마도사
위협도 5 | **속성** 생물/괴이 | **생명력** 16

호기심 괴이 | **특기** 《걱정》,《수학》,《마술》,《종말》

어빌리티 【기본공격】 공격 《마술》
【소환】 공격 가변
【종복】 장비 자신의 몹이 모두 자신에 대해 「애정」의 【감정】을 가지고 있는 것으로 간주한다.

해설 괴이 연구에 생애를 바친 자들입니다. 아직 보지 못한 지식을 입수하거나 자신이 바라는 세계를 만들기 위해 사신을 비롯한 괴이와의 접촉을 시도합니다.

걸어 다니는 시체

위협도 2 　　**속성** 괴이 　　**생명력** 6

호기심 폭력 　　**특기** 《파괴》,《맛》,《죽음》

어빌리티 【기본공격】 공격 《죽음》
　　　　 【강타】 공격 《파괴》

해설 수수께끼의 우주선(宇宙線), 바이러스, 지옥이 가득 찼다는 등의 이유로 인해 움직이게 된 시체입니다. 좀비라고도 부릅니다. 이들에게 물린 사람까지 걸어 다니는 시체가 될 때도 있습니다.

도플갱어

위협도 3 　　**속성** 괴이 　　**생명력** 10

호기심 지각 　　**특기** 《촉감》,《소리》,《함정》,《혼돈》

어빌리티 【기본공격】 공격 《혼돈》
　　　　 【위험감지】 서포트 《촉감》
　　　　 【흉내】 서포트 《혼돈》 지원행동. 드라마 장면에서도 사용할 수 있다. 목표를 1명 선택한다. 목표는 《혼돈》으로 판정해야 한다. 이 판정이 실패하면 이 에너미는 목표가 습득하고 있는 것 중 임의의 특기와 어빌리티를 하나씩 습득할 수 있다. 이 효과는 누적되지 않으며, 그 장면 동안 지속된다.

해설 자신의 모습을 타인과 똑같이 바꿀 수 있는 괴이. 최종적으로는 외형만이 아니라 사회적인 지위나 가족, 친구조차 빼앗아서 완전히 그 인물의 행세를 합니다.

마녀

위협도 5 　　**속성** 괴이 　　**생명력** 15

호기심 괴이 　　**특기** 《포박》,《관능》,《마술》,《꿈》

어빌리티 【기본공격】 공격 《관능》
　　　　 【종복】 장비 자신의 몸이 모두 자신에 대해 「애정」의 【감정】을 가지고 있는 것으로 간주한다.
　　　　 【환영】 서포트 《꿈》 지원행동. 목표를 1명 선택한다. 이 판정이 실패하면 목표는 1D6라운드 후의 새 라운드가 시작할 때까지, 공격을 할 때 무작위로 목표를 선택한다.

해설 악마나 고대의 여신을 숭배하는 자들입니다. 세간의 상식을 경시하지만, 여신의 신자들은 아무도 해치지 않는 것을 원칙으로 삼고 있습니다. 악마숭배자는 그런 것을 신경 쓰지 않습니다.

원령

위협도 6 　　**속성** 괴이 　　**생명력** 25

호기심 정서 　　**특기** 《소각》,《부끄러움》,《원한》,《인류학》,《영혼》

어빌리티 【기본공격】 공격 《원한》
　　　　 【연격】 서포트 《소각》
　　　　 【보복】 서포트 《인류학》
　　　　 【빙의】 서포트 《영혼》 지원행동. 목표를 1명 선택한다. 목표는 《영혼》으로 판정해야 한다. 이 판정이 실패하면, 목표는 이 에너미에게 빙의당한다. 빙의한 에너미가 대미지를 입으면 1D6를 굴린다. 홀수라면 빙의당한 목표가 그 대미지를 입는다. 이 효과는 빙의한 에너미가 대미지를 입을 때까지 계속된다.

해설 매우 강한 원한을 남기고 죽은 자가 복수하기 위해 유령이 된 존재입니다. 원한 때문에 매우 잔학한 성격으로 변했습니다. 원한과 관계없는 악행을 저지르기도 있습니다.

실패작

| 위협도 1 | 속성 괴이/기물 | 생명력 3 |

호기심 기술　　**특기** 《찌르기》, 《슬픔》, 《분해》

어빌리티 【기본공격】　공격　《분해》
　　　　　【연격】　　서포트　《찌르기》

해설 연금술이나 경계과학으로 탄생한 인조생명체입니다. 뭔가를 모방하여 만들어진 것이 많지만, 이름대로 어딘가 본래의 모습과는 다른 추악한 외견을 하고 있습니다.

살아있는 인형

| 위협도 3 | 속성 괴이/기물 | 생명력 10 |

호기심 정서　　**특기** 《연심》, 《인내》, 《노여움》, 《역사》

어빌리티 【기본공격】　공격　《노여움》
　　　　　【보복】　　서포트　《역사》
　　　　　【인형의 사랑】　장비　이 캐릭터가 플러스 【감정】을 가진 캐릭터는 이 에너미 이외의 캐릭터에 대해 【감정】을 획득할 때마다 《연심》 특기로 공포판정을 해야 한다.

해설 의지를 가진 인형입니다. 사랑을 받아 독자적인 혼이 생겨난 것, 뜻하지 않은 죽음을 맞이한 소유주의 의지가 깃든 것이 있습니다. 동료를 원하는 마음이 강합니다.

저주의 상자

| 위협도 5 | 속성 괴이/기물 | 생명력 16 |

호기심 괴이　　**특기** 《매장》, 《원한》, 《죽음》, 《암흑》, 《지저》

어빌리티 【기본공격】　공격　《암흑》
　　　　　【소환】　　공격　가변
　　　　　【장갑】　　장비

해설 무시무시한 존재가 봉인된 상자입니다. 평범한 방법으로는 절대 열 수 없고, 열어서도 안 됩니다. 이 상자가 열리면 더 무서운 존재가 나타날 것입니다.

지옥의 저택

| 위협도 7 | 속성 괴이/기물 | 생명력 47 |

호기심 기술　　**특기** 《고문》, 《전자기기》, 《기계》, 《함정》, 《영혼》

어빌리티 【기본공격】　공격　《기계》
　　　　　【난동】　　공격　《고문》
　　　　　【트릭】　　공격　《전자기기》
　　　　　【불청객】　서포트　《함정》　「지옥의 저택」 안에서 전투할 때, 라운드가 종료되는 시점에서 사용할 수 있다. 원하는 만큼 목표를 선택한다. 목표는 《함정》으로 판정해야 하며, 여기에 실패하면 1점의 대미지를 입는다.

해설 건물 자체가 의지를 가지고 괴이로 변한 것입니다. 마음에 들지 않는 주민을 학살하거나, 과거에 그 집에 일어난 비극을 되풀이합니다.

폴터가이스트

| 위협도 1 | 속성 괴이/현상 | 생명력 3 |

호기심 정서 　　특기 《부끄러움》,《놀람》,《함정》

어빌리티【기본공격】 공격 《놀람》
　　　　【트릭】 공격 《함정》

해설 아무도 없는데도 가구나 일용품이 움직이거나 기묘한 소리를 내는 현상입니다. 다른 괴이가 발생하는 징조로 나타날 수도 있습니다.

악마의 속삭임

| 위협도 2 | 속성 괴이/현상 | 생명력 6 |

호기심 지각 　　특기 《협박》,《고통》,《소리》

어빌리티【기본공격】 공격 《협박》
　　　　【독전파】 서포트 《고통》 지원행동. 드라마 장면에서도 사용할 수 있다. 목표 1명을 선택한다. 목표는《고통》으로 판정해야 하며, 여기에 실패하면 미공개【광기】를 무작위로 1장 선택해서 공개한다.

해설 악행을 하도록 유혹하는 수수께끼의 목소리입니다. 이른바 마가 끼었다는 뜻입니다. 온후한 인간을 흉행으로 인도합니다. 범상치 않은 강한 악의의 소유자 근처에서 발생하는 일이 많습니다.

인면창

| 위협도 3 | 속성 괴이/현상 | 생명력 9 |

호기심 정서 　　특기 《기쁨》,《노여움》,《그늘》,《혼돈》

어빌리티【기본공격】 공격 《노여움》
　　　　【위험감지】 서포트 《그늘》
　　　　【빙의】 서포트 《기쁨》 지원행동. 목표를 1명 선택한다. 목표는《기쁨》으로 판정해야 한다. 이 판정이 실패하면, 목표는 이 에너미에게 빙의당한다. 빙의한 에너미가 대미지를 입으면 1D6을 굴린다. 홀수라면 빙의당한 목표가 그 대미지를 입는다. 이 효과는 빙의한 에너미가 대미지를 입을 때까지 계속된다.

해설 인간의 몸 일부에 나타나는, 의지를 지닌 상처 형태의 괴이입니다. 인면창이 생긴 인물은 점차 쇠약해져서 죽는다고 합니다. 또, 인면창은 숙주를 악행으로 유도할 때도 있습니다.

몽마

| 위협도 6 | 속성 괴이/현상 | 생명력 26 |

호기심 괴이 　　특기 《고문》,《웃음》,《관능》,《시간》,《꿈》

어빌리티【기본공격】 공격 《웃음》
　　　　【연격】 서포트 《고문》
　　　　【위험감지】 서포트 《관능》
　　　　【악몽의 주인】 장비 이 에너미가【거처】를 가진 캐릭터는 자신이 장면 플레이어인 장면이 끝날 때《꿈》특기로 공포판정을 해야 한다.

해설 누군가의 꿈속에 나타나는 괴이입니다. 음란한 꿈이나 절망적인 악몽을 보여줘서 꿈을 꾸는 자의 정신을 쇠약하게 만듭니다. 그 악몽은 언젠가 꿈속만이 아니라 현실조차 좀먹을 것입니다.

12.02 몹

몹이란 강력한 에너미가 통솔하는 집단입니다. 게임 마스터는 이 규칙을 사용하여 마도사에게 선동된 광신자들이나 좀비의 대군을 등장시킬 수 있습니다.

몹은 에너미를 더 간략화한 것입니다. 몹을 사용하면 게임 마스터는 플롯에 드는 수고를 덜 수 있습니다.

시나리오를 작성할 때, 게임 마스터는「몹 관리 시트」를 사용하여 괴이를 따르는 몹을 설정할 수 있습니다. 단, 몹을 따르는 괴이는 클라이맥스 페이즈에 등장할 법한, 시나리오의 중심에 해당하는 존재만으로 한정하는 것이 좋습니다.

몹을 지배하는 괴이를 지배자라고 부릅니다.

12.02.01 몹의 설정

게임 마스터는 지배자마다 한 종류의 에너미를 몹으로서 설정할 수 있습니다. 몹으로 선택할 수 있는 에너미는 지배자보다【위협도】가 2 이상 낮은 것들뿐입니다. 1명의 지배자에게 설정할 수 있는 몹의 수는 최대 5개 체입니다. 에너미의 종류와 수가 정해졌다면 각각의 몹에 고유의 이름을 붙입니다. 귀찮다면「(에너미명)A」,「(에너미명)B」처럼 정해도 상관없습니다. 이것은 각 몹을 관리하기 위한 이름입니다.

이름이 정해졌다면, 게임 마스터는 각 몹에게 우선순위를 설정합니다. 우선순위가 가장 높은 몹을 1번으로 정하고, 2, 3, 4, 5번의 순서로 연속된 수치를 배정합니다.

몹 관리 시트	집단명			
지배자의 이름	위협도	속성	호기심과 특기	어빌리티 외
생명력				
우선순위	몹의 이름	위협도	속성	호기심과 특기	어빌리티 외
1				
2				
3				
4				
5				

12.02.02 몹의 행동

전투에서 각 몹은 지배자의 속도에서 자신의 우선순위를 뺀 수치에 해당하는 속도에 있는 것으로 간주합니다. 지배자의 속도에서 우선순위를 뺀 수치가 0 이하인 몹은 속도 1에 있는 것으로 간주합니다. 누군가가 몹과 같은 속도가 되어도 버팅은 발생하지 않습니다.

만약 몹이 있는 속도에 다른 캐릭터도 있다면, 몹의 차례는 그 속도에 있는 캐릭터 중에서 가장 마지막이 됩니다. 속도 1에 다수의 몹이 있다면 우선순위의 번호가 더 작은 쪽에게 먼저 순서가 돌아갑니다.

몹은 자신의 차례가 되면 보통의 캐릭터와 마찬가지로 공격이나 지원행동을 할 수 있습니다.

12.02.03 몹에 대한 공격

PC는 공격을 할 때, 보통의 캐릭터 대신 몹을 목표로 선택할 수도 있습니다. 이런 경우 몹은 회피판정을 하지 않으며, 명중판정에 성공하면 공격은 자동으로 성공한 것으로 봅니다(회피판정은 실패한 것으로 간주합니다).

몹은 자신의 【위협도】보다 낮은 대미지를 무효로 할 수 있습니다. 그 대신 자신의 【위협도】이상의 대미지를 입으면 행동불능이 됩니다. 이때, 대미지를 입힌 PC는 몹을 「사망」시킬 수도 있습니다.

12.03 불확정 데이터

게임 마스터는 세션에서 에너미를 등장시킬 때 이름이나 데이터를 일부러 숨길 수 있습니다. 단, 어빌리티나 속성 관련의 특수한 규칙을 사용할 때는 해당 효과나 지정특기를 선언해야 합니다.

12.04 괴이의 외견

괴이 에너미에는 일반적인 외견이 설정된 것도 있지만, 따로 모습이 정해지지 않은 것도 많습니다. 그런 에너미를 등장시킬 때는 에너미의 외견을 무작위로 결정할 수도 있습니다.

괴이의 외견을 무작위로 결정하려는 게임 마스터는 해당 괴이와 만난 플레이어에게 D66을 세 번 굴리게 합니다. 최초의 주사위 눈을 「형용표」,

다음 주사위 눈을 「부위표」, 마지막 주사위 눈을 「본체표」와 대조합니다. 그러면 「(형용표의 결과)(부위표의 결과)를 지닌(본체표의 결과)」라는 기묘한 외견을 설정할 수 있습니다.

게임 마스터가 시나리오를 작성할 때 어떤 괴이를 등장시킬지 고민된다면, 이 표를 사용해서 힌트를 얻을 수 있습니다.

형용표					
11	창백한	23	까악 까악 우는	36	거대한
12	피를 흘리는	24	무수한	44	점액투성이의
13	비늘이 있는	25	털이 많은	45	끊임없이 변화하는
14	모독적인	26	색채가 없는	46	벌레 투성이의
15	원통형의	33	신축하는	55	키틴질의
16	이상하게 증식하는	34	외설적인	56	(「본체표」를 사용) 같은
22	불규칙한	35	부풀어 오른	66	무지갯빛으로 빛나는

부위표					
11	몸통	23	피부	36	뼈
12	다리	24	눈동자	44	보석
13	팔	25	꼬리	45	날개
14	머리카락/갈기	26	촉수	46	뇌
15	입	33	코	55	혀
16	유방	34	그림자	56	가지나 나뭇잎
22	얼굴	35	이빨	66	내장

본체표					
11	인간	23	고양이	36	노인
12	개	24	지렁이	44	아메바
13	쥐	25	소	45	여성
14	유령	26	새	46	기계
15	민달팽이	33	반어인(半魚人)	55	문어
16	벌레	34	인조인간	56	「부위표」를 사용
22	얼굴	35	뱀	66	난쟁이

⑬ 세계설정

『인세인』은 멀티장르 호러를 내세우는 만큼 다양한 공포를 묘사할 수 있습니다. 이 항목에서는 그런 호러를 묘사하는 데 사용할 수 있는 몇 가지 세계를 소개하고자 합니다.

13.01 장르

한 마디로 호러라고 해도 다양한 종류가 있습니다. 이 항목에서는 『인세인』에서 다루는 각 호러 장르에 관해 간단히 해설합니다.

● 고딕 호러

역사의 무게나 폐쇄감을 중시한 음울한 호러입니다. 전통 괴담이라고 바꿔 말해도 틀리지 않습니다. 서양이라면 돌로 지은 성이나 건물, 일본이라면 폐쇄적인 마을이나 저택, 밤의 학교 등을 무대로 전통적인 유령이나 괴물이 나타납니다. 괴이의 행동에는 이유가 있으므로 원한, 연애 사건, 미련, 복수 등 사건의 이면에 숨겨진 인연이나 정념을 해명하는 이야기가 흔합니다.

● 코즈믹 호러

「크툴루 신화」로 대표되는, 우주의 거대함에 대비되는 인간의 왜소함, 무의미함을 강조한 호러입니다. 크툴루 신화는 H.P.러브크래프트가 쓰기 시작했고, 다수의 작가가 참가해서 만든 가공의 신화체계입니다. 우주는 인간에게 호의적이지 않고, 이형의 사신(邪神)이나 신화생물이 준동하고 있으며, 그 존재를 안 자는 죽거나 미칠 수밖에 없다는 것이 크툴루 신화의 기본적인 세계관입니다.

많은 현대 괴담이 크툴루 신화의 영향을 받고 있습니다. 갑자기 부조리한 현상이 일어나거나, 정체 모를 이형의 존재에게 습격당하거나, 이차원에 삼켜지거나, 기묘한 평행세계를 헤매는 등 잘 안다고 생각했던 세계가 발치부터 무너지는 공포를 묘사하는 작품도 코즈믹 호러라고 할 수 있습니다.

● 사이코 호러

사이코 호러를 단적으로 표현하는 것은 「가장 무서운 것은 인간이다」라는 말입니다. 실체가 없는 유령보다도 살아있는 인간의 광기나 악의가 실질적인 해가 있어서 더 무섭습니다. 초자연적인 요소가 없는, 가장 현실성이 있는 호러라고 할 수 있습니다. 살인마처럼 명확한 적이 있는 경우도 있고, 누가 미치광이인지 알 수 없는, 어쩌면 자신이 미쳐있을지도 모르는 의심암귀를 그리는 작품도 있습니다.

● 서바이벌 호러

붕괴한 세계에서 살아남는 호러입니다. 좀비 해저드, 동식물의 광란, 거대재해, 전염병이나 기후변동 등으로 인해 세계 자체가 변질되어 일상이 점점 파괴되어 가는 공포와 싸우면서 즉각적인 죽음의 위기와 맞섭니다. 동료 중에 부상자나 감염자, 발광한 자, 어린애처럼 행동을 제한하는 요소가 있거나, 물이나 백신 같은 리소스의 관리가 중요한 것도 이 장르의 특징입니다.

13.02 월드 세팅

여기에서는 『인세인』의 무대로 사용하기 좋은 세 가지 월드 세팅을 소개합니다. 각 세팅에는 그 시대나 장소에서 실제로 어떤 시나리오를 만들면 좋을지가 설명되어 있습니다.

또, 각 세팅의 끝에는 전용 장면표, 【광기】, 에너미도 실려 있습니다.

13.02.01 사실은 무서운 현대 일본

현대 일본을 무대로 하는 세팅입니다. 이 책에 실린 세팅 중에서 가장 친근한 배경설정입니다. 현대인이 뭘 무서워하는지 다들 이미 알고 있으므로 플레이어에게 설명할 것도 적고, 시나리오도 만들기 쉽습니다. 가공의 도시를 설정해도 되고, 함께 플레이하는 플레이어들이 잘 아는 지방의 도시를 선택해도 됩니다.

어느 쪽이든 특별한 예비지식이 필요 없으므로 순조롭게 플레이할 수 있습니다.

「사실은 무서운 현대 일본」에서는 아래와 같은 시나리오를 플레이할 수 있습니다.

● 헬하우스

하나의 건물을 무대로 하는 「저택물」은 호러의 정석이지만, 현대 일본에서는 외딴곳에 있는 양옥보다는 주택가에 있는 한 채의 집을 무대로 하는 것이 더 실감 납니다. 욕실이나 머리맡, 창고 안, 문의 스파이홀(spyhole) 너머 등 익숙한 장소에서 나타나는 「무언가」가 PC로 하여금 안전한 장소는 어디에도 없다는 사실을 깨닫게 합니다. 헬하우스에서 나와도 그곳이 안전하리라는 보장은 없습니다. 괴이의 근원을 끊어내지 않는 한 저주는 어디까지든 쫓아옵니다.

PC로는 새로운 입주자나 가족, 영감(靈感)이 있는 친구, 과거를 아는 부동산업자, 숨겨진 무언가를 가지러 온 옛 주민, 두려워하는 이웃, 신고를 받고 온 경찰관, 제령을 의뢰받은 영능력자 등이 적합합니다. 단지나 아파트를 무대로 하여 PC 전원이 그곳의 주민이라고 할 수도 있습니다.

추천괴이: 원령, 지옥의 저택, 악마의 속삭임, 화면으로부터의 침식
추천광기: 【의심암귀】, 【페티시】, 【초현실주의】

● 무분별한 담력시험

폐허가 된 건물이나 묘지, 무서운 소문이 따라다니는 터널 등 이른바 「심령 스폿」에 담력 시험을 하러 갔다가 묘한 것에 씌는 것도 현대 괴담에서는 자주 있는 이야기입니다. 담력시험을 좋아하는 것은 대학생, 프리 아르바이터, 니트, 건달 등의 한가한 젊은이입니다. PC의 배경으로는 폐허 마니아, 인터넷 실황 중계자, 절 출신, 「심령 스폿」에서 뭔가를 가지고 돌아온 사람, 누군가의 연인 등을 생각해볼 수 있습니다.

「심령 스폿」은 단순히 유령이 나오는 장소가 아니라 컬티스트가 의식을

하는 곳일 수도 있고, 인간이 아닌 존재의 둥지나 이계로 통하는 통로일 수도 있습니다. 본래 인간이 봐서는 안 되는 그런 광경을 찍은 사진이 핸드폰으로 업로드된 것을 많은 사람이 목격하면서 광기가 연쇄하는 경우도 있습니다.

추천괴이: 도플갱어, 저주의 상자, 살아있는 인형, 죽음의 운명
추천광기: 【절규】, 【이성에 대한 공포】, 【실종】, 【초현실주의】

● 학교 괴담

현대 일본에서 괴담의 무대로 학교만큼 친근한 장소는 없을 것입니다. 인기척도 없는, 쥐 죽은 듯이 조용한 밤의 학교는 떠들썩한 낮과는 완전히 다른 세계입니다. 회중전등만을 의지하며 교내를 탐색하는 것은 흥미로운 시추에이션입니다.

「학교의 일곱 불가사의」로 대표되는 초자연적인 괴이, 왕따나 자살 같은 과거의 내력, 학교를 짓기 전에 그 땅에 있었던 것 등 학교 특유의 소재를 투입합시다.

깜빡하고 물건을 두고 간 학생, 왕따를 당하는 아이, 과거를 아는 교직원, 수수께끼의 전학생, 숨어든 수상한 인물 등이 PC로 적합합니다.

추천괴이: 살아있는 인형, 폴터가이스트, 인면창, 빙의령
추천광기: 【확산하는 공포】, 【소외감】, 【절규】, 【초현실주의】

● 죽은 자의 날

현대 호러라면 좀비를 빼놓을 수 없습니다. 좀비 해저드가 전 세계에서 횡행하는 가운데, 고립된 생존자 그룹이 안전을 찾아 결사의 탈출을 감행합니다. 언제 누가 감염될지 모르는 상황에서, 누군지 모르는 인간과 손을 잡아야만 한다는 불안은 께름칙한 의심을 부릅니다. 현재화한 【광기】는 정신적으로 불안해진 결과일 뿐일까요? 아니면 좀비화의 전조일까요?

임산부, 그룹 중 유일한 여성, 거추장스러운 어린애, 특명을 띤 군인, 좀비 해저드의 진상을 아는 학자, 물린 것을 감추고 있는 사람 등이 있다면 그럴싸하게 께름칙한 이야기가 될 것입니다.

추천괴이: 미친 과학자, 걸어 다니는 시체, 누더기 괴물
추천광기: 【의심암귀】, 【거동수상】, 【피에 대한 갈망】, 【괴물】

●음모론

  세계는 음모로 가득 찼습니다. 「조직」이 사람들을 지배하기 위해 사악한 음모를 진행 중이며, 그것을 알아차린 것은 극히 일부의 인간뿐입니다. 첩보기관, 마술 결사, 컬트, 우주인, 광고대리점, 재벌…… 어쩌면 그들 모두가 손을 잡은 매우 거대한 음모의 네트워크가 존재할지도 모릅니다. 녀석들의 상투수단은 아이덴티티에 대한 공격입니다. 누명을 씌워 타깃의 사회적 입장을 실추시키는 것은 기본이고, 가족이나 친구를 감시자로 만들거나 스토커 집단으로 몰아붙여서 발광하게 하는 등. 신분을 위조해서 타인의 인생을 빼앗는 일조차 있습니다. 이웃에 사는 사람이 누구인지 정말로 알고 있습니까? 그리고 당신은 정말로 당신일까요?

추천괴이: 최면술사, 도플갱어, 악마의 속삭임
추천광기: 【확산하는 공포】, 【이질적인 언어】, 【실종】, 【음모론】

사실은 무서운 현대 일본 장면표	
2	갑자기 주위가 어두워진다. 정전인가? 어둠 속에서 누군가가 당신을 부르는 소리가 들려온다.
3	똑. 똑. 똑. 어딘가에서 물방울 떨어지는 소리가 들린다.
4	유리창 앞을 지나갈 때, 기분 나쁜 뭔가가 비친다. 눈의 착각인가……?
5	TV에서 뉴스가 들린다. 아무래도 근처에서 끔찍한 사건이 있었던 모양인데…….
6	어두운 길을 홀로 걷고 있다. 등 뒤에서 기분 나쁜 발소리가 다가오는 것 같은 기분이 드는데…….
7	누구지? 계속 시선을 느낀다. 돌아봐도 일상적인 광경이 보일 뿐인데…….
8	갑자기 핸드폰이 울린다. 매너 모드로 해뒀을 텐데……. 도대체 누구지?
9	어두운 적색의 석양. 태양은 저물어가고, 하늘은 피처럼 붉다. 불안한 기분이 커져 간다…….
10	어딘가에서 풍겨오는 맛있는 냄새에 갑자기 배가 고파졌다. 오늘은 뭘 먹을까?
11	날카로운 울음소리가 울려 퍼진다. 고양이나 어린애가 어딘가에서 울고 있는 건가? 아니면…….
12	자다가 괴로워져서 눈을 뜬다. 뭔가 악몽을 꾼 것 같은데……. 어라, 의식은 있는데 몸이 안 움직여!

Handout

광기	초현실주의
트리거	당신이 공포판정에 성공한다.

당신은 괴이를 두려워한 나머지, 그 존재를 이상할 정도로 부정하고 있다. 당신은 자신이 새로【광기】를 공개할 때까지 괴이의 공격에 대해 회피판정을 할 수 없다.

이 광기를
스스로 밝힐 수는 없다.

Handout

광기	음모론
트리거	당신이 조사판정의 목표가 된다.

당신은 누군가에게 감시당하고 있다. 이 국가적 음모를 모두에게 알려야 하는데……. 이【광기】가 현재화한 장면에 등장한 PC 중에서 무작위로 1명을 고른다. 그 캐릭터의【이성치】가 1점 감소한다.

이 광기를
스스로 밝힐 수는 없다.

빙의령

위험도 4 　속성 괴이 　생명력 13

호기심 정서 　특기 《웃음》, 《원한》, 《민속학》, 《영혼》

어빌리티 **【기본공격】** 공격 《영혼》
【보복】 서포트 《민속학》
【빙의】 서포트 《웃음》 지원행동. 목표를 1명 선택한다. 목표는 《웃음》으로 판정해야 한다. 이 판정이 실패하면, 목표는 이 에너미에게 빙의당한다. 빙의한 에너미가 대미지를 입으면 1D6을 굴린다. 홀수라면 빙의당한 목표가 그 대미지를 입는다. 이 효과는 빙의한 에너미가 대미지를 입을 때까지 계속된다.

해설 인간에게 빙의하는 동물령입니다. 이누가미(犬神)나 키츠네츠키(狐憑き) 등의 이름으로도 불립니다. 이것에 빙의당한 자는 질투심이 강해지며, 괴이의 힘을 다룰 수 있게 됩니다.

우주인

위험도 4 　속성 괴이 　생명력 12

호기심 기술 　특기 《전자기기》, 《탈것》, 《병기》, 《우주》

어빌리티 **【기본공격】** 공격 《전자기기》
【난동】 공격 《병기》
【독전파】 서포트 《우주》 지원행동. 드라마 장면에서도 사용할 수 있다. 목표 1명을 선택한다. 목표는 《우주》로 판정해야 하며, 여기에 실패하면 미공개 【광기】를 무작위로 1장 선택해서 공개한다.

해설 은밀히 지구에 찾아온 우주인입니다. 다른 별의 진보된 기술을 가지고 있습니다. 인류의 노예화 계획을 진행하고 있는 세력, 정부와 밀약을 맺고 있는 세력이 경쟁하고 있습니다.

화면으로부터의 침식

위험도 5 　속성 괴이 　생명력 16

호기심 정서 　특기 《기쁨》, 《슬픔》, 《미디어》, 《암흑》

어빌리티 **【기본공격】** 공격 《미디어》
【유혹】 서포트 《기쁨》
【공포의 영상】 장비 이 에너미와는 만날 때마다 공포판정을 해야만 한다.

해설 TV의 화면이나 영화의 스크린, 컴퓨터 모니터 너머에서 찾아오는 괴이입니다. 아무래도 화면 너머에는 여기와는 다른 세계가 펼쳐져 있는 모양입니다.

죽음의 운명

위험도 9 　속성 괴이/현상 　생명력 115

호기심 괴이 　특기 《소각》, 《전자기기》, 《약품》, 《탈것》, 《시간》, 《죽음》

어빌리티 **【기본공격】** 공격 《탈것》
【난동】 공격 《소각》
【트릭】 공격 《전자기기》
【죽음의 사냥개】 장비 이 에너미가 【거처】를 가진 캐릭터는 각 사이클이 끝날 때 【생명력】이 1점 감소한다.

해설 어떠한 사고나 우연에 의해 생명의 위기를 극복하였더라도, 그 인물이 죽을 운명이라면 「죽음」은 반드시 쫓아옵니다. 그 운명을 수행하기 위해서.

13.02.02 광란의 20년대

1920년대의 미국을 무대로 하는 세팅입니다.

경제적으로 번영하여 소비문화가 꽃을 피운 20년대의 미국은 자가용이나 라디오가 일반가정에 보급되고, 여성의 사회진출이 전개되며, 재즈 연주에 따라 젊은이들이 춤을 추는 황금시대였습니다. 한편으로는 이민배척이나 인종차별, 금주법으로 인한 갱의 대두와 치안 악화, 마녀사냥의 양상을 띤 공산주의자 탄압 등이 어두운 그림자를 드리운 시대이기도 합니다.

「크툴루 신화」라고 불리는 호러 소설들도 대부분 「광란의 20년대」를 무대로 합니다.

「광란의 20년대」에서는 아래와 같은 시나리오를 플레이할 수 있습니다.

● 더럽혀진 혈통

혈통과 인습은 크툴루 신화의 왕도입니다. 시골을 방문한 주인공이 사교도나 괴물의 습격을 받아 겨우 목숨만 건져 도망쳤으나, 마지막에는 자신에게도 그 괴물의 피가 흐르고 있다는 사실을 깨닫는다……. 적이 내부에 있었다는 뒷맛 나쁜 설정, 자신의 몸으로부터는 도망칠 수 없다는 절망감이 포인트입니다. 어인(魚人)의 항구마을 인스머스, 인간과 사신의 혼혈이 태어난 한촌(寒村) 던위치 등 음울한 시골 마을을 무대로 하는 것을 추천합니다. 죽은 친척의 저택을 방문한 PC가 비밀 방이나 지하 동굴에서 일족의 무시무시한 진실을 깨닫는다는 전개도 좋습니다.

시나리오에서는 외지인 PC와 원주민 PC를 엮어서 '그 지역에 숨겨진 비밀을 밝혀낸다', '외지인 PC를 매료시킨다', '신체(神體)를 빼앗는다/지킨다' 등 각각 다른 목적을 가지게 해야 합니다.

추천괴이: 신봉자, 실패작, 심해의 주민, 심연에 잠든 자
추천광기: 【거동수상】, 【결벽】, 【괴물】, 【광신자】, 【구세대】

● 금단의 지식을 찾아서

미국 동부의 도시, 아캄의 미스카토닉 대학에는 서양 최대의 희귀 오컬트 자료 컬렉션이 있습니다. 관람 희망자는 끊이지 않지만 허가가 떨어지

는 경우는 드뭅니다. 수장품(收藏品) 중에는 읽은 자의 이성을 파괴하는 위험한 마도서가 포함되어 있기 때문입니다.

이 오래된 도서관을 무대로 한다면 사신을 격퇴하기 위해 마도서 독해에 도전하며 점점 미쳐가는 탐구자, 사신의 소환주문을 얻고자 마도서를 빼앗으려는 광신도, 금단의 지식에 해박한 학자, 도서관의 비밀을 모두 알고 있는 사서, 희귀본을 훔치러 온 도둑 등이 마도서를 둘러싸고 다투는 시나리오가 바람직합니다. 의외의 인물이 사실은 사신 측이었다면 클라이맥스의 분위기도 무르익을 것입니다.

추천괴이: 마도사, 실패작, 별을 건너는 자
추천광기:【확산하는 공포】,【이질적인 언어】,【현실도피】,【어둠의 축복】

● 호화 여객선 탈출

20세기 초에는 많은 여객선이 전 세계의 바다를 누볐습니다. 비행기는 아직 소형기밖에 없었으므로 해외여행을 가려면 배를 탈 수밖에 없었습니다. 그중에서도 대형 고속여객선 개발은 경쟁이 치열해서 각국이 건조에 핏대를 세우고 있었습니다.

그런 배 중 일부는 항해 도중에 침몰하여 많은 희생자를 냈습니다. PC들이 침몰하는 호화 여객선의 승객이라면 간단히 패닉 호러 시나리오가 만들어집니다.

떨어진 동행을 찾는 자, 혼란에 편승한 암살자, 항해의 비밀을 아는 선장, 다른 목적을 지닌 밀항자. 엇갈리는 각자의 의도와는 관계없이 배는 점점 가라앉고, 상황도 달라집니다. 전원이 무사히 탈출할 수 있을까요? 그리고 침몰의 원인은 도대체 무엇일까요?

추천괴이: 기어 다니는 것, 심연에 잠든 자, 죽음의 운명
추천광기:【의심암귀】,【공포증】,【구세대】,【만용】

● 너무 많은 것을 알아버린 기자

「광란의 20년대」의 매스컴은 대중 지향적이며, 스포츠나 스캔들, 범죄의 보도에 열을 올렸습니다. 취재방법도 억지스럽고, 특종을 위해서라면 수단을 가리지 않습니다. 특히 갱의 항쟁을 다루는 기사는 타블로이드지에서도 인기가 있었는데, 이를 위해 위험한 잠입취재를 감행했다가 항구에서 시체

로 떠오른 기자도 적지 않았습니다. 범죄조직에는 종종 사람의 마음을 조종하는 괴물이나 광신자가 접근합니다. 너무 많은 것을 알아버린 기자를 쫓는 것은 토미건을 든 갱이 아니라 끔찍한 괴물일지도 모릅니다. 특종을 건진 신문기자, 입막음을 명령받은 갱, 라이벌 회사의 기자, 오랫동안 범죄조직을 쫓아온 형사 등이 폭력과 얽힌 초자연적 위협과 직면합니다.

추천괴이: 살인마, 최면술사, 실패작, 기어 다니는 것
추천광기: 【확산하는 공포】, 【이질적인 언어】, 【실종】, 【만용】

●지저대전

뉴욕 지하철의 역사는 길고, 「광란의 20년대」에는 이미 상당히 복잡한 지하철망이 존재했습니다. 거대도시의 교통을 책임지기 위해 더 많은 터널의 굴삭과 노선연장이 급속도로 진행됩니다. 그런 공사현장, 또는 노선의 보수점검 요원 사이에 기묘한 소문이 흐르기 시작한 것은 언제부터였을까요? 지하철에 치인 기묘한 생물의 사체, 혈흔을 남기고 모습을 감춘 인부, 어둠 속에서 울리는 총성, 인위적으로 가공된 대공동…….

지하에 숨어든 도망자, 그 뒤를 쫓는 추적자, 도시의 짐승이 남긴 흔적을 쫓는 사냥꾼, 기억을 잃고 떠도는 아이, 터널에 사는 은둔자. 각자의 사정으로 인해 맨해튼 섬 지하에 들어온 사람들이 백인이 이주하기 전부터 거기에 있던 「무언가」와 만납니다.

추천괴이: 신봉자, 실패작, 흡혈귀, 늑대인간
추천광기: 【의심암귀】, 【패닉】, 【구세대】, 【만용】

inSANe
Theater of
Horror

	광란의 20년대 장면 표
2	이끼가 낀 거대한 바위가 늘어선, 강 위의 섬. 뭘 모시고 있는지도 알 수 없는 제단이 있고, 형언하기 힘든 분위기가 감돈다.
3	무허가 술집. 간판도 없는 지하의 가게에서는 거리의 사내들과 작부들이 시끄럽게 떠들고 있다.
4	유적 안. 누가 지었는지도 모를 비(非)유클리드 기하학적인 건물은 안을 걷는 자의 이성을 서서히 좀먹는다.
5	대학도서관. 40만 권이 넘는 장서 중에는 모독적인 마도서도 포함되어 있다고 한다.
6	세찬 바람을 타고 어딘가에서 바다 내음이 풍겨온다. 바다는 멀 텐데…….
7	수많은 사람으로 붐비는 거리. 여기라면 누군가가 섞여들더라도 들킬 걱정은 없다.
8	깊은 어둠 속. 그 너머에 형언하기 어려운 무언가가 있는 것만 같다.
9	역사 깊은 신문사. 쉬지 않고 발행해온 백 년분에 달하는 신문이 보관되어 있다.
10	오래된 묘지. 구부러진 나무 사이로 낡아서 묘비명도 읽을 수 없는 묘비가 줄지어 섰다. 몇몇 묘비는 왠지 기울어져 있다.
11	강가에 있는 공장 터. 한참 전에 버려졌는지 건물은 무너져가고 있다. 아무래도 부랑자들이 거주하고 있는 모양이다.
12	조용한 실내. 왠지 불온한 기척이 느껴지는데…… 저건 뭐지? 창문에, 창문에!

Handout

광기	만용
트리거	당신이 전투에 승리한다.

갑자기 강한 자신감과 자부심이 부풀어 오른다. 적에게 등을 보이는 것은 패배자나 하는 짓이다! 당신은 자신이 새로【광기】를 공개할 때까지 전투에서 자발적으로 탈락할 수 없다.

이 광기를
스스로 밝힐 수는 없다.

Handout

광기	구세대
트리거	같은 장면에 있는 누군가(당신도 포함)가 펌블을 발생시킨다.

자동차나 라디오 같은 새로운 기술에 대한 불신감이 생긴다. 이후 지식 분야의 특기가 지정된 판정에 -2의 수정을 적용한다.

이 광기를
스스로 밝힐 수는 없다.

심해의 주민

	위험도 2	속성 괴이	생명력 7

호기심 지각　　특기 《찌르기》, 《촉감》, 《심해》

어빌리티
【기본공격】 공격 《찌르기》
【감싸기】 서포트 《촉감》

해설 「심연에 잠든 자」라는 사신을 모시는 어인(魚人)입니다. 인간과 교배하여 동료를 늘립니다. 이렇게 태어난 아이는 유소년기에는 인간과 다를 것이 없지만, 성장하면서 어인으로 변모합니다.

별을 건너는 자

	위험도 3	속성 괴이	생명력 10

호기심 지식　　특기 《절단》, 《의학》, 《물리학》, 《우주》

어빌리티
【기본공격】 공격 《의학》
【비행】 서포트 《우주》　라운드가 종료될 때 사용할 수 있다. 《우주》 판정에 성공하면 【전장이동】을 사용할 수 있다.

해설 외우주에서 건너온 날개 달린 이형의 괴이. 높은 지성과 과학지식의 소유자입니다. 발달한 의학을 보유하고 있으며, 산 채로 뇌를 적출하여 특수한 원통에 넣고 옮길 수 있습니다.

기어 다니는 것

	위험도 6	속성 괴이	생명력 26

호기심 괴이　　특기 《파괴》, 《소리》, 《그늘》, 《효율》, 《혼돈》

어빌리티
【기본공격】 공격 《혼돈》
【난동】 공격 《파괴》
【위험감지】 서포트 《소리》
【짓뭉개기】 장비　이 캐릭터와 함께 버팅이 발생한 캐릭터는 추가로 1점의 대미지를 입는다.

해설 태고에 지구에 날아온 초월적 존재가 만든 봉사종족입니다. 평소에는 검고 거대한 아메바 같은 모습이지만, 모습을 마음대로 바꿀 수 있습니다.

심연에 잠든 자

	위험도 10	속성 괴이/사신	생명력 165

호기심 괴이　　특기 《포박》, 《전쟁》, 《촉감》, 《풍경》, 《심해》, 《마술》, 《꿈》

어빌리티
【기본공격】 공격 《마술》
【난동】 공격 《포박》
【소환】 공격 가변
【신성】 장비　이 에너미와 버팅한 캐릭터는 2D6점의 대미지를 입는다.

해설 심해에 잠든 사신(邪神)입니다. 태고에 외우주에서 지구로 넘어왔다고 하며, 심해생물 같은 모습을 하고 있습니다. 그 꿈이 세계에 새어 나오면 다양한 괴이가 발생한다고 합니다.

13.02.03 빅토리아의 어둠

1890년대, 빅토리아 시대 후기의 영국을 무대로 하는 세팅입니다.

코난 도일, H·G·웰스, 브램 스토커, 그리고 잭 더 리퍼의 시대입니다. 끊임없이 배출되는 공장의 매연으로 뒤덮인 런던은「안개의 도시」라고 불립니다. 석제 타일 위를 지나는 마차 소리, 템스강의 악취, 밤안개를 찢는 창부의 비명과 경관의 호각 소리. 심령술이 새로운 과학으로서 진지하게 논해지고, 몇몇 마술 결사가 발흥하고, 먼 인도나 아프리카의 오지에서 기묘한 유물이 발견되는……「빅토리아의 어둠」은 세계에 아직 미지의 영역이 남아있던 시대입니다.

「빅토리아의 어둠」에서는 아래와 같은 시나리오를 플레이할 수 있습니다.

● 런던 누아르

「빅토리아의 어둠」의 영국은 엄격한 계급사회입니다. 빈부 격차도 심하고, 당장 내일조차 어떻게 될지 모르는 삶을 살아가는 사람들이 사회의 밑바닥을 형성합니다. 런던의 이스트엔드 지역에서는 다 쓰러져가는 집이 줄지어 선 거리에 가난뱅이가 우글거리고, 범죄자들이 살아남기 위해 조직을 만듭니다. 창관이나 아편굴이 번영하고 소매치기나 강도가 사냥감을 찾는 암흑가는 사악한 자가 자리를 잡기에는 딱 좋습니다. 현실 속의 지옥 같은 이 거리에 진짜 지옥이 입을 열었을 때, PC들은 어떻게 대응할까요? 괴사건을 쫓는 탐정, 납치당한 약혼자를 찾는 귀족, 스코틀랜드 야드의 경관, 사정이 있어서 경관이나 탐정에게 협력하는 범죄자 등이 PC에 어울립니다.

추천괴이: 살인마, 미친 과학자, 흡혈귀, 늑대인간, 누더기 괴물
추천광기:【확산하는 공포】,【의존】,【패닉】,【광신자】,【미신】

●기숙학교의 어둠

이 시대의 귀족이나 부유한 중류계급의 자제는 완전 기숙사제의 기숙학교에 들어갈 수 있습니다. 학생들은 엄격한 상하관계 속에서 그리스어나 라틴어를 배우고, 몸을 단련하고, 신사가 되기 위한 교육을 받았습니다.

기숙학교라는 폐쇄된 공간은 독자적인 문화를 낳습니다. 비밀스러운 의식을 하는「클럽」에 오기를 권유받은 PC는 어떻게 해야 할까요? 클럽의

목적은 단순한 우정의 확인일까요? 의식은 단순한 놀이일까요? 기숙사를 방황하는 그림자는 누구일까요? 채찍을 들고 순찰을 하는 사감은 뭔가를 알고 있을까요? 상급생의 폭력이나 부조리한 체벌이 불온한 분위기를 형성합니다. 【비밀】에는 동성애를 엮어도 좋습니다. 이 시대의 동성애는 투옥될 정도의 중죄였지만, 기숙학교에 동성애가 횡행한 것은 암묵적인 사실이었습니다.

추천괴이: 신봉자, 최면술사, 몽마, 폴터가이스트, 마녀
추천광기: 【도를 넘어선 마음】, 【결벽】, 【이성에 대한 공포】, 【흡혈귀 망상】

● 빅토리아 시대의 정신병원

19세기는 광기를 치료할 수 있다고 여기기 시작한 시대입니다. 그 이전의 2세기 동안 발광한 자가 감금되고 쇠사슬에 묶여서 동물이나 다름없이 취급되었던 것과 비교하면 큰 진보이긴 합니다. 하지만 쇠사슬이 구속복으로 바뀌긴 했어도 실제로 정신 의료의 현장에서 이루어진 치료라고 해봤자 기껏해야 피를 뽑거나 아편을 투여하는 정도. 그것뿐이라면 그나마 낫지만, 물고문이나 생식기 훼손, 공중에 매달린 의자에 환자를 앉히고 고속으로 회전시켜서 구토하게 하거나 머리가 혼란스러워져서 아무 말도 못하게 될 때까지 흔드는 등 고문과 다름없는 처치가 대부분입니다.

이런 병원에는 인간의 마음을 좀먹는 음침한 괴이가 어울립니다. 음모로 입원당한 귀족, 취재하러 온 작가, 환자를 가장하여 잠입한 탐정, 이상에 불타는 젊은 의사 등이 PC에 어울릴 것입니다.

추천괴이: 초능력자, 최면술사, 악마의 속삭임, 빙의령
추천광기: 【맹목】, 【거동수상】, 【말을 잃다】, 【다중인격】, 【흡혈귀 망상】

● 여왕 폐하의 탐험대

「빅토리아의 어둠」은 영국이 전 세계에 식민지를 확대하고 탐험대를 보내던 시기이기도 합니다. 인도, 이집트, 케냐, 탄자니아…… 서양문명의 빛이 닿지 않는 어둠 속에는 어떤 공포가 기다리고 있을지 알 수 없습니다. 탐험대 멤버도 공명을 추구하는 자, 본국에 있을 수 없게 된 자, 누군가를 쫓아온 자, 뒤가 구린 성직자, 수상한 가이드, 식민지 출신의 엘리트 지식인 등 평범하지 않은 녀석들뿐입니다. 비경을 탐험한 끝에 귀중한 유

물을 발견했더라도, 그것은 과연 가지고 나가도 되는 물건일까요? 대영박물관에 수장한다면 새로운 괴이와 공포가 런던을 유린할지도 모릅니다.

추천괴이: 마도사, 저주의 상자, 살아있는 인형, 마녀, 미라
추천광기: 【결벽】, 【폭력충동】, 【미신】

● 화성 전쟁

런던 교외에 낙하한 녹색 유성의 정체는 화성에서 온 거대한 원통이었습니다. 원통에서 모습을 드러낸 추악한 화성인은 무시무시한 위력의 열선으로 인간을 소각하고, 다리 셋 달린 전쟁 병기로 지구 침략을 개시합니다.

줄지어 낙하해오는 화성인의 원통. 열선과 검은 독가스로 열세에 몰리는 영국군. 런던 시민은 큰 혼란에 빠져 어쩔 도리 없이 도망 다닙니다. H·G·웰스의 「우주전쟁」에서는 화성인이 지구의 미생물로 인해 쓰러지지만, 만약 그들이 약점을 극복했다면? 혹은, 별종의 화성생물이나 새로운 침략 병기가 찾아온다면? 인간은 전쟁을 겪으면 마음에도 상처가 생깁니다. PC들은 혼란 속에서 지킬 것을 지켜낼 수 있을까요?

추천괴이: 미친 과학자, 별을 건너는 자, 우주인
추천광기: 【확산하는 공포】, 【페티시】, 【공포증】, 【현실도피】

빅토리아의 어둠 장면 표	
2	영매사를 중심으로 원탁을 둘러싼 사람들이 강령회를 한다. 어두운 방 안에 기괴한 엑토플라즘이 떠돌기 시작한다.
3	노동자들이 모인 펍. 불그스름한 얼굴의 남자들은 여직원이 가져다준 에일이나 진을 마시고 있다.
4	피 냄새가 떠도는 장소. 여기에서 무슨 일이 있었던 걸까…….
5	창관이 늘어선 빈민가. 건물 앞에서는 창부들이 손님을 기다린다.
6	사람들로 북적거리는 소란스러운 거리. 다양한 소문이 이리저리 퍼지고 있다. 동양인을 비롯한 외국인의 모습도 보인다.
7	안개가 짙게 깔린 거리. 가스등의 빛만이 돌바닥을 비춘다.
8	조용한 방 안. 여기라면 뭘 해도 쓸데없는 추궁은 받지 않겠지.
9	기적이 울리는 부두. 저 배는 외국으로 떠나는 걸까?
10	서적이 잔뜩 있는 장소. 조사하기에는 좋긴 하지만…….
11	귀족이나 자산계급의 사람들이 모이는 파티. 기품 있는 미소 아래로 어떤 꿍꿍이를 꾸미고 있을까?
12	고요한 호숫가. 풀숲에서는 야생 토끼가 뛰어다니고 있다.

Handout

광기	흡혈귀 망상
트리거	당신과 같은 장면에 있는 당신 이외의 캐릭터가 대미지를 입는다.

당신은 흡혈귀를 동경한다. 저 방울져 떨어지는 피를 핥고 싶다. 이후, 이 캐릭터를 감정판정의 목표로 하거나 이 캐릭터에게 감정판정의 목표로 선택받은 캐릭터는 【생명력】이 1점 감소한다.

이 광기를 스스로 밝힐 수는 없다.

Handout

광기	미신
트리거	당신이 괴이에 관련된 공포판정을 한다.

당신은 오컬트에 심취하여 열광하고 있다. 이후, 지식 분야의 특기가 지정된 판정에 -2의 수정을 적용한다.

이 광기를 스스로 밝힐 수는 없다.

늑대인간

| | 위협도 5 | 속성 괴이 | 생명력 19 |

호기심 지각　　**특기** 《구타》,《냄새》,《추적》,《생물학》

어빌리티 【기본공격】　공격　《생물학》
　　　　　【난동】　공격　《구타》
　　　　　【연격】　서포트　《구타》

해설 보름달이 뜬 밤이 되면 늑대 같은 모습으로 변신하는 인간입니다. 질병 때문이라고도, 악마의 짓이라고도 합니다. 늑대의 모습이 되면 이성을 잃고 흉악한 살인을 저지르고 맙니다.

미라

| | 위협도 6 | 속성 괴이 | 생명력 25 |

호기심 지식　　**특기** 《포박》,《매장》,《노여움》,《역사》,《고고학》

어빌리티 【기본공격】　공격　《포박》
　　　　　【보복】　서포트　《고고학》
　　　　　【소환】　공격　가변
　　　　　【고대의 저주】　장비　이 에너미의 【비밀】을 획득한 캐릭터는 각 사이클이 끝날 때 【생명력】이 1점 감소한다.

해설 고대 이집트의 마술적으로 보존된 시체가 되살아난 것입니다. 변해버린 세계에 대한 절망과 자신의 묘를 어지럽힌 자에 대한 분노에 사로잡혀 있습니다.

누더기 괴물

| | 위협도 6 | 속성 괴이/기물 | 생명력 27 |

호기심 기술　　**특기** 《파괴》,《부끄러움》,《전자기기》,《효율》,《병기》

어빌리티 【기본공격】　공격　《파괴》
　　　　　【난동】　공격　《병기》
　　　　　【감싸기】　서포트　《부끄러움》
　　　　　【장갑】　장비

해설 미친 과학자가 만든 괴이입니다. 인간의 시체 일부를 이어붙여서 만들었습니다. 대부분의 경우, 창조주에 대해 애증이 뒤섞인 감정을 품고 있습니다.

흡혈귀

| | 위협도 7 | 속성 괴이 | 생명력 44 |

호기심 괴이　　**특기** 《전쟁》,《걱정》,《맛》,《시간》,《암흑》

어빌리티 【기본공격】　공격　《맛》
　　　　　【강타】　공격　《전쟁》
　　　　　【장갑】　장비
　　　　　【매료】　서포트　《암흑》　지원행동. 드라마 장면에서도 사용할 수 있다. 목표를 1명 선택한다. 목표는 《놀람》으로 판정을 해야 하며, 여기에 실패하면 그 사이클이 끝날 때까지 착란상태가 된다. 이 캐릭터에 대해 플러스 【감정】을 가지고 있는 캐릭터에게는 판정에 -4의 수정이 적용된다.

해설 생명의 근원이라고도 할 수 있는 '피'를 양식으로 하는 괴이입니다. 삶과 죽음의 경계에 존재하며, 동류인 「살아있는 망자」들의 왕으로서 군림할 때도 있습니다. 피를 마신 상대를 동족으로 만들 수 있습니다.

샘플 시나리오 「유산」

이 시나리오는 『인세인』용의 샘플 시나리오입니다. 「광란의 20년대」 세팅을 사용하고 있습니다. 시나리오의 무대는 미국 동해안에 있는 매사추세츠주 아캄입니다. 이 도시는 다양한 「크툴루 신화」의 무대가 된 장소입니다.

● 시나리오의 무대

도시는 미스카토닉강을 사이에 두고 남북으로 나뉘어 있습니다. 북쪽에는 보스턴 역과 다운타운이 있습니다. 다운타운에는 시청, 경찰서 등의 시설이 있습니다. 남쪽에는 상업시설이나 미스카토닉 대학, 부유한 사람들이 사는 업타운 등이 있습니다.

● 배경

이 시나리오는 어떤 과학자가 만든 「시간여행장치」와 거기에 얽힌 살인사건을 다룹니다.

아캄에 있는 으스스한 저택, 「모로크관(館)」에 사는 미친 과학자 스테판 리드와 그 제자인 PC③은 인간의 뇌를 부품으로 사용한 시간여행장치를 발명했습니다. 사용자의 정신만을 과거에 날려 보내서 그 시대의 생물에게 빙의시킨다는 기묘한 장치입니다.

이 발명을 위해 리드와 그의 종복인 리처드는 밤이면 밤마다 많은 인간의 뇌를 수집했습니다. 이 부품 수집은 「아캄 연쇄 참수 살인사건」으로 알려지게 됩니다. PC②의 여동생을 비롯한 많은 생명을 희생하여 시간여행장치는 완성되었습니다.

시간여행장치를 만든 리드는 즉시 아득히 먼 고대로 자신의 정신을 날려 보냅니다. 하지만 여기에서 커다란 오산이 있었습니다. 개발인인 리드조차 알아차리지 못했지만, 이 시간여행장치에는 사용자에게 빙의당한 과거의 대상 또한 시간을 뛰어넘어 시간여행장치 사용자 본인의 육체에 빙의하게 하는 기능이 있었던 것입니다.

머나먼 고대에서 온 괴이의 정신이 깃든 리드의 육체는 PC⑤에게 죽고 말았습니다. 시간여행장치의 효과가 끊기고 현대로 돌아온 리드의 정신은 돌아올 장소를 잃고 어느 시체에 빙의하게 되었습니다. 이 쇼크로 리드는 기억을 잃고 맙니다.

사실 종복인 리처드는 리드에게 협력하는 척하면서 실제로는 또 다른 음모를 꾸미고 있었습니다. 그것은 시간여행장치를 사용하여 자신이 숭배하는 「심연에 잠든 자」의 정신을 현대에 되살려내는 것이었습니다. 무시무시한 음모가 진행되는 가운데 리드의 조카인 PC①이 아캄에 찾아오면서 세션은 시작됩니다.

● 플레이어 수

이 시나리오는 5인용입니다. 4명으로 플레이할 수도 있지만, 그 경우는 PC③이나 PC⑤를 NPC로 둡니다. 게스트로 취급합니다.

●리미트

이 시나리오의 리미트는 3입니다.

● 광기

규칙 파트의 범용【광기】와「광란의 20년대」의【광기】를 모두 1장씩 준비합니다. 그리고 그것을 섞어서 6장(플레이어가 네 명인 경우는 10장)을 무작위로 제거합니다.

● 프라이즈

이 시나리오에는 두 개의 프라이즈가 있습니다.

하나는「지하실 열쇠」입니다. 시나리오가 시작할 때는 리처드가 남몰래 가지고 있습니다. 이 프라이즈는 리처드의【비밀】을 조사하면 입수할 수 있습니다.

또 하나는「시간여행장치」입니다. 이것은 시나리오의 무대인 모로크 관의 지하에 있습니다. 모로크 관의 지하에 가려면「지하실 열쇠」가 필요합니다. 마찬가지로 리처드가 가지고 있지만, 클라이맥스 페이즈에만 빼앗을 수 있습니다.

● 도입 페이즈

이 시나리오의 도입 장면으로는 아래와 같은 것들이 있습니다. 각 도입 장면의 끝부분에서는 각자의 핸드아웃을 읽도록 지시합니다.

장면1: 시체 발견

이 도입은 마스터 장면입니다.

안개가 낀 이른 아침의 아캄. 어느 여학생이 철야 실험을 끝내고 대학을 나서고 있습니다. 집으로 가던 도중, 미스카토닉강의 강변을 걷던 그녀는 강에서 떠오른 스테판의 시체를 발견합니다. 여학생의 비명이 아캄에 울려 퍼집니다.

여기에서 게임 마스터는 스테판 리드의 핸드아웃을 공개합니다.

장면2: 스피크이지

PC②의 도입 장면입니다.

PC②는 밀조주점에서 거리의 주정뱅이를 상대로 정보를 캐내고 있습니다. PC②는「아캄 연쇄 참수 살인사건」을 조사하고 있습니다. 그의 조사에 따르면 5개월 전부터 한 달에 한 명 이상의 비율로 목 없는 시체가 발견되고 있습니다. 그 밖에도 희생자가 더 있을지도 모릅니다.

주정뱅이는 조금 더 돈을 내면 중요한 정보를 가르쳐주겠다고 PC②에게 제안합니다. 어떻게 대답을 하든 간에 주정뱅이는 정보를 이야기합니다. 거기에 따르면 리드의 시체가 발견되기 전날 밤, 수상한 인물이「모로크 관」으로 향했다고 합니다.

장면3: 보스턴&메인역

PC①과 PC⑤의 도입 장면입니다.

노스 사이드에 있는 보스턴&메인 역에 숙부가 죽었다는 소식을 듣고 장례식에 참가하러 온 PC①이 도착합니다. PC①이 역에 내리면 소꿉친구인 PC⑤와 그 여동생인 바이올렛이 마중을 옵니다. PC①과 PC⑤는 피차 어린 시절의 모습이 남아있긴 하지만 알아보기 힘들 정도로 훌륭하게 성장했습니다.

바이올렛은 PC①에게 조의를 표합니다. 여기에서 바이올렛의 핸드아웃을 공개합니다.

장면4: 폭풍 속의 모로크관

PC④의 도입 장면입니다. PC①도 등장합니다.

우선 모로크 관의 핸드아웃을 공개합니다. 으스스한 건물이 PC①의 앞에 있습니다. 어린 시절에는 즐겁게 지냈던 기억이 있지만, 지금은 음울한 분위기가 감돌고 있습니다. 조금 떨어진 이웃에는 PC⑤ 일가의 집이 있습니다.

PC①이 저택에 도착하면 숙부의 하인인 리처드 영이 맞이해 줍니다. 여기에서 리처드의 핸드아웃을 공개합니다. 게임 마스터는 그를 과묵하지만 유능한 노인으로 묘사합니다. 리처드는 전투에서 에너미 「살인마」의 데이터를 사용합니다.

리처드는 저택에 찾아온 PC①에게 변호사를 소개합니다. 변호사의 말에 따르면 리드는 생전부터 자신에게 무슨 일이 생겼을 때는 이 저택을 PC①에게 넘겨준다는 유언장을 작성했다고 합니다. 변호사는 리드를 괴짜라고 부르며 깎아내리면서 새로운 자신의 의뢰자 후보인 PC①의 환심을 사려고 합니다. 하지만 리처드가 「주인님께서는 피곤하십니다. 나중에 하세요.」라고 말하며 쫓아내 버립니다.

리처드는 다시 PC①을 위해 쾌적한 침대를 준비해줍니다. 여행의 피로 탓인지 PC①은 바로 잠들지만, 밤중에 어떤 소리를 듣고 눈을 뜹니다. 방문 너머에서 뭔가가 바스락거리며 걷는 소리가 들린 것입니다.

PC①이 소리가 난 방향으로 가 보면 복도의 창이 열려 커튼이 흔들리고 있습니다. 아무래도 바깥에는 비가 오는 것 같습니다. 빗물로 복도의 융단에 생긴 발자국을 따라가면 부엌에 있는 PC④를 만납니다.

장면5: 고별식

PC③의 도입 장면입니다. 다른 PC도 모두 등장합니다.

비가 오는 가운데, 도시 남쪽 끝에 있는 크라이스트 처치 묘지에 리드가 매장됩니다. 무덤 옆에는 PC①, PC③, PC⑤, 리처드, 바이올렛이 있습니다. 조금 떨어진 장소에서 PC②와 PC④가 매장 광경을 보고 있습니다.

매장이 끝나면 PC①의 시점으로 넘어갑니다. 리처드가 PC③을 소개합니다. 리처드는 PC③을 「어르신의 우수한 제자였습니다」라고 소개합니다.

가능한 한 PC 모두가 교류하게 하면서 이 장면을 끝내면 도입 페이즈가 끝납니다.

● 메인 페이즈

이 시나리오의 마스터 장면으로는 아래와 같은 것이 있습니다.

장면1: 식사 모임

제1 사이클 첫 번째 장면 후에 삽입합니다.

기분이 우울한 PC①을 위해 바이올렛이 가볍게 식사할 자리를 마련합니다. 바이올렛은 일단 PC①을 초대하며, PC⑤나 PC①은 그녀에게 다른 PC를 초대할 것을 제안할 수 있습니다. 바이올렛은 그 제안을 거절하지 않습니다.

맛있는 식사로 모임의 분위기가 무르익습니다. 이 장면에 등장한 캐릭터는 정서 분야의 《웃음》으로 판정할 수 있습니다. 성공하면 「진통제」나 「부적」을 하나 획득할 수 있습니다. 이것은 바이올렛이 선물로 준비한 쿠키입니다.

장면2: 살인사건

제2 사이클 첫 번째 장면 후에 삽입합니다.

저녁. 쿠키 재료를 사서 서둘러 집으로 향하던 바이올렛의 앞을 두 명의 괴한이 막아섭니다. 그들은 손에 낫 같은 무기를 들고 있습니다.

바이올렛에 대한 【감정】이나 그녀의 【거처】를 가진 PC가 있다면 전투 난입을 할 수 있습니다. 전투에서 괴한은 에너미 「신봉자」의 데이터를 사용합니다. 바이올렛은 항상 속도 1이며, 회피판정을 하지 않습니다. 그녀는 1점이라도 대미지를 입으면 사망합니다. 또, 아무도 전투난입을 하지 않아도 그녀는 사망합니다. PC들이 지면 그녀의 목을 괴한들에게 빼앗기고 맙니다.

바이올렛의 죽음을 목격한 PC는 《절단》특기로 공포판정을 합니다. 또, 그녀에게 플러스 【감정】을 가지고 있는 PC는 그녀의 죽음을 알았을 때 《인내》특기로 공포판정을 합니다. 목을 빼앗겼다면 두 판정 모두에 -2의 수정이 적용됩니다.

장면3: 괴물들

모로크 관의 【비밀】이 공개된 타이밍에 삽입합니다.

저택 천장에서 이형의 괴물이 두 마리 정도 착착 떨어집니다. 괴물의 외견은 「형용표」와 「부위표」를 써서 정합니다. 본체에 해당하는 부분은 「머리」가 됩니다.

이 장면에 등장한 PC는 《혼돈》 특기로 공포판정을 합니다. 그 후, 장면에 등장한 PC와 괴물이 전투를 합니다. 괴물은 에너미 「실패작」의 데이터를 사용합니다.

전투의 승패와 관계없이 괴물의 【거처】를 획득합니다.

장면4: 지하실

프라이즈 「지하실 열쇠」를 획득한 PC는 모로크 관의 지하실에 갈 수 있습니다. PC가 지하실에 가기로 했다면 이 마스터 장면을 삽입합니다.

지하실의 문을 열면 거기에는 리드의 실험실이 있습니다. 방 곳곳에 피가 튀어 있고, 이상한 냄새가 가득합니다. 방 중앙에는 기묘한 헬멧 같은 기계와 무수한 유리 케이스가 배선으로 연결되어 있습니다. 유리 케이스 안에는 시체의 머리가 있습니다. 여기에서 「시간여행장치」 프라이즈를 공개합니다. 또, 메리에 관해 알고 있는 인물이 조킹을 하면 유리 케이스 중 하나에서 그녀의 머리를 발견합니다. 자세히 보려고 하면 메리의 머리는 케이스 안에서 날뛰기 시작합니다. 아무래도 그녀의 머리 안에는 뭔가 다른 정신이 깃들어 있는 것 같습니다.

이 장면에 등장한 PC는 《절단》과 《암흑》으로 두 번 공포판정을 합니다. 또, PC②가 메리의 머리를 발견했다면 -2의 수정을 적용해서 《슬픔》으로 공포판정을 합니다.

● **클라이맥스 페이즈**

제3 사이클이 끝나거나 「시간여행장치」의 【비밀】을 누군가가 입수하면 클라이맥스 페이즈가 됩니다.

헬멧 같은 기계를 뒤집어쓴 리처드와 기묘한 의상을 입은 무리가 지하실에 나타납니다. 그들은 「은(銀)의 달」이라는 광신도 집단입니다.

리처드는 「좀 더 실험하고 싶었지만, 들켜버렸으니 어쩔 수 없지. 그분을 깨우겠다.」라고 말합니다. 전투를 시작합니다.

적은 리처드와 몹 「신봉자」 5명입니다. 단, 리처드는 시간여행장치를 조

종하고 있으므로 적극적으로 행동하지 않습니다. PC들은 몹이 1명 이하
가 될 때까지 리처드를 공격할 수 없습니다.

전투를 시작하고 두 번째 라운드가 종료된 시점에서 리처드가 살아있다
면 그의 육체가 변이하기 시작합니다.「심연에 잠든 자」의 정신이 그의 육
체에 들어오려고 하는 것입니다. 이 장면에 등장한 PC는《꿈》으로 공포판
정을 합니다.

네 번째 라운드가 종료된 시점에서 리처드가 살아있다면 또다시 리처드
의 육체가 변이합니다. 이번에는 -2의 수정을 적용해서《심해》로 공포판
정을 합니다.

여섯 번째 라운드가 종료된 시점에서 리처드가 살아있다면「심연에 잠
든 자」의 정신은 완전히 리처드의 육체에 들어옵니다. 전투는 여기에서
끝납니다. 각자「배드엔드 표」를 사용합니다.

여섯 번째 라운드가 종료되기 전에 리처드가 죽었다면, PC들은「시간여
행장치」를 쟁취하기 위해 전투를 속행할 수도 있습니다.

몹 관리 시트		집단명	은의 달	
지배자의 이름	위협도	속성	호기심과 특기	어빌리티 외
리처드 영	3	생물	폭력 《절단》 《매장》 《기쁨》 《죽음》	【기본공격】 공 《절단》 【연격】 서 《절단》 【장갑】 장
생명력 12				
우선순위	몹의 이름	위협도	속성	호기심과 특기	어빌리티 외
1	신봉자A	1	생물	정서 《분노》 《미디어》 《민속학》	【기본공격】 공 《노여움》 【보복】 서 《민속학》
2	신봉자B				
3	신봉자C				
4	신봉자D				
5	신봉자E				

Handout

이름	PC①
	추천: 없음

사명

당신은 숙부인 스테판 리드의 죽음을 알고 그 장례식에 참가하기 위해 아캄에 왔다. 유언장에 따르면 숙부는 당신에게 유산으로 「모로크 관」을 남겼다. 「모로크 관」에서 당신은 숙부의 죽음에 수상한 점이 있음을 느꼈다. 당신의 【사명】은 숙부의 죽음에 얽힌 수수께끼를 푸는 것이다.

Handout

비밀

쇼크	없음

당신은 정부의 밀명을 받은 공작원이다. 현재 아캄에서 일어나는 연쇄 살인사건은 신화적 존재를 신앙하는 광신도 집단 「은의 달」의 짓이다. 놈들은 현대에 「심연에 잠든 자」를 소생시킬 생각이다. 당신의 【진정한 사명】은 「은의 달」의 음모를 깨부수는 것이다.

이 비밀을
스스로 밝힐 수는 없다.

Handout

이름	PC②
	추천: 기자/작가/경찰/탐정

사명

당신은 현재 아캄에서 일어나는 「아캄 연쇄 참수 살인사건」을 조사하고 있다. 조사 도중에 목격자에게서 범인으로 보이는 인물이 「모로크 관」에 들어갔다는 증언을 얻었다. 당신의 【사명】은 「아캄 연쇄 참수 살인사건」의 진상을 밝혀내는 것이다.

Handout

비밀

쇼크	없음

당신은 실종된 여동생 메리의 행방을 찾아 「아캄 연쇄 참수 살인사건」을 조사하고 있다. 당신의 【진정한 사명】은 여동생이 어떻게 되었는지를 알아내고,(만약 가능하다면) 그녀를 구하는 것이다.

이 비밀을
스스로 밝힐 수는 없다.

Handout

이름	PC③ 추천: 학생

사명

당신은 미스카토닉 대학의 학생으로, 리드의 제자 중 1명이다. 당신은 리드에게 사사하였으며, 그의 연구 내용을 계승하려 한다. 당신의 【사명】은 리드의 유지를 이어받아 그의 연구를 완성하는 것이다.

Handout

비밀

쇼크	전원

당신은 리드가 연구하는 것이 시간 여행에 관련된 장치라는 사실을 알고 있다. 「시간여행장치」와 거기에 관련된 【비밀】을 입수하면 연구를 완성할 수 있을 것이다. 이 【비밀】을 획득한 자는 그 시간여행장치를 조작할 수 있게 된다.

이 비밀을 스스로 밝힐 수는 없다.

Handout

이름	PC④ 추천: 도둑

사명

당신은 「모로크 관」에 숨어든 도둑이다. 주인이 죽었다고 듣고 도둑질을 하러 들어왔는데, 도중에 PC①에게 들키고 말았다. PC①은 당신을 경찰에 넘기지 않았다. 당신은 PC①에게 빚을 졌다. 당신의 【사명】은 PC①을 돕는 것이다.

Handout

비밀

쇼크	전원

당신은 사실 스테판 리드다. 지금은 이 도둑의 육체 안에 리드의 정신만이 들어와 있는 상태다. 기억이 혼란스러워서, 왜 이렇게 되었는지는 모른다. 당신의 【진정한 사명】은 자신을 죽인 인물을 밝혀내고, 그 인물에게 복수하는 것이다.

이 비밀을 스스로 밝힐 수는 없다.

Handout

이름	PC⑤ 추천: 호사가

사명

　당신은 「모로크 관」의 이웃인 터너 가의 후계자다. 동생 바이올렛과 함께 어린 시절에 PC①과 자주 같이 놀았다. 당신의 【사명】은 새로운 「모로크 관」의 주인인 PC①을 돕고 양호한 관계를 구축하는 것이다.

Handout

비밀

쇼크	전원

　당신은 이성을 잃은 리드 씨에게 갑자기 습격받았다. 그리고 자신을 지키기 위해 리드 씨를 죽이고 말았다(하지만 리드 씨의 시체를 아캄 강에 버리거나 목을 자른 기억은 없다). 어린 시절부터 좋아했던 PC①에게만큼은 이 사실을 알리고 싶지 않다. 당신의 【진정한 사명】은 세션이 끝날 때 자신에 대한 PC①의 【감정】을 「애정」으로 하는 것이다.

이 비밀을
스스로 밝힐 수는 없다.

Handout

이름	NPC 바이올렛 터너

사명

　당신은 「모로크 관」의 이웃인 터너 가의 딸이다. 오빠/언니인 PC⑤와 함께 어린 시절에 PC①과 자주 같이 놀았다. 당신의 【사명】은 우울한 표정의 PC①에게 조금이라도 기운을 되찾아주는 것이다.

Handout

비밀

쇼크	그녀에게 「애정」을 가지고 있는, PC① 이외의 캐릭터

　당신은 어린 시절에 PC①과 나눈 「나중에 결혼하자」라는 약속을 아직 기억하고 있다. 당신의 【진정한 사명】은 PC①과 결혼하는 것이다.

이 비밀을
스스로 밝힐 수는 없다.

Handout

이름	NPC 스테판 리드

사명

당신은 미스카토닉 대학 물리학부의 교수다. 귀가 중인 여학생이 미스카토닉 강에서 시체로 떠오른 당신을 발견했다. 당신의 【사명】은 자신의 유일한 혈연인 PC①에게 적게나마 자산을 남기는 것이다.

Handout

비밀

쇼크	그에게 플러스 【감정】을 가진 캐릭터

당신은 현재 아캄에 일어나고 있는 연쇄 살인사건의 주모자다. 어느 실험을 위하여 수많은 인간의 머리가 필요했다.

이 비밀을
스스로 밝힐 수는 없다.

Handout

이름	NPC 리처드 영

사명

당신은 「모로크 관」의 하인이다. 리드에게서 그가 죽은 후에는 유일한 혈연인 PC①을 섬기라고 지시받았다. 당신의 【사명】은 「모로크 관」의 주인을 모시는 것이다.

Handout

비밀

쇼크	전원

당신은 「심연에 잠든 자」를 숭배하는 집단 「은의 달」에 소속되어 있다. 고대에서 「심연에 잠든 자」를 불러오기 위해 리드의 시간여행장치 개발을 돕고 있었다. 리드가 이런 사실을 알기 전에 누군가에게 살해당했으므로 당신이 그의 시체를 강에 버렸다. 당신은 시간여행장치가 있는 방에 가기 위한 「지하실 열쇠」를 가지고 있다.

이 비밀을
스스로 밝힐 수는 없다.

Handout

장소	모로크 관

개요

아캄의 노스 사이드에 있는 빅토리아조 양식의 커다란 저택. 원래는 스테판 리드의 저택이었지만, 현재는 PC①에게 상속되었다.

Handout

비밀

쇼크	이 【비밀】이 밝혀진 장면에 등장한 캐릭터

확산정보. 지하실로 통하는 입구를 발견했다! 들어가려고 했으나 입구에 자물쇠가 걸려 있다. 억지로 열어볼까 생각한 순간, 천장에서 괴물이 떨어진다! 괴물들과 전투를 한다. 괴물에게 승리했다면, 이후「지하실 열쇠」를 입수한 PC는 장면에 등장했을 때「모로크 관의 지하실에 간다」를 선택할 수 있다.

이 비밀을
스스로 밝힐 수는 없다.

Handout

장치	시간여행장치

개요

인간의 머리를 연결하여 만든 시간여행장치. 아무래도 완성된 것 같은데……?

Handout

비밀

쇼크	전원

이 시간여행장치는 작동하는 동안 장치 사용자의 정신과 옛 생물의 정신을 교환한다. 리드 씨는 이 장치를 사용해서 정신뿐인 존재가 되어 시간 여행을 한 모양이다. 그동안 현재의 리드 씨의 육체에는 옛 생물의 정신이 들어온 듯한데…….

이 비밀을
스스로 밝힐 수는 없다.

부록

Appendix

몹 관리 시트 | 집단명

지배자의 이름	위협도	속성	호기심과 특기	어빌리티 외
생명력				

우선순위	몹의 이름	위협도	속성	호기심과 특기	어빌리티 외
1					
2					
3					
4					
5					

의식 시트 | 의식명

단계	절차의 이름	지정특기	참가조건	페널티
1				
2				
3				
4				
5				
6				

이계인

inSANe
Character sheet
OumagaBito
Ver1.0 for Kor

이름											성별	
연령												
지역												
공적점	△1	2	3	4	5	6	7	8	9	10	11	12
생명력	△1	2	3	4	5	6	7	8	9	10	11	12
이성치	△1	2	3	4	5	6	7	8	9	10	11	12

특기 리스트

특기리스트		1 폭력	2 정서	3 지각	4 기술	5 지식	6 괴이	
	2	소각	인내	고통	분해	물리학	시간	2
	3	고문	기쁨	관능	전자기기	수학	온도	3
	4	포박	직경	촉감	정리	화학	신체	4
	5	혈파	부끄러움	냄새	약품	생물학	죽음	5
	6	파괴	우울	맛	효율	의학	영혼	6
	7	구타	이내	소리	미디어	교양	마음	7
	8	절단	놀람	풍경	카메라	인류학	인과	8
	9	찌르기	노여움	추적	탈것	역사	종말	9
	10	사격	원한	예술	기계	민속학	꿈	10
	11	전쟁	슬픔	제육감	함정	고고학	지저	11
	12	매장	진예	그늘	병기	천문학	우주	12

호기심

공포심

아비리티명	타입	지정특기	효과
기본공격	서포트 계		
전장이동	서포트 계		
	공격 계	없음	
	공격 세트 계		
	공격 세트 계		
	공격 세트 계		
	공격 세트 계		

MEMO

인물란	거처	비밀	감정	+	-
	□ □	□	□	+	-
	□ □	□	□	+	-
	□ □	□	□	+	-
	□ □	□	□	+	-
	□ □	□	□	+	-
	□ □	□	□	+	-

Handout

광기	
트리거	

이 광기를
스스로 밝힐 수는 없다.

Handout

광기	
트리거	

이 광기를
스스로 밝힐 수는 없다.

Handout

광기	
트리거	

이 광기를
스스로 밝힐 수는 없다.

Handout

광기	
트리거	

이 광기를
스스로 밝힐 수는 없다.

Handout

이름	

사명

Handout

비밀

쇼크	

이 비밀을
스스로 밝힐 수는 없다.

Handout

이름	

사명

Handout

비밀

쇼크	

이 비밀을
스스로 밝힐 수는 없다.

인세인
inSANe

중요한 룰

제도전
자신의 [초기치]에 해당하는 분야의 특기가 지정특기로 판정을 할 때, [생명력]이나 [이성치]를 1점 감소하여 한 번만 주사위를 다시 굴릴 수 있다.

스페셜
자신의 [생명력]이나 [이성치]를 1점 회복.

펌블
[광기]를 1장 획득.

감정을 가진 상대에게 할 수 있는 일
「정보공유」「진두선언」「감정수정」

드라마 장면에 할 수 있는 일

회복판정	▲같은 장면에 등장한 캐릭터 1명(자신도 가능)의 [생명력]이나 [이성치]를 1점 회복한다. ▲같은 장면에 등장한 자신 이외의 캐릭터 1명에게 가운슬링을 해서 마음에 [광기] 1장을 앞앞을 수 있다. 가운슬링을 하려면 미공개 [광기]의 내용을 알아야 한다.
조사판정	▲임의의 캐릭터를 1명 선택한다. 그 캐릭터가 가진 [정보]([거짓], [비밀], [정신상태])를 1개 획득한다.
감정판정	▲같은 장면에 등장한 캐릭터를 1명을 선택한다. 당신과 목표는 각자 1D6을 굴려 서로에 대한 [감정]을 무작위로 획득한다. 속성이 플러스일지 마이너스인지는 각자 마음대로 정할 수 있다. ▲이미 감정에 대한 [감정]을 가진 캐릭터가 다시 같은 상대를 획득했다면 기존의 것을 새로운 [감정]으로 덮어쓴다. 단, 그것이 감정판정으로 얻은 본인이라면 덮어쓰지 않을 수 있다.

드라마 장면의 절차
① 장면표를 사용한다.
② 등장인물이나 판정을 선택해서 장면을 연출한다.
③ 회복판정, 조사판정, 감정판정 중 하나를 선택해서 판정한다. 임의의 특기로 판정.

그밖에 할 수 있는 일

정보나 아이템의 전달
장면에 등장한 캐릭터는 가진 아이템이나 알고 있는 타인의 [정보]를 건네거나 교환할 수 있다(자신의 [마음의 어둠]을 스스로 넘길 수는 없다).

어빌리티 사용
▲지정된 타이밍에 사용 가능. 같은 서포트 어빌리티는 1사이클에 1회밖에 사용할 수 없다.
▲효과에「당신의 장면 플레이어라면」이라고 지정되어있으면, 장면 플레이어에게만 사용할 수 없다.

재혼전
어빌리티의 지정특기를 변경할 수 있다.

조킹
GM에게 주위의 상황이 어떤지를 묻거나 NPC에게 질문할 수 있다.

감정표

	감정표
1	공감(플러스)/불신(마이너스)
2	우정(플러스)/분노(마이너스)
3	애정(플러스)/질투(마이너스)
4	충성(플러스)/모멸(마이너스)
5	동정(플러스)/열등감(마이너스)
6	광신(플러스)/살의(마이너스)

광기

▲ 공포판정에 실패하면 [광기]를 1장 획득.
▲ [광기]의 트리거가 발생하면 [광기]를 공개하고 현재화한다. 효과 발동.
▲ 현재화한 [광기] 1장마다 공격 어빌리티를 사용할 때마다 1점 증가한다.
▲ 현재화한 [광기]가 자신의 [이성치] 수치를 초과하면 그 캐릭터는 착란상태가 된다.
▲ [광기] 덱이 모두 없어지면 게임은 끝나며, 배드엔드로 표을 사용.

착란상태

▲ 전투 중이 플롯은 무작위로 정한다.
▲ 공격과 전투에서의 자발적인 타이밍을 제외한 모든 행동은 [생명력]0이나 [이성치]를 1점 소비하지 않으면 쓸 수 없다.

공포의 종류

물리적인 공포 자기 몸의 이상, 심각한 출혈, 무참한 시체, 잔혹한 살해의 현장, 비정상 현상 등.

정서적인 공포 집요한 마음으로 쫓아온 집념던 편지나 연락, 배신이나 실연 등에 의한 친한 사람과의 이별 등.

시각적인 공포 섬뜩한 예술작품, 비명이나 단말마, 충격적인 영상, 식인행위 같은 끔기 등.

기술적인 공포 첨단 기술의 폭주, 기계의 오작동이나 사고, 자신의 존재가치를 빼앗길지도 모르는 새로운 발명 등.

지식적인 공포 비인도적인 지식, 부조리한 진실, 국가적 음모, 자신의 사회적인 신분으로 상실, 과이에 관해 기록된 지식 등.

파의적인 공포 유령, 이세계의 악마, 학교의 괴담, 마을이나 마을이나 초능력, UFO나 에일리언 같은 초자연연구 현상이나 존재나 능력 등.

장면표

	장면표
2	주위가 피 냄새로 가득하다. 사건의 현장인가? 사고인가? 혹시 혹시 그것도 지금도 계속되고 있는 걸까?
3	이것은…… 꿈인가? 꿈인가? 이미 지나갔을 과거가 기억 속에서 되살아난다.
4	눈 앞에 펼쳐진 거리의 풍경을 내려다본다. 왜 이렇게 높은 곳에……?
5	세상의 끝처럼 느껴지는 어둠. 어둠 속에서 누군가가 움직이고 있다……
6	평화로운 시간이 흘러간다. 마치 그런 일이 없었던 것처럼.
7	축축한 흙냄새, 눅눅한 기척이 풍기는 숲속. 새나 벌레의 소리, 바람에 나무가 살랑거리는 소리가 들려온다.
8	사람이 잘 안 다니는 주택가. 낯선 사람들이 사는 집 안에서는 불분명한 무슨리나 소음이 새어 나온다……
9	갑자기 구름이 하늘을 뒤덮더니 세찬 비가 내린다. 사람들은 처마를 찾아 황급히 달려간다.
10	황폐한 폐허. 쇠퇴한 생활의 흔적. 희미하게 들려오는 것은 바람 소리인가? 파도 소리인가? 귀울림인가?
11	사람들, 떠들썩한 소리. 요란한 가게 내부의 BGM에, 이질적인 웃음소리, 소란스러운 변화가의 한구석인데……
12	밝은 빛을 받으며 안도의 한숨. 하지만 빛이 강할수록 그림자도 더 짙어진다……

전투 시트
인세인
insAne

전투 장면의 절차
① 라운드 시작(플롯)
② 공격 처리
③ 라운드 종료

플롯 관련

플롯에 관하여
전투의 제1라운드 및 직전의 라운드에서의 [전장이동] 어빌리티가 사용된 라운드에는 플롯 처리를 한다. 매 라운드마다 처리하는 것은 아니다.

비밀
플롯을 공개했을 때, 같은 속도에 2명 이상의 캐릭터가 있으면 팬블. 그 속도에 있는 캐릭터 전원에게 1점의 대미지. 메인 페이즈라면 이의 대미지는...

전투 라운드의 행동

공격
공격 어빌리티를 사용. 지정특기로 명중판정을 한다. 목표는 회피판정을...한다. 종료는 블루로 간다.

명중판정 스페셜
명중판정의 스페셜이 발생하면 입힘 는 대미지가 1D6점 증가한다.

전장이동
지원행동. 동명의 어빌리티를 사용. 전투에 참가한 캐릭터 전원은 다음 라운드의 [라운드 시작]에 플롯을 한다.

그 외의 어빌리티
지원행동. 자신의 습득한 서포트 어빌리티 중에서 효과에 [지원행동]이라고 적힌 어빌리티를 사용.

전투 중의 재촉진
지원행동. 자신의 습득한 어빌리티 1개의 지정특기를 다른 것으로 변경한다.

상황을 본다
지원행동. 이후 그 라운드 동안 누군가가 행동판정을 하면 반드시 -1의 수정을 적용한다.

의식판정
지원행동. 게임 마스터가 설정한 의식의 절차 하나에 도전할 수 있다. 지정 특기 판정에 성공하면 의식의 한 단계...진행한다.

방어행동

회피판정
공격의 목표는 회피판정을 시도한다면, 목표 되는 자기 속도+4.

회피판정에 대한 수정
▶회피판정을 하는 캐릭터가 명중판정에 사용된 특기를 습득하고 있다면, 회피판정에 +1 수정.
▶명중판정에 사용된 특기가 회피판정을 하는 캐릭터의 (공포심)이라면, 회피판정에 -2 수정.

블록
동료가 대미지를 입은 때, 대미지를 입음 캐릭터 이외의 캐릭터는 블루로 간다. 공격에 사용된 특기로 판정. 성공하면 동료가 입을 대미지를 1D6점 대신 입을 수 있다. 블루로 한 캐릭터는 본래의 대미지보다 큰 대미지를 입지 않는다.

라운드 종료

종료 조건
▶전투에 참가한 캐릭터가 1명 이하가 되었다.
▶전투에 참가한 캐릭터의 수=드는 라운드...가 경과했다.

자발적인 탈락
라운드가 종료될 때 선언하면 자발적으로 탈락할 수 있다. 단, 방해받을수 있으면 자기 분야에서 무작위로 특기 1개를 선택해서 드주판정. 성공하면 탈락할 수 있다.

전과

정보
패자가 1명을 선택해서 그 캐릭터가 가진 [거처], [비밀], [검신상태] 중 한 가지 [정보를 획득.

감정
임의의 [감정]을 하나 선택해서 자신에게 대해 그 [감정]을 때자가 획득하게 한다. 혹은 자신이 패자에 대해 그 [감정]을 획득한다.

광기
패자 1명을 선택해서 [광기]를 1장 획득하게 한다. [광기]는 PC에게만 가능.

프라이즈
패자 1명을 선택해서, 그 캐릭터가 가진 프라이즈 1개를 획득한다.

기타

행동불능
[생명력]이 0점이 되면 행동불능. [생명력]이 1점 이상이 되면 행동불능은 해제된다. 메인 페이즈의 경우, 행동불능인 캐릭터는 각 장면 메인 페이즈가 시작될 때 자동으로 [생명력]이 1점 회복한다.

서포트 어빌리티
지정된 타이밍에 사용 가능. 같은 서포트 어빌리티는 한 라운드 1회밖에 사용할 수 없다.

연출수정
전투에 참가하지 않은 캐릭터는 매 장면 한 명당 한 라운드에 1회, +1 또는 -1의 수정을 적용할 수 있다. 탈락한 캐릭터는 연출수정을 할 수 없다.

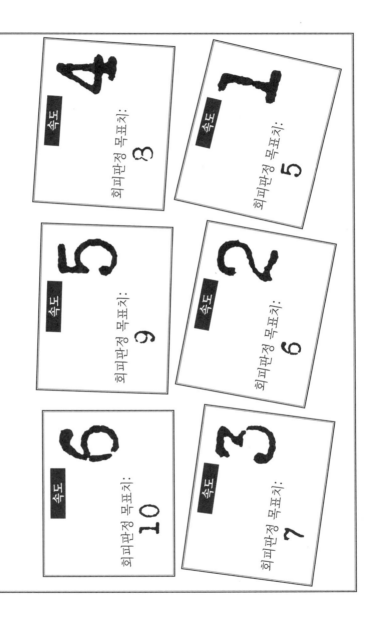

속도
회피판정 목표치:
3

속도
회피판정 목표치:
5

속도
회피판정 목표치:
9

속도
회피판정 목표치:
6

속도
회피판정 목표치:
10

속도
회피판정 목표치:
7

INDEX

색인

후기

이 책을 읽어주셔서 감사합니다.
모험기획국의 카와시마 토이치로입니다.

이 책은 사이코로 픽션 시리즈의 제7탄에 해당합니다.
이 룰의 시작은 어떤 분이 초대해주신 『크툴루 신화 TRPG』(엔터브레인) 온리 컨벤션이었습니다.
카와시마는 그곳에서 TRPG의 게임 마스터를 하게 되었습니다.
모처럼 초대받은 만큼 기합을 넣어 만든 자작 『사이코로 픽션 호러 TRPG』. 그것이 이 『인세인』의 원형입니다.
꼭 그 이유 때문은 아니지만, 이 게임은 카와시마를 초대해주신 그분과 『크툴루 신화 TRPG』의 디자이너 샌디 피터슨이 없었다면 이 세상에 나오지 못했을 것입니다.
두 분에게 최대의 감사를 바칩니다.

이 책은 게임 디자이너 그룹인 모험기획국이 집필, 디자인했습니다. 게임 디자인과 룰 파트의 집필을 카와시마 토이치로가, 리플레이 파트의 집필을 우오케리가 했습니다. 또, 지면(紙面) 디자인은 모험기획국을 보이지 않는 곳에서 지탱해주는 최강의 디자인 팀이 맡았습니다.
우오케리 씨는 세계관 설정도 도와줬습니다.
표지 일러스트 담당은 RPG 업계에서는 유명한 아오키 쿠니오 선생님. 덕분에 굉장히 무서워 보이는 책이 되었습니다. 또, 리플레이 일러스트는

역주: 크툴루 신화 TRPG - Call of CTHULHU(크툴루의 부름) RPG의 일본판 제목.

크툴루 신화의 신들을 그린 4컷 만화『이형들의 말에 따르면 세계는…』(하야카와 서점) 등의 작가인 coco 선생님이 그려주셨습니다. 귀여운 그림에 아로새겨진 현실감에서 현실과 환상의 경계를 느낍니다. coco 선생님이 그린 캐릭터들을 보고 있자면 어딘지 모르게 떠들썩하게 떠드는 캐릭터 안의 사람들(플레이어들)을 보는 기분이라 매우 마음에 듭니다.

우리 리플레이에서는 빼놓을 수 없는 말 일러스트는 오치아이 나고미가 담당했습니다.

그리고 게임 플레이에는 모험기획국의 멋진 여성진이 참가해 주셨습니다.

여러분, 정말로 감사합니다.

또,『인세인』의 기본 룰로는 카와시마 토이치로가 제작한 범용 테이블토크 RPG 시스템「사이코로 픽션」을 사용합니다.

이 시리즈의 작품은 모두 리플레이와 룰이 함께 수록된 일거양득의 책들입니다. 앞서 낸 작품으로는『이웃의 메르헨 TRPG 피카부』,『현대 인술 배틀 TRPG 시노비가미 –닌신-』,『호러 액션 TRPG 헌터즈 문』,『마도서 대전 TRPG 마기카로기아』,『뱀파이어 헌트 TRPG 블러드 크루세이드』,『초차원 카드배틀 TRPG 카드 랭커』,『리얼리티 쇼 TRPG 킬 데스 비즈니스』가 있습니다.

아직 읽어보지 않으신 분은 부디 이 책들도 읽어보시기 바랍니다.

2013년 8월 모일「좀비」를 읽으며
카와시마 토이치로

역자 후기

처음 뵙겠습니다. 인세인 번역을 맡은 유범입니다. 역자 후기를 써 보는 건 이번이 처음이라 긴장되네요. 그리고 그 첫 역자 후기가 실릴 책이 『인세인』이라는 사실에 설레기도 합니다.

모험기획국의 사이코로 픽션 시리즈는 제가 일본 TRPG 룰에 가지고 있던 선입견을 없애준 시리즈이고, 또한 페이즈/장면 제도에 익숙해지는 계기를 마련해준 시리즈이기도 합니다. 인세인은 그중에서도 특히 마음에 든 작품이었는데, 그 번역을 맡게 되어서 정말로 기쁩니다.

특히 『인세인』 1권은 되도록 많은 분이 읽어보셨으면 좋겠다고 생각했던 책입니다. 1권에 실린 리플레이 "산의 공장"의 클라이맥스 페이즈는 사이코로 픽션의 페이즈/장면 제도라는 틀을 깨지 않으면서도 거기에 얽매이지 않는 마스터링을 보여주는데, 그때까지 보드게임 하듯이 기계적으로만 모험기획국의 룰을 마스터링하던 제게는 매우 좋은 자극이 되었습니다. 저와 비슷한 고민을 하시는 분들이 계시다면 꼭 읽어보셨으면 합니다.

번역하는 내내 고민도 많이 했습니다. 장음을 원칙대로 생략할 것인가, 그대로 표기할 것인가. 이 대사는 어떻게 고치는 것이 더 자연스러운가. 오탈자를 체크하는 지금도 여전히 고민하고 있습니다. 하다못해 이런 고민이 책의 완성도에 조금이라도 더 도움이 되었기를 바랄 따름입니다.

부디 이 책을 통해 더 많은 분이 인세인을 접하실 수 있기를 기원합니다.

제작 후기

안녕하세요. TRPG Club입니다.

멀티 장르 호러 TRPG 인세인(이하 『인세인』) 한국어판을 구매하신 여러분께 진심으로 감사드립니다.

『인세인』은 모험기획국의 '사이코로 픽션' 시리즈의 7번째 작품입니다.

『인세인』은 핸드아웃과 비밀, 광기를 사용한 연출을 통해 호러 특유의 으스스함과 괴담이 지니는 오싹함을 잘 살릴 수 있는 시스템으로 알려져 있으며, 국내에서도 원서를 구입하여 플레이하는 분이 많습니다.

평소 국내의 많은 분이 관심을 가져주신 덕분에 이렇듯 한국어판을 발매하게 되었습니다.

한국어판 『인세인』은 국내 실정에 맞춰 세로쓰기였던 원서를 가로쓰기로 편집했습니다. 이 과정에서 원서의 디자인을 살릴 수 있도록 궁리하였습니다. 부디 보시기 편하시길 바랍니다.

한국어판 『인세인』의 관련 자료는 https://www.trpgclub.com에서 다운받으실 수 있습니다.

『인세인』은 시나리오의 제작과 준비가 비교적 쉬운 시스템입니다.

이 책과 함께 발매하는 『인세인2 - 데드루프』와 시나리오집인 『빌라 디 오다티의 괴담 모임』에는 많은 시나리오가 수록되어 있습니다. 보시고 마음에 드는 시나리오를 플레이 해보시거나, 참조하여 자신만의 이야기를 만들어 보시길 바랍니다.

그 모든 플레이가 즐거운 시간이 되기를 바랍니다.

멀티 장르 호러 TRPG

한국어판

멀티 장르 호러 TRPG 인세인

2018년 01월 17일 초판 인쇄
2019년 01월 27일 초판 2쇄 발행

원제   マルチジャンル・ホラーRPG インセイン
저자   카와시마 토이치로 / 모험기획국
역자   유범

한국어판 제작

편집   곽건민(이그니시스), 유민
교정   곽건민(이그니시스), 유범, 김효경, 정재민, 김규민,유민
발행   TRPG Club

ISBN   979-11-88546-02-2